谭元亨　著

中国文化史观

中山大学出版社

SUN YAT-SEN UNIVERSITY PRESS

· 广州 ·

图书在版编目（CIP）数据

中国文化史观／谭元亨著. -- 广州：中山大学出版社，2024.8. --（谭元亨文萃）. -- ISBN 978-7-306-08141-4

Ⅰ. K203

中国国家版本馆 CIP 数据核字第 2024U4B937 号

出 版 人：王天琪
策划编辑：吕肖剑
责任编辑：吕肖剑
封面设计：林绵华
责任校对：周昌华
责任技编：靳晓虹
出版发行：中山大学出版社
电　　话：编辑部 020 - 84113349，84110776，84110283，84110779
　　　　　发行部 020 - 84111998，84111981，84111160
地　　址：广州市新港西路 135 号
邮　　编：510275　　　　　传　真：020 - 84036565
网　　址：http：//www.zsup.com.cn　E-mail：zdcbs@ mail.sysu.edu.cn
印 刷 者：广州市友盛彩印有限公司
规　　格：787mm×1092mm　1/16　16.75 印张　325 千字
版次印次：2024 年 8 月第 1 版　　2024 年 8 月第 1 次印刷
定　　价：68.00 元

作者简介

谭元亨，1947年12月30日出生于广东四会大沙镇三界市，祖籍广东顺德龙江南坑村，成长于广州与湖南湘潭。祖上为广州"十三行"八大家"潘卢伍叶谭左徐杨"的谭家，谭家后来侨居马来西亚彭亨州关丹。20世纪初，其祖父返回顺德龙江南坑，1949年出任南顺桑园围围董会副董事长。

谭元亨1968年上山下乡到湖南酃县（今炎陵县）。1963年创作长篇小说《幼苗》，1971年创作长篇小说《山花烂熳》。《山花烂熳》以集体创作的名义改编为花鼓戏《新教师》，旋即又被改编为湘剧《园丁之歌》并拍摄成戏曲电影。

1973年作为《园丁之歌》原作者，成为湘潭市京剧团专业编剧，不久因《园丁之歌》被审查而下放劳动，1976年8月身陷囹圄，1979年出狱。旋即创作有《一个年代的末页》《抓来的老师》等名作。80年代任湘潭市文联文学专干，湖南省作家协会专业作家，毕业于武汉大学作家班，历任省市青年联合会委员、政协委员、作协副主席等。中国作家协会会员，中国电视艺术家协会会员，国际儿童文学学会（IRSCL）会员。

1990年调回广州，任职于广州师范学院，并任儿童文学研究所副所长。1999年调入华南理工大学新闻传播学院，并任客家文化研究所所长。教授、博士生导师，广东省人民政府原参事，中国新文学学会副会长，广东省客属海外联谊会顾问，广东省广府人海外联谊会副会长，广府学会会长。著名的客家学学者，"广府学"的创立者，在海内外享有广泛声誉。获大雅风文学奖等国际奖2项，全国"五个一工程"奖、骏马奖、中国图书奖等国家级政府奖4项；全国性奖5项，长篇电视剧奖及北京十月文学奖多项；"广东省热爱儿童奖章"等各类奖20余项；《客家文化史》获全国第六届高校科学研究优秀成果奖（人文社科）。

已出版文史哲工各类著作逾 200 种、4000 多万字，主要代表作有理论系列作品《元亨文存》（6 卷）、长篇系列作品《谭元亨文集》第一辑（12 卷）及《谭元亨自选集》。理论著作《中国文化史观》《华南两大族群的文化人类学建构》《广府寻根》《客家圣典》《城市建筑美学》等 40 多部。文学著作《客家魂》（三部曲）、《后知青·女性三部曲》《开洋》等 40 余种。纪实与史传《无效护照》《潘氏三兄弟》《东方奥斯维辛》《十三行世家》《十三行史稿》（三卷）《无声的虐杀——侵华日军粤港细菌战调查报告》等 30 余种。以及地方历史文化研究合著本“珠三角水利灌溉工程系列作品”《桑园围史话》《甘竹滩史话》《横琴中心沟史话》等。除文学创作、理论研究外，还有《客家女》《客家人》《国门十三行》《正道沧桑》《中华民族风情录》等数百部（集）电影、电视作品及若干戏剧艺术作品。另有译作数部。其作品有的被译为英、法、日、朝等多国文字。曾应邀到欧、美、亚、非十多国作中国文学、客家文化讲演。

序一　既有纵考，又有横览
——一部开拓性的学术著作

张　磊[①]

我与元亨同志原本不甚熟悉，只能算是"神交"已久——早读过他的著述，他给我留下的印象是一位锲而不舍、孜孜以求的劳作者，成果丰硕，从理论研究到文艺创作乃至译作。他令我起敬，因为难能可贵——特别是在"下海"成风的今天。

他的《中国文化史观》是一部优秀的学术著作，创见颇多、视角独特、文辞生动、发人深思，作为一名史学工作者，我读后甚感启发。

作者在立足于人文科学的基础上，对有哲理性的中国史观作了综观——既有纵考，又有横览；不拘陈说，勇于立言。他首先揭示出发达的史学与贫乏的史观的反差现象，但又指出不宜把传统的中国史观简单地归结为循环史观或气数史观，因为，这只是囿于形式的"扫描"。其实，仅就循环史观而言，既有以自然为参照的朴素循环论，复有以伦理为圆心的循环论和蕴涵生死轮回的循环论。必须作深入的、系统的分析，才能得出科学的论断。显然，作者的见解是新颖的、颇有裨益的。

从上述观念出发，作者把中国史观的历程论定为五个阶段：自然史观阶段、伦理史观阶段、本体论史观阶段、实用理性史观阶段、唯物史观阶段。这种构架形成了本书的骨干和特色。作者又以较大篇幅对自古迄今的重要人物的史观加以重新审视和阐释，借助个案研究把宏观的考察与细部的论证结合起来，由是使五个阶段的发展论获致丰满的内涵。

作者在论述历史哲学时，十分注意文化在社会历史进程中的重要地位和作用，在他看来，社会历史的发展借助文化交融及其相互之间的"激活"。春秋战国，是中原各国文化的相互激活；魏晋南北朝，为南北文化的交融；盛唐之际，则为亚洲文化大汇聚。迄近代，当是世界范围内不同文化的逐步融合。所

---

① 作者为广东省社科院原院长。

谓多元文化论，实即立基于这种认识。重视文化——特别是其在广义上的地位和作用，显然有助于对社会历史发展进行全面的、深入的研究。"激活"论颇有意味，应是阐明历史进程的重要契机。

　　本书作为第一部试图从宏观上系统地对中国历史加以反思并着重阐述历史哲学演变的专著，无疑是难能可贵的。当然，开拓性的著作也必然留下深化与拓展的余地，唯愿元亨同志持之以恒，继续研讨，以期为人文科学的发展作出更大的贡献。

1994 年

序二 豁然开朗，学有新意
——中国文化史是一部相互激活的历史

吴于廑①

这是一个很大的题目，更是一个高难度的课题，选择它就已说明作者的勇气，更何况作者是"半路出家"。是高度的社会责任感促使他作出了这一艰难的选择。

可以看得出，作者花费了多年的功夫，搜阅了大量中外典籍，用自己的头脑作出严肃、深沉的思考，才有了这部在中国史学界自成一格的、长达30万字的专著。

我国历代史著浩如烟海，一般涉猎是不行的，陷入其中"不识庐山真面目"亦令人神伤。郭老、范老主编的"通史"，史中带论，阐释了中国历史发展的若干规律；近年来亦有若干反思历史的论著，不乏新颖的见解，只可惜较散乱、孤立，多细部的描述，却缺宏观的把握。在这个意义上，谭元亨的《中国文化史观》是迄今为止第一部试图从宏观上科学地、系统地对中国整体历史进行反思，尤其是对中国史观发展与演变过程进行揭示和评价的著作。

世界由古至今，其历史演变过程，正是由原始的、闭塞的、各个分散的人群聚集的历史，发展为彼此联系密切的全局的世界史。中国史作为世界史的一部分，也是如此。我很欣赏作者提出的文化相互"激活"等一系列新的观点。春秋战国，中原各国文化相互交融、激活，才有了思想史上的伟大篇章。魏晋南北朝，则已超出中原文化，而形成南北文化的大交汇。正如作者指出的，盛唐文化实质上是整个亚洲文化的大交融，是对中国文化一次强有力的激活。那么，到了近代，自然是整个世界文化的大交融及新的激活了。这一来，中国史就更不是独立于世界之外的国别史。令人欣慰的是，作者在提出自己的中国史观演变史之际，亦与西方史观进行了较多的比较，弥补了民族意识形态的狭隘性，使全书有一个更为宏观的视野。

---

① 吴于廑，中国当代著名历史学家、武汉大学原副校长，已故。

这一"激活"观，正是认真对待人类各民族由闭关自守走向开放联合这一历史过程而提出来的。

这部专著中，类似"激活"的新观点及新论证，都将会引起人们广泛的关注。因为这毕竟是一位很有社会责任感的青年学者，从历史的高度上作了宏观的审视与判断，又经过缜密的思考、辨析而形成的独立见解。尽管其中可能有偏颇和欠严密之处，但它的开拓意义是不可低估的。读过后，豁然开朗，学有新意，对此书作评价，应是非过奖之言。

另外，此书文辞优美，学识不菲，既有冷静的剖析，又不乏激情的抒发，与作者谭元亨本人亦是知名文学家有关。古今中外，身兼二任，文学家加史学家者，不乏先例。如今又多了一个，可喜可贺！

（剑雄整理）

序三　不拘陈说　勇于立言
——读《中国文化史观》

卢斯飞①

广东中年学者、国家有突出贡献专家谭元亨教授，在 20 世纪 80 年代曾往北美、西欧讲授中国文化。他历经 8 年寒暑，披阅古今中外的历史、哲学和文化著作不下千种，将书稿整理成 30 万字的《中国文化史观》。此书刚由广东高等教育出版社出版，即在广州购书中心销售数百册。已故著名史学家吴于廑先生称此书是"迄今为止第一部试图从宏观上科学地、系统地对中国整体历史进行反思，尤其是对中国史观发展与演变过程进行揭示和评价的著作。"广东社科院院长张磊教授称此书为"不拘陈说，勇于立言"，可谓中肯之论。

中国的史学不可不谓发达，因为中国是一个非常注重历史的国家。但正如著者所指出的那样：由于中国文化机制的制约，以往的史学家们往往将毕生精力花在训诂、勘误、注释等上面，对此探幽入微，脚踏"实地"，而绝少撰写出史学理论方面的著作，缺少宏观的把握以及理论上的探讨。这样就出现了发达的史学与贫乏的史观的巨大反差。《中国文化史观》的出版，正试图填补这一空白。选择这一高难度的课题，就已说明了作者的勇气。

要对《中国文化史观》在理论上的开拓意义作出全面评述，在今天也许为时过早。而要把握该书的理论构架，也不是一朝一夕的事情。在笔者看来，该书至少在三个方面取得了突破性成果。

其一，作者对中国史观阶段的划分，首次冲破了自古以来中外学术界对我国史观所作的简单、僵化和形而上学的描绘。书中指出：仅"循环史观"而言，既有以自然为蓝本的循环，又有以伦理为圆心的循环，亦有蕴藉生死轮回的循环，各自的依据不一、粗细不一，不可以"循环史观""气数史观"而一言蔽之。于是，他在立足于科学、系统的基础上，提出了自己的"一家之言"，把中国史观划分为自然史观、伦理史观、本体论史观、实用理性史观与

① 作者为广西师范大学中文系教授、广西文史馆馆员。

唯物史观等阶段。从而做到明晰、客观、深邃，且立论充分有力，使人信服，也给研究中国史观辟出一条新路。这是前人所未曾做到，而今人亦未曾意识到的。为了论证这一阶段论，作者纵横恣肆，古今中外，比较分析，并借助个案把宏观的考察与细部的阐析有机地结合起来，从而最终使这一理论得以确立。

其二，作者提出的文化交融产生激活效应论，现已深得名家定评：春秋战国之时，中原各国文化相互激活，方有思想史上伟大的开篇；盛唐文明，实际上是整个亚洲文化的大交融及新的激活，而到近代，则是整个世界文化的交融与激活了。其文化视角的逐步拓展，实质上是思维方式上的一个创新与开放。这与西方当代的群体激活效应论可谓不谋而合。

其三，则是人的发展与历史发展的一致论。这点就毋须多评了。

以上三点，是举其大者而言。实际上，该书在具体的论述过程中，创新之见比比皆是。如魏晋由"名教本于自然"到"越名教而任自然"之揭示，落后民族入主中原后古代文明的"回光返照"，等等，令人耳目一新。作者是高校学者，又是著名作家，有20余部著作已经问世。此书有冷静的思辨分析，也不乏奔进纸上的激情，在学术著作中独具一格，这也是十分难得的。

1995 年

推荐语

一部有相当学术价值、颇具创获性的历史哲学论著。

谭元亨同志新撰《中国文化史观》是一部有相当学术价值的历史哲学论著，其对中国历史观演进轨迹的概括（自然史观→伦理史观→本体论史观→实用理性史观→唯物史观）颇富创识，其论证也有一定说服力。

此书颇具创获性，应特别推荐。

冯天瑜

视角独特，一部有新意、有创见的历史学著作。

《中国文化史观》是一部有新意、有创见的历史学著作。主要表现在中国史观演变"五阶段"的提出。作者认为中国史观大体经过五个发展阶段即自然史现、伦理史观、本体论史观、实用理性史观、唯物史观以及文化"激活"的层递进观。这是作者多年来苦心探索的成果，对中国历史哲学研究是一个新贡献。

另外，该书对现代中国历史观的演变，也提出了一些新颖的、有价值的观点，如对近代三大革命运动的分析，摆脱了陈说，颇有新意。

本书勇于立言、学术视角独特，是突出的优点，但存在一些不足，主要是有些地方不够严密，显得粗疏，有些地方展开不够。

总体来说，这是一部有一定创见的历史学著作。

陈望衡

再版自序

又是几个八年。

从成稿到出版，已八年整的时间；而今，从初版到再版，从第一次再版到第二次再版，已有三四个八年，我也从而立到花甲了。回想写此书时，我仍在武汉大学（以下简称"武大"）攻读，少年气盛，抱住一个这么大的命题便一口啃了下来，似乎不知天高地厚。好在有吴于廑这样一批泰斗、大师的指导，加上当时武大宽松的学习环境，我可以任意听任何一位教授的课，不仅仅是文、史、哲，还有法学、心理学、社会学，乃至理工农医。我如同掉进一个知识的大海，贪婪地汲取各方面的营养，却始终不知满足。时至今日，还时刻感到自己的不足，重新披阅旧著，总不时赧颜。

这么一想，旧著要改，又踌躇了。本来，这么多年，当有更新更深的思考，之所以赧颜，是多少觉得内中有少年意气的幼稚成分，但若改得太多、太冷静，便会失去当年的稚气，有违再版的初衷。于是，只好来个折中，改自然要改，却不可过，更不可"伤筋动骨"，于是披阅下来，便是现在这个样子。正文中只增删了很少部分的内容，另加上这一再版自序及篇后的若干资料。

我想，保持当年的理论激情，在今天仍是殊为珍贵的。曾几何时，我们的理论文章都变成老八股一样刻板、冷漠，被"格式化"过一样，不能引起读者的共鸣，却还自我标榜为客观、严谨与冷静。莫非商品化也同样使理论"失血"了吗？回顾一下历史，那些彪炳煊赫、黄钟大吕式的理论文章，哪一篇不是充满了激情的？没有激情，哪来的灵感，哪来的创见——一个新的时代，包括理论的时代，都是靠澎湃的激情推出来的。一旦标榜为老成、稳当，那便要失去活力而衰落，乃至腐朽了。八股的历史也就是如此。摆空架子、动辄 ABCD，板起一副教训人的面孔，其实什么也没有。

其实，一部专著的理论激情，最能反映出作家对这一理论研究的深度。激情绝非浅薄，一个缺乏理论深度的人，只会玩弄术语、搬弄教条，"拉大旗，作虎皮"，这样的人，又怎么能呼唤出理论的激情呢？只有对理论有深切的理解，才会去热爱它、拥抱它，才会在心灵与笔端倾泻出激情来。我们呼唤理论的激情，正是要去掉理论研究中的伪饰、浮华、浅尝辄止等坏习气，得动"真格"的！让理论的激情，去照彻我们的研究领域。

激情本身也是一种动力，正是在文化史观这一独特的领域中，在这又一个八年里，我被推动着进一步延伸并已走出了新的研究之路——这包括几个分支。

其一，是文化史的研究。《客家圣典——一个大迁徙民系的文化史》一书中，关于客家民系的形成与公元三四世纪世界民族大迁徙的关系的研究，已被普遍应用到有关客家的典籍之中，该书每年再版一次，足以证明其受欢迎的程度。它与《客家魂》三部曲，一同获取了世界客属大会颁发的"20世纪世界最有影响力的客家名著奖"，与罗香林等名师的著作并列，我实在愧不敢当。而后，又有《客家文化审美导论》等问世，均是在这一方向上的拓展。近日，亦有广府文化的系列专著推出，即《广府海韵》《千年国门》等。

其二，是对文学作品的史观研究。《土地与农民的史诗——周立波周健明父子创作论》《儿童文学：走向开放的审美空间》等专著，以及近日已完成的课题《呼唤史识——当代长篇创作的史观研究》，很清楚地显示了这一历史观研究延伸的轨迹，这就不多言了。

其三，则是对历史人物的研究。已出版的有《邓演达》《潘汉年》《潘氏三兄弟》《马应彪》《世界著名思想家的命运》等，都无疑与《中国文化史观》一脉相承，对若干历史人物及其思想的演变进程予以新的观照，目前，仍在对过去贬损无度的若干历史人物重新作出评价。

可以说，正是以《中国文化史观》为起点，我以上述一部部专著，在一步一个脚印拓展自己的研究领域。我大致数了一下，这八年，竟出书四十余种，论文近百篇，连自己也吃了一惊。也许，正是有"少作"奠定了基础，才这么一发不可收。

我想，这也正是这部著作再版的意义所在——画上一个"循环圈"，把这八年的理论历程总结一下：哪些往前推进了，哪些还在原地踏步，哪些甚至有所倒退？

重新读过这一修订版之后，再回顾这些年，我想，上述三个问题，读者自会作出明确的结论。

但我仍然希望这么一部论著的"速朽"——至少是在它针砭现实层面这一部分速朽。当然，它的内核仍是可以发展、提升的，使之博大与精深起来，我也在作这样的努力，但这一努力能否实现，唯有未来才能证明。而今，我已在一所国家重点大学主持一个哲学的学科点，有相当有利的条件把这一研究继续延伸与深入下去，毕竟，文化史观对于今日中国人的精神层面而言，已日益显示出其重要性来。在物质生活日臻丰富之际，精神上的需求也就更为紧迫。中华民族，更多是一个"形而上"的民族，重精神生活甚于物质生活，文化史观的理论，当可渗透到各个方面，不仅仅是文学艺术、新闻传媒，还包括生态环境——天人合一的山水景观、审美空间、城市意象等，因此，在研究领域可以说是大有可为的。

抚今追昔，人生已到花甲之年，可一切却似乎还仅仅是个开始。感慨之余，不觉想起了王夫之的自题堂联，就当作这一再版序言的收束吧——

　　　　　六经责我开生面，
　　　　　七尺从天乞活埋。

所呈献的这部草创之作，未免浅陋稚拙，愿乞方家不吝指正。

目　　录

第一章 绪 论

一、题解

笔者为何选择了这么个题目——文化、史观，这两者之间有什么联系？选这个题目是否有标新立异之嫌？

这，也许是读者见到书名时会产生的疑问。

标新立异吗？这一点不错，做学问的人最渴望的就是这个。没有标新立异的心思，仅墨守成规，那只能一事无成。何况我们正处在一个标新立异的时代。但是，不要把标新立异当作一种时髦，否则，那就无以标新，更谈不上立异——赶时髦最终只能得个赝品。不少关于文化的论著，由于对不同历史时期文化的演变或冲突的影响缺乏宏观的视野及作纵向的把握，往往显得苍白无力；而不少关于历史的论著，又对于民族文化施予不同历史阶段的作用不曾作出深入的研究和探讨，难免就变得单薄与枯燥。其实，历史与文化是不可分的。某种文化是一定历史时期的产物，是对其所处的环境的一切事物的反映。因此，研究文化，也就离不开对文化的载体、对应物——一定历史时期与具体人的分析。目前史学研究中，社会科学，包括经济学、社会学、人类学的影响在扩大，这在实际上也反映了文化发展的趋势。可以说，史学的容量愈大，它作为一门独立学科的确立便愈有必要——关于这点，我们在文中将会作较全面的论述；而史学视野的开阔，本身也说明了历史的进步——而今，文化的因素愈来愈引人注目，由"隐性"而走向了"显性"——这毕竟是全人类所共同创造的。

那么，历史与文化之间的关系究竟是怎样的呢？

我国老一辈社会科学家许德珩先生，曾经用过异常洗练的一句话，道出了历史与文化之间不可分割的关联性。他是这么说的：

> 过去的文化是历史，
> 现实的历史是文化。

　　我想，这便可以作此书的题解——因为它亦反映了一种历史观。无论国外还是国内，都有"文化史观"。例如启蒙时期的伏尔泰及中国近代学者夏曾佑都曾提出过，不少人都很熟悉。对这句话，当然还需作严谨的论证，会有不少人对此提出不同看法，这很自然。甚至"什么是历史"，古今中外的回答也大相径庭。尤其是问到历史学家时，更叫人如坠五里云雾。

　　进入 20 世纪以来，关于历史，有的人说，既往的历史都是伪历史，只有有思想的历史才是真实的；对事件的理解与估价必然导致它的再现与复活，于是一切历史都是当代史。这是著名的哲学家克罗齐的观点。柯林武德则更进一步说，"历史是过去思想的重演"，所以"一切历史都是思想史"。因为实证主义、科学主义者强调历史是"一门不折不扣的科学"，有人则重提古希腊古典时代的观点：历史是一门艺术，它不仅有实践功能、认识价值，尤有审美价值。可以说，历史就是一切——艺术、哲学、科学，却又什么都不是。由于历史决定论被推向了极端，又有人宣称，历史无规律可循，只有个别，没有一般；存在主义者甚至说，历史不过是个人的历史，其发展不过"表现为一团乌七八糟的偶然事件"，没有意义可言；历史是不可知的，历史就是虚无的……这时，"新史学"出现了，它强调的是重建历史与现实的统一，而历史则是一个不可分割的整体，并提出了总体历史理论。至于在中国，史家们在唯物史观指导下做了不少工作，但总的来说，史学界还是相当沉闷与寂寞——由僵化的模式带来的窒息感，迄今仍需作必要的启蒙，许多争论的题目均在重复人家的过去；关于自己的现在，反而茫然无知。

　　在动笔写这部专著之前，我遇到的史学界名流，无论是老人还是年轻人，一说到中国人的历史观，不是顾左右而言他，就是说得不知所以然，似乎没有人关注过这个题目。要么就不屑道：不就是循环史观，气数史观，还能有什么呢？大可一言以蔽之。有的，可以把西方史观发展演变，以及神学史观、理性史观、利益史观……说得头头是道，可一说到中国史观，就茫茫然了。在一个史学相当发达的国家，却如此缺乏史识，这在他人是无法理解的。我在北美与欧洲讲学之际，就遇到不少人提出这样的问题，怎么解释也难以说清——能说中国人只重视实证而缺乏抽象思维，或者只顾拥有浩瀚的史料却不愿从中发现规律吗？不，不，这里有很深的文化渊源，不是三两句话可以说得清的。

　　所以，赴西方讲学，我准备了厚厚的一叠研究与思考的资料，近 30 万字，通过至少是三次以上的讲授，才让人家多少有点明白。包括有一次与一位搞思维科学的著名学者对话，也耗费了整整几个星期。当然，历史观本身就说明了中国人的思维方式。对方将文艺复兴前的西方思维统称为线性思维，而将自文艺复兴以来的思维方式，他们以约 75 年一代人作为一个阶段，以 1425 年为起点，即"文艺复兴"开始为界，沿着"感性—理性—非理性"的轨迹，划分了人类近代思维发展的八大阶段。开始三个阶段是感性的：第一阶段是共同的、一般感觉阶段，即推理的、逻辑的线性思维；第二阶段为实验性思维，实验科学由此兴起；第三阶段为反馈性思维，从而推动了"假说"创立。及至1650年起，则是理性的三个阶段。第四阶段为理论性思维，以莱布尼茨、康德为代表。第五阶段为历史性思维，维科的《新科学》震惊思想界。第六阶段为社会批判思维，达尔文的进化论也为社会的多元化进程作了论证，马克思主义也在这一时期诞生。19世纪下半叶，即1875年以来，非理性主义上升。第七阶段的理念性思维，则以弗洛伊德的"深度心理学"为标志，把人的潜意识带进了思维方式之中。到20世纪中叶，则是第八阶段的悟性思维开始了，解构主义提出来了，如哈利所言，科学的飞跃则是非理性的，与科学家的悟性或激发心理息息相关。

之所以引用这么一大段思维演进阶段的内容，是因为想说明在短短五百年间，西方思维发展的历史是如何之迅速的。同时，历史本身就是思想线索的客观存在。当代批判的历史哲学开创者 W. 狄尔泰，就曾把其原名为《历史理性批判》的著作更名为《思维科学导论》。所以，我这部文化史观的著作，也同样是思维科学的研究。人类思维的飞速演进，一直发展到20世纪末的悟性思维了——这是西方思维科学研究的一个新成就。［参见《华南理工大学学报》（社会科学版）第1卷第2期（1999. 12），《当代思维：意念性与悟性》］而我们呢，早在庄禅哲学时，不是就已经有了悟性思维吗？

无疑，对史学的高层与深层研究，科学、系统地对中国史观作一宏观的把握，也是对旧的思维方式作一次认真的"清算"。

例如，人们常用"循环史观""气数史观"来概括中国人的历史意识，究其底蕴，两者的实质内涵却与中国史观完全不一样。如循环史观，有以自然为蓝本，亦有以轮回转世为依据；四季更换，月圆月缺，皆可谓之循环，生生死死，托体投胎，也同样为循环——这是显而易见的。也还有更精致的循环观，这就是以伦理准则为圆心，画出了大循环与小循环来：大者，"五百年必有王者兴"，王朝兴衰，天道更替，几百年一劫也；小者，则在于心的"知止—有定—能静—能安—能虑—能得"再回至"知止"，以这种道德自律涵盖历史……

而"气数史观"也大致如此。

所以，简单以"循环史观"或"气数史观"来概括中国史观，显然是不科学的，因为缺乏必要的分析、研究以及理论上的探索。如果还停留在这样的水平上，足以贻笑大方。

所以，我决定下苦功夫来啃这枚"酸果"。

在一边积累资料、系统分析之际，我力图扩大自己的视野，着手译一点西方的史学著作，如美国著名学者 A. 斯坦恩的《历史哲学与价值问题》，作者在这部出版于 20 世纪 60 年代的历史哲学著作中，把当今世界所持的历史观划分为两大类，一类为科技史观，认为历史的发展是由日趋进步的科学技术所推动的，不少发达国家都持这一史观，但原子弹给人类可能造成的灾难却给这一史观打上了问号。此外，环境污染、生态平衡等问题，也对科技史观提出了挑战。另一类史观，则是生存史观，这是作者所推崇的，与中国古代的"天人合一"有很多相似之处。我惊奇地发现，在我归纳出的中国古代的"自然史观"的内涵中，与当今世界推崇的"生存史观"有不少异曲同工之处，如关于环境保护、复归大自然等。

然而，中国史观的演变史与西方史观发展史是截然不同的，虽然到现当代两者已有了不少的融合，尤其在全球经济大循环之际，我得努力从中寻找出其自身的规律。

我这么做了。

与此同时，我亦得知，若干重点大学，已斥巨资投入研究西方史观发展史的选题中，自己亦有意识去听取了有关这一研究的课题报告。不知怎的，我感到由衷的悲哀——他们这一研究已进行了七八个年头了。我不得不加快了自己的速度，而且在基本上没有资金投入的情况下完成了这个课题：当时我在一非重点大学，选题也列为非重点选题。然而，我总算完成了，并且产生了广泛的影响，拿到了国际的讲坛上。

不管这一课题研究的命运如何，我始终觉得，这一课题为海外的著名学者所公认，对中国人的历史观作出了深入的而不是表面的、认真的而不是敷衍的、科学的而不是机械的研究，是有重大意义的，而且是发人深省的，对于今后中国历史的发展多少有所贡献——至少在典籍上。

是的，中国人的历史观既有积极的一面，也有消极的一面。积极的一面，使得中国人对自己的历史具有罕见的自信心与自制力；消极的一面，便是使中国人安于宿命，缺乏那种"冲天的"历史的奋发主动精神。我将在下面提出自己的全部的新观点，揭示其发展规律。我不得不贸然这么做，以"为天下先"。

我不敢与上面提及过的权威及其浩瀚的经典作什么抗辩，重建"文化史观"的理论亦非我力所能及。我之所以仍在喋喋不休，只因骨鲠在喉，不吐不快。且当作胡说八道，也不失为一家之言，以供批驳，若能引得关注，忘书而拎题，则已为大幸。

是为题解。

二、缘起：历史研究中的主体精神

我刚刚坠入一组历史人物的云雾之中（本人近作《潘氏三兄弟》，已由北京十月文艺出版社出版。"三潘"即潘汉年、潘梓年、潘菽）。"三潘"自晚清到辛亥革命、五四运动、北伐战争、土地革命、长征、西安事变、抗日战争、解放战争以及新中国成立后的不同历史阶段中，大都处于历史的"风口浪尖"上。他们的建树与不幸、深刻与无奈均是无法切割开的。他们就是整整一部历史，是中国20世纪断代史上的启示录，他们身上折射出的历史信息，比他们所经历的一切要丰富得多，也沉重得多。他们不单纯是历史的比例尺，所以，把他们说成是某段历史的缩影，就已经造成了遮蔽。当我选择这些人物时，我并没意识到这些。一个人的历史不仅仅是历史大厦中的一片瓦、一块砖，他的传记也绝不能是史料的缀合，一位只会编辑、组织与缝合史料的传记作家，是永远不会理解历史的。我国著名的革命家、历史学家、新文化运动的领导人李大钊就曾对此有过精辟的论述。西方分析的、批判的历史哲学的代表人物柯林武德，也猛烈地抨击了"剪刀加糨糊"的历史学，强调要问一个史实"意味着什么"，只有这样，才能"走出了剪刀加糨糊的历史学的世界而步入另一个世界，在那里历史学不是靠抄录最好的资料的证词，而是靠得出你自己的结论而写了出来的"。（柯林武德：《历史的观念》，北京，中国社会科学出版社，1986）

所以，当我完成这部传记时，就问了自己一句：什么是历史？

竟无言以答。

我能以三言两语作出概括吗？

对于我来说，它恰如一个永恒的谜语，多少人的探究无以达到它的底蕴，但它又并不是绝对不可知的；它甚至是一个禅宗的公案，处处是机锋与棒喝，只可意会不可言传。一说出来就成了限制，"是"便成了"不是"，反而更加不可捉摸了。

"历史"这个词，具有太沉重的分量了。

它不是沉睡的陵寝，唯有帝王将相在那享受其殁后的虚荣。它是历史学家战斗的疆场，他们在那里调兵遣将，让这死亡了的世界重新充满生机与活力，从而去了解人类神秘的命运，也知道自己是谁。

一切都在涌来，一切又都在流逝。古往今来，多少哲人的名言齐上心头。最易于记起而又最沉重的莫过于陈子昂的《登幽州台歌》：

前不见古人，

后不见来者。

念天地之悠悠，

独怆然而涕下。

一切都不复存在了，唯余我茕茕孑立。而"我"的历史感又涵盖了一切。此时，"我"能回答历史是什么吗？

但人毕竟是创造历史的主体。当人作为历史研究中的主体时，他相对于历史本身恰恰就是主体，他的研究本身就是在创造。历史的研究同样是历史的创造，他永远不可以超脱于历史之外"以物观物"。自然，有的人对这一点是明确的，司马迁作《史记》就明确讲道："欲以究天人之际，通古今之变，成一家之言。"有的人不承认，孔子的"述而不作"便是如此，但是，后人却由此得到了"春秋笔法"，晓知微言大义。因此，无论如何，史家本身，也都在自觉与不自觉地参与创造历史。

凭此就不难解释为何同一段历史，古人写了，今人又写，今人写了，也绝不敢说后人不会再写。不同的人，自然有不同的写法，不仅是不同的表述方式，而且有不同的思想与观点。被视为"贼"与"寇"的，也可能做了英雄——这是最简单的例子。涉及历史人物本身，差异就更大了。有的说是愚顽，有的说是聪慧，有的说功大于过，有的则说十恶不赦……本来，离历史事件、历史人物距离愈近反而愈说不清，太远说法又不一；一个新的考古发现，也可能改变对整整一段历史的表述；而一个新的历史观的形成，则同样使历史焕然一新。既往的历史，在其严格的意义上，也许仅仅是一堆史料。正如李大钊先生早在"五四"时期就断言了的：历史不是陈编故纸，不是已印成的呆板的东西，过去遗留下来汗牛充栋的卷帙册籍，如"二十四史"、《资治通鉴》等，只能算是"历史的材料"，"而不是这活的历史的本体"。

参与创造历史，这对于史学家来说，无论意识到还是没意识到，也仅仅是第一个层次上的问题。因为它本身是身不由己的。而重要的是，如何创造历史——这不仅仅是写出的一部部史著，而且他所持的历史观，本身就是活生生的当代思想的产物，换句话说，它便是整个文化意识中的一部分。而宏观的文化，则是人类劳动创造成果的总和，是超越本能的、有意识地作用于自然界和社会的一切活动，说到底，则是"自然的人化"。

所以，在历史研究当中人的主体精神的作用，其意义不在于过去，而在于今天与未来。对历史所作的探究，往往是随着历史的变迁而发生转移。当我们持历史是前进的观点来研究历史时，这种转移就充满了现实性。在这个意义上，历史是现实的，历史的遗产也不能说是历史性的——它本身就是从无数"此际"的现实中过滤出来的。这里，我们便引入了一个超时态的历史（它包括过去、现在与未来）的范畴。正如在全息摄影当中，它存在于一切的碎片之中，没有开始也没有终结的界限。任何切割都是无济于事的。

这正是我们今日历史观的立足点。它指向未来，但不是神秘的预言或符咒，而是一个坚定不移的信念，不是沮丧、气馁，而是振奋、腾飞。

但是，首先得证明，历史前进这一观念是如何产生的，历史又是怎样在前进的。这种历史感，是肩负有全人类命运的一种神圣的责任感。

在宏观的东方文化中产生的历史观，迄今少有人作一纵的概括与总结，实在是一大憾事。但仅仅是概括与总结，又远远不能满足当代人的要求。但总得有人去做，只要做了，就总归有了个开端，且不管留下的脚印是如何歪歪斜斜。历史的足迹又几时笔直过呢？

下面，我就尝试回答一下上面的问题。历史总是留下一个个问题，而对于任何答案也绝不打上满分的。但无数的答案汇集在一起，至少能得一个高分吧。

我以为确立主体在历史研究中的地位，也就保证了人在历史前进中逐步挣脱形形色色的束缚，走向自由创造——选择历史的可能。其实，整整一部人类的"史前史"（马克思语），不就是一部人类的解放史，人类追求自由的历史吗？由异化而复归的历史吗？无论那是大起大落、金戈铁马、威武雄壮的正剧，还是惊心动魄、哀婉凄绝、催人泪下的悲剧；无论历史处于平沙落雁、澄江如练的徐缓之中，抑或正面临急转直下、一泻千里的猝变……

> 历史之光并不投射在"客观的"事件上，而是投射在写历史的人身上，历史照亮的不是过去，而是现在。（Philosophy of History, An Introduction, 21. London, 1951）

这是当代英国哲学家沃尔什在《历史哲学》一书中所说的，在某种意义上，他不过是重复了许多历史学家，包括克罗齐、柯林武德等人的观点，但正是以这些人为开端，形成了历史哲学的当代新潮——历史学家们的责任由此变得更加重大了！

是的，认识历史，正是为了更好地认识现实，通过对现实的认识而影响、创造未来。

一种新的历史观的诞生，总是同旧的传统文化面临的挑战与解体分不开的。

对这段历史的反思，不同的人却大相径庭。但是，理论毕竟在稳步地前进，它与社会某些似乎不可抑制的溃疡与病变相悖而行，不断地打出新的旗帜，纵一度受挫也在所不计，并于"实践是检验真理的标准"的启蒙式的讨论，关于人道主义的呼唤，关于民族性的探讨，道德观念与价值观念的冲突……业已形成了不可逆转的趋势。较之"五四"时期的开放，可谓各有千秋。我们是否能把"五四"后跌落下去的"浪头"重新推涌上去，以达到新的、前所未有的波峰，恐怕并非不可预测了。

一方面，是似不可抑制的溃疡与病变；另一方面，又是不可逆转的趋势。二者的冲突，将会达到怎样白热化的程度，我们是否能避免世界上众多的历史学家所预言的向民主制度迈进中的"几欲不可预知的大灾难"，走出我们民族独特的发展道路，创造人类文明的又一个峰巅……从历史的反思走向历史的选择，这正是当代中国人彻夜不眠要解答的问题。

就这样，我们从反思的历史，便走向了哲学的历史的阶段。

这就是历史的要求，也是现实的要求。

在人们的习惯中，历史仅仅是一种考据的要求，一种原始形态的东西，但正如前所述，任何历史的描述，都不可能达到客观、完全与彻底，任何新的发现都可以对它加以改变。这只是一种考据的历史。

史学，我们通常把它归结为批评的历史，它不是上述的历史，而是这一历史的历史，是阐述历史发展过程的一门学问，这包括史学理论与治史方法。由于史学家各自的立场、观点、方法的不同，他们阐述历史的过程也就迥然不同。不少史学著作所呈示的历史观更是五花八门。

我们想探究的正是在哲学意义上的历史观。所以，不想在考据的历史（史料）与批评的历史（史学）上多加停留，只能几笔带过，甚至阐述上也极为粗疏。太严格的规范，必然会造成汗牛充栋而无人问津的结果。

被称为历史哲学之父的维科，引入了埃及人所说的历史进程，认为历史是按神的时代、英雄的时代与人的时代三个阶段划分而向前发展的，揭开了以理性主义统摄历史的序幕。正如恩格斯在《反杜林论》中对这场资产阶级启蒙运动所作的精辟的分析：

> 在法国为行将到来的革命启发过人们头脑的那些伟大人物，本身都是非常革命的。他们不承认任何外界的权威，不管这种权威是什么样的。宗教、自然观、社会、国家制度，一切都受到了最无情的批判；一切都必须在理性的法庭面前为自己的存在作出辩护或者放弃存在的权利。……以往的一切社会形式和国家形式、一切传统观念，都被当作不合理的东西扔到垃圾堆里去了；到现在为止，世界所遵循的只是一些成见：过去的一切只值得怜悯和鄙视。只是现在阳光才照射出来，理性的王国才开始出现……
>
> （《马克思恩格斯全集》第3卷，第404～405页，北京，人民出版社，1966）

毫无疑义，这是一场真正的革命，何等的气魄！何等的批判精神！

维科认为不同民族，不同国别，都必然经历"神—英雄—人"三个时代的发展历程。到了黑格尔，则宣称："哲学用以观察历史的唯一'思想'便是理性这个简单的概念；'理性'是世界的主宰，世界历史因此是一种合理的过程。"马克思吸取了从维科那里开始显示出的唯物论因素，把"头足倒立"的黑格尔哲学颠倒了过来，确立了唯物史观，划出了原始社会、奴隶社会、封建社会、资本主义社会以及共产主义社会的五个发展阶段，赶走了神谕式的"理性"，把"人"放在了世界历史的中心，确立了人在历史中的主体地位，揭示了由于人的彻底解放给世界历史发展带来了无限丰富的选择。正如前面已经提到的，马克思把迄今为止的、人类尚未获得彻底解放的全部历史，称为人类史的"史前史"。他指出，只有这个"史前史"的结束，才是真正的人的历史的开始，因为"从这时起，人们才完全自觉地自己创造自己的历史；只是从这时起，由人们使之起作用的社会原因才在主要方面和日益增长的程度上达到他们所预期的结果"。

"历史不过是追求着自己目的的人的活动而已。"

但是，在中国的黄河、长江流域上兴盛起来的古代文明，从一开始，就不曾进入维科所描绘的"共时态"的发展阶段。这是与西方文明完全不同形态的另一种文明。难怪马可·波罗从中国回到欧洲时，人们会把他所描绘的东方文明视为一派胡言，说他完全是"白日做梦"。

历史，从其开端就呈现出其不同的选择可能。所以，这部论著将从个人独特的研究出发，对中国的文化史观的框架予以重建，使其更加科学化、系统化，而不落入僵化的模式。当年，马克思就针对这一点说过："他（我的批评家）一定要把我关于西欧资本主义起源的历史概述彻底变成一般发展道路的历史哲学理论，一切民族，不管他们所处的历史环境如何，都注定要走这条道路……但是我要请他原谅。他这样做，会给我过多的荣誉，同时也会给我过多的侮辱。"（《马克思恩格斯全集》第19卷，第130页，北京，人民出版社，1963）

这里，说得是何等的严肃、认真，并发人深省。

遗憾的是，不少自命为历史学家的人，却每每以西方历史发展的模式去套我们的东方历史发展阶段。明明我们的唐代，达到了中国古代社会的鼎盛阶段，成为当时整个世界文明的一个峰巅，却非说佛教自西域传入，从东汉末年便开始了中国的"中世纪"，直到今天仍未超出。诚然，基督教的西行，蛮族的入侵，使西方的"中世纪"以圣经取代了一切，已有过的古希腊、古罗马的文明遭到了毁灭，神获得了至高无上的地位。"中世纪把意识形态的其他一切形式……都合并到了神学之中"（恩格斯语）。而这一现象，在中国从未出现过，至于佛教在中国古代文明中起到的不同作用，本书将辟专题讨论。我们不曾有神、英雄、人的形态的更迭。因此，喋喋不休争论的什么"早夭的奴隶社会"或"早熟的封建主义"，本身也或多或少地脱离了中国的历史实际。我们不否认，各民族的文明，正处于一个不断融合、碰撞及重建的过程，也许会有一天，世界历史的发展会出现偶合与同步，会共同达到一个文明的顶峰，但在今天，简单地套用别人的公式，实质上则窒息了我们自己的思考和对历史及未来命运的思考。

在这个意义上，中国的历史哲学尚处在鸿蒙初开的阶段，是谈不上有什么成熟的形态的。如果不建立我们自己的历史哲学，我们则难以认识清楚、解释明白、研究透彻中国过去已有的历史，也更难以选择、创造我们的未来。中国人在今天的历史中的主体精神发挥得实在是太少了，甚至几乎未曾被认识到，因此，如何谈得上主动地、生气勃勃地去创造新的历史呢？

三、发达的"史学"与贫乏的史观

戊戌变法的主要人物之一梁启超曾指出：

中国于各种学问中，惟史学为最发达；史学在世界各国中，惟中国为最发达。（《中国历史研究法》）

然而，有发达的史学，并不等于有先进的历史观的指导。连章学诚也指出："整辑排比，谓之史纂；参互搜讨，谓之史考，皆非史学。"

"史学所以经世，固非空言著述也。……后之言著述者，舍今而求古，舍人事而言性天，则吾不得而知之矣。学者不知斯义，不是言史学也。"《浙东学术》作为章学诚的本意，则是反对空谈理性的宋明以来的理学。但是，"六经皆史"，"六经皆器"，在另一个意义上，他则是把史学置于整个中国文化的大系统之中加以研究、探讨，开拓了史学的新视野，把"圣典"还原为"政典""法宪"，"其所以原民生与利民用者"，"而非圣人一己之心思，离事物而特著一书谓以明道也"。这已经接近于近代的历史主义了。

当史学家以某一种史观编纂历史之际，其时的历史，也正是按这种史观在创造与演绎的。且不说前已提到的司马迁作《史记》，为"述往事，思来者"，"网罗天下放失旧闻，考之行事，稽其成败兴坏之理"。著《汉纪》的荀悦，则要以西汉的盛衰"明主贤臣，规模法则，得失之轨"而昭之以东汉统治者，"君子有三鉴：鉴乎人，鉴乎前，鉴乎镜"。《贞观政要》则要从前朝的"危、乱、亡"的惨重教训中，求得自身的"安、治、存"。《资治通鉴》则开宗明义，"史者，所以明夫治天下之道也""鉴前世之兴衰，考当今之得失""上助圣明之鉴"。

然而，由于中国文化机制的制约，他们都未能提高到理性思辨的高度，未能从具体经验上升到抽象思维。史学家们往往将毕生精力花在训诂、勘误、注释等上面，探幽入微、脚踏"实地"而绝少撰写出史学理论方面的著作，缺乏宏观的把握以及理论上的探讨。

当然，漫长的中国历史流程中，也不是没有闪烁过历史哲学的火花。哲人们也曾在自己的著作中，偶尔阐发过这一方面的观点。三言两语，言简意赅，稍有疏忽，便一闪而过，让人难以捕捉。

其实归纳起来，中国史学也许不会以"神—英雄—人"三个时代递进，"理性"赋予世界历史以一种合理过程等。

在《庄子·天运》中，庄子就这么概括过历史的进程："……黄帝之治天下，使民心一，民有其亲死不哭而民不非也。尧之治天下，使民心亲，民有为其亲杀其服而民不非也。舜之治天下，使民心竞，孕妇十月而生子，子生五月而能言，不至乎孩而始谁，则人始有夭矣。禹之治天下，使民心变，人有心而兵有顺，杀盗非杀人，自为种而天下耳，是以天下大骇，儒墨皆起。其作始有伦，而今乎归，女何言哉！三皇五帝之治天下，名曰治之，而乱莫甚矣。"他一直训到孔子悟出："久矣夫丘不与化为人！不与化为人，安能化人！"才说："丘得之矣。"显然，他是主张自然无为，或自然史观，反对人为的。"神农之世，卧则居居，起则于于，民知其母，不知其父，与麋鹿共处，耕而食，织而衣，无有相害之心，此至德之隆也。"（《庄子·盗跖》）由至德而一，由一而亲，再由亲至竞，竞则发展为变，这便是一种宏观的把握。

孔子则有他的三代相"因"、"损益可知"的历史发展观，要求为政得"道之以德""齐之于礼"，以伦理观念统摄历史的发展。孟子则明确提出了"王道""霸道"的概念，主张"尊王贱霸""以德服人"，而反对"以力服人"；认为"君子所性，仁义礼智根于心"，所以"劳心者治人，劳力者治于人"，并由此得出历史循环的结论："五百年必有王者兴，其间必有名世者"。

商鞅把历史分为三个阶段："上世亲亲而爱私，中世尚贤而悦仁，下世贵贵而尊官。""故治世不一道，便国不必法古。"韩非更认为："上古竞于道德，中世逐于智谋，当今争于气力"，主张"抱法、行术、处势"的法治。

邹衍的"五德始终"；董仲舒的"三统之变"；邵雍的"元会运世"；朱熹的"定位不易"；一直到近代，严复在所译的《社会通诠》中，把社会划分为图腾、宗法、军国三个阶段。康有为则分为乱世、升平世、太平世三个阶段；梁启超则是分为上世、中世、近世。章太炎认为，用"人为规则"来阻挡

"自然规则"，主张"俱分进化"。孙中山先生则坚持"历史的重心是民生"，试图从经济生活中去寻找社会发展的动因。

上面粗略地勾勒了自先秦至近代的不同的历史观点，当中省去了很多史家的大同小异的论述，自然，要一一列举加以研究与分析，尚需专门的一章，这只能留在后面去做了。

然而，我们只这么粗略一扫，立即便会感到，这些史观均缺乏周密的、严格的、科学的论证，它们大都是直观的、机械的、形而上学的划分。

它们不似马克思的唯物史观，从生产力与生产关系之间的现实冲突中，去阐明社会经济形态演进的几个时代，有着高度的思辨能力与科学精神。愈是彻底的理论，就愈能抓住人。

例如，汤因比的《历史研究》，则把人类文明当作研究单位，生存困境对人类是一种挑战，而文明则产生于人类生存困境的应战中，历史就是在挑战与应战中发展的，并据此有力地提出了"文化形态史观"。柯林武德则认为历史是人们心灵中重温往事的一门学科，史家唯有在历史事件背后的精神活动中，在自身经验范围内对过去进行反思，才可能发现文化和文明的重要类型及动力关系。孔德以他的实证主义，提出了历史哲学的原则——三个阶段的规律："神学—玄学—科学"。用克罗齐的话来说，他的历史观则是把历史和思想活动本身等同起来，思想活动永远兼是哲学和历史。这里，我们只是随意挑拣几位出来加以说明，就可以明显看出两者的区别。

早在世纪初，李大钊先生便在《东西文明根本之异点》中就指出：

> 东西文明有根本不同之点，即东洋文明主静，西洋文明主动是也。……一为自然的，一为人为的，一为安息的，一为战争的，一为消极的，一为积极的，一为依赖的，一为独立的，一为苟安的，一为突进的，一为因袭的，一为创造的，一为保守的，一为进步的，一为直觉的，一为理智的，一为空想的，一为体验的，一为艺术的，一为科学的，一为精神的，一为物质的，一为灵的，一为肉的，一为向天的，一为立地的，一为自然支配人间的，一为人间征服自然的。

先生一口气写了 14 个对立，固然有点少年意气、挥斥方遒的味道，却也多多少少触及了中西文化之间的重大区别，振聋发聩，石破天惊。反传统就需要这种大无畏的精神，就需要这种敢于推向极端的深刻与犀利。

人们不难想象"五四"时期那种敢作敢为、开放豁达的精神。为了求得民族的复兴与解放，如何义无反顾地走向断头台——李大钊就是这么做的，在这之前，戊戌变法及辛亥革命，谭嗣同、秋瑾和黄花岗七十二烈士，也是这么做的。"我自横刀向天笑",他们体现出了何等一种冲天的历史主动精神。

现在,没有人不承认,作为东方的文化,是在我国绵延达几千年之久的一种相当稳定的文化形态,纵然经外来文化的多次冲击,总是最后又"依然故我",如同我国古代沿袭下来的玩具不倒翁一样,它的重心太下,太沉了。所谓"主静",则正是这种"稳态"的表现。也就在这种文化里,中国人形成了自己独有的历史观。天人关系,便是中国的自然哲学——历史哲学的核心论题。所谓历史学发达,也就是这么回事:把"天人"与"古今"融合在一起,"天人之征,古今之道也。孔子作《春秋》,上揆之天道,下质诸人情,参之于古,考之于今"。他没有看到,人类社会作为"第二自然",绝不与"第一自然"的发展成正比例。当人获得作为人的本质时,本身就是对"第一自然"的反叛与挑战。

众所周知,自然的稳定远远超于人类社会的稳定。而这种历史观却以自然的稳定来制约社会的发展,因此,不可能不造成中国社会至今的滞后状态,同时,也就在相当程度上完成了中国社会的超稳态结构——当然,"完成"这个词,在另一意义上也可能就是"结束"。

所以,我们不能不看到如下的一幕悲剧,当中国的三大发明——火药、指南针、印刷术传到了西方之际,被马克思称之为激活资本主义的因素,竟导致了西方用洋枪洋炮轰开了大清帝国的海关,鸦片战争,庚子赔款……

西方不是没有过依自然变化而形成的循环史观,如古希腊。纵然他们历史的发展出现了大起大落,一度堕入到中世纪漫长的、沉沉的黑暗之中,却也出现了辉煌的文艺复兴。我们没有中世纪,他们在文明的沉沦之际,我们正处于一个文明的峰巅——盛唐文明。可我们也没有文艺复兴,他们的文艺复兴也一度借助中国史学——对于伏尔泰等思想家来说,"用中国这个例证把《圣经》的历史权威打得七零八落,这就足够了"(魏吉尔·比诺《中国与法国哲学思想之形成》)。

我们还可以找到东方文明对西方历史的激活,以中国文化鞭挞西方旧传统的许多例证。但是,我们自身却为此陷入昏昏的沉睡之中。

这究竟是为什么?

如果说,西方是大起大落,造成历史的波峰与波谷;我们只有朝代的更迭,几乎是平缓的微澜……彼此也只能产生不同的历史观。

两者不是都在地球上诞生了文明,开始了历史吗?用机械论的观点,彼此之间则不应有任何区别与对抗。

显然,从一开始,不同的民族对于历史就有不同的选择。

既然过去就可以选择,那么,未来则更应当选择了!

第二章 概述——中国史观发展史纲要

无可否认，历史的发展是有其遗传密码的，只有不断地破译，才有从必然到自由的解放。中国历史的发展，也同样有其遗传密码，几千年来，历史学家、思想家们也在不断地试图破译它。由于破译的方式不一样，我们历史发展的道路也就不同于别的地区、民族。

我以为，一个时代对于这种遗传密码的破译，也就是这个时代对于历史发展所了解的显性因子。谁都知道，造成历史事件的因素总是多元的，而其中必有主导的一个方面或两个方面不等。战争，就有自然地理的因素（如我国北方民族的南侵）、宗教因素（如圣巴托罗牟之夜）以及经济的、政治的因素等。原始蛮荒的远古，自然没有什么政治社会；经济高度发达之际，宗法关系的束缚也就弱了。当今世界上，政治大国不一定就是经济大国；有的在经济上是巨人，在政治上却没有多少发言权……一个时代的思想，就是那个时代的统治思想，而这种统治思想所包含的历史观，便在相当程度上制约着那个时代历史的发展，这也是文化与历史观的关系。人们所能"破译"的程度，也就决定了历史所能发展的程度。反过来，历史所能提供的"破译"的可能性，也就是历史本身所可能发展的选择标志。

不断的"破译"，也就有不断的发展，人的悟性也就这样为历史所制约、推动，又反过来影响历史。

漫长的原始蛮荒岁月，人的发展也就是历史的发展，是与自然同步的。人作为动物，也就是大自然的一个自在部分。因此，当人刚刚成其为人之际，把自己当作自由的主体从自然的必然性的束缚中解放出来时，对于历史的发展的观点，在相当程度上仍受自然变化的影响，这不仅在中国，在古希腊、古埃及等亦如此。由于生存环境的严酷——往北是沙漠，往东是大海，西边有青藏高原，南面则古称"夷蛮""疠瘴之地"，自然的暴戾对中华民族史观的影响尤为至深。因此，我们从《老子》《庄子》等文章中，可以看出这种自然史观的深刻的印记。《易经》上的图式更说明了这一点。

这便是本书要论述的第一点。

　　由天及人，以天观照人，但人毕竟已在把天——自然当作自己加工改造的对象，并开始形成了经济、政治等人与人之间的关系。所以，孔子也说过，自然界是自然界，它的运行规律我怎么知道？但是，正是由天及人，人们把自然的秩序加在了人的秩序之中，找出了人类这一"第二自然"的序列来，这便是"礼"。人的"自然"就是血缘关系、宗法关系，由此形成了祖先崇拜。伦理观便统摄了历史观，所以，这个时期的史观，也可以归结为伦理史观。平心而论，这毕竟是承认人类的独立存在的开始，是一个进步，虽然它们留有自然史观的遗痕。正是这一伦理史观，才有了中国古代大一统的天下。

　　而这，都排斥了神的存在。

　　家天下的伦理社会，有别于奴隶社会亦有别于神权高于皇权的中世纪——西方典型的封建社会。所以，直至唐代，中国始终是走在世界文明的前列的。

　　在东汉末年，魏晋南北朝，由于佛教的传入，家天下的伦理社会受到了严峻的挑战。一方面，神权对于皇权权威是个挑战，但更重要的是，佛学对于尘世的否定，关于个人修行，本身是对现实、对束缚个性的群体意识的挑战（虽然它最后仍归于对现实的忍受及对群体的统一）。

　　中国自宋代便进入了务实的或称之为实用理性的社会。这是一种强化了的但在一定程度上超越了伦理的社会。伦理社会的"孝"（汉代以"孝"治天下）被改造为适应于皇权统治的"忠"，这是对"第二自然"血缘序列的又一步延伸，却也使帝制带上更强的"君权神授"色彩，社会等级森严，特务政治猖獗，"存天理，灭人欲"，在整整的一千年内，给中国带来了大灾难，直至近百年，无数先进的思想家，无不愤怒地控诉这种"以理杀人"的滔天罪恶。

　　以上，我们已提出了：

　　（1）产生自然史观的自然历史阶段。

　　（2）以伦理准则来治理的伦理时代。

　　（3）"神意"激活的本体论——历史哲学时期。

　　（4）实用理性社会。

　　无可置疑，自然对于人类历史是一个更大的统摄的概念，当"第二自然"逐步开始摆脱它的影响之际，它往往要显示出自己的力量，但人类史毕竟已相对独立了，而伦理准则，实用理性本身所带有的巨大内聚力，则是中国历史不同于西方、印度历史的重要原因，这种内聚力曾推动了历史的发展，在实用理性社会之后，人类的价值观念，由于经济的发达、物质的丰富、科学的繁荣，也逐渐上升到主要的位置，对人，独立的人的认识，人的价值、人的尊严的肯定，也有了大的进步，所以，我们应得出：

（5）价值革命的演变。

从物质到知识价值认识的发展，从物到人的价值认识的发展，这正是当今中国社会的现实。人们由近视而变得有远见了，由实用主义转向了辩证唯物主义，开始了对美的追求。

审美价值完全不同于任何价值观念，可以说它是超价值的。当人们按美的构想，而不受历史异化的力量所左右，不按伦理的、实用的、价值的观念去选择自己未来时，那么，人便复归为人了，人就对于自然与历史获得了自由，而束缚历史前进的引力线便会被挣脱，人类便可以从切线上的那一点开始，沿着切线方向迅速地飞出去，摆脱往复循环，而赢得自由。

因此，下面只该是预言：

（6）以美为原则的人类自由——真正的人的历史的开始。

这不是什么定义，什么规范与模式，因为任何定义、规范及模式都不应是属于未来的。强行把一种规范加于社会，便违反了自由即美的最高原则，也许，这时老庄"顺乎自然"才在更高的层次上得以实现。

以上，我只是粗略地作了一次勾勒，要真正"说清楚"，还得花极大的力气。毕竟，各种社会形态的文化及其历史观是纷纭杂沓的，有时抽出某根璎珞，就足以教人眼花缭乱，如入迷宫。历史哲学的任务，并不想，也不可能彻底清除历史发展中弥漫的迷雾，它只能提供一种逼近人类历史真实的一条可能性的途径——自然也免不了会引入歧途，但它的愿望毕竟是良好的——这又用上了道德伦理观了；无论是好是坏，也终究能起作用——这该是实用理性在作怪；人们会对它也历史地去看待的——这应属于价值判断了。作为文化形态上来说，留给后人作艺术鉴赏（罗素说过：历史也是一种艺术），超出一般美与丑的审定，则大幸矣。

下面，我们正式展开论述吧。由于或多或少地摆脱了当今的学术体系，所以，某些定义或概念不一定很严谨，还敬请学者及读者们指正和谅解。

一、文学的切入——自然史观

我们尝试变换一个角度，从文学切入历史之中，尤其是在论述自然历史阶段的时候，我以为这有更充足的理由。

因为文学，在其最根本的任务来说，就是对人类异化的抗辩。作家痛苦、孤独，则是因为他的内心深处是属于那个自然的、未被异化的世界的。当专制主义者异化为权柄，行使暴政；当劳动者被异化为牛马、为机器，麻木迟钝之际；当商人异化为金钱，卷进生意来往；当资本家异化为资本，投入了增值的竞争……他们可谓忙忙碌碌、热闹非凡，他们是不会有孤独、寂寞之感的。人们不难发现，孤独、寂寞系每一名真正的作家所具有的，老子、庄子、屈子，一直至李白、杜甫以及现代的鲁迅、巴金……概莫能外。他们是异化了的社会的天生的反对派，他们的悲剧意识之所以是永恒的，是因为这不仅属于过去，也属于未来，换句话来说，缺乏悲剧意识的作家，只会被历史所遗忘，不会在人类历史上留下任何痕迹，因为他是与历史格格不入的，而不是相对立的或相一致的。

所以，这种孤立感则是人迫于历史的异化力量。人的天性总是渴望自由的，因为异化，这种天性被压抑了、扭曲了，于是，文学中的抗辩便更为激烈。

《庄子》，如果我们把它看作文学的话，这便是刚刚被异化的人提出的最早的抗辩。当然，它也可以被看作哲学、历史及思想方面的作品。正如郭沫若先生说的：

> 庄子在中国文化史上的确是一个特异的存在，他不仅是一位出类的思想家，而且是一位拔萃的文学家。

但"特异的存在"似乎有点不准确，庄子应当是一个必然的存在，否则，他就不足以影响整整一部中国的文化史。而对于他诞生的那个历史时期，他更是理所当然的。

无论是他的《逍遥游》，抑或《秋水》，以及《内篇》中的所有作品，还有尚存疑的《外篇》的许多精品，都是那么充满了奇特的想象力，那么出人意料之外地机智而又雄辩地突破了僵化的概念和定义，把所有固有的思维方式及处世哲学痛快淋漓地打了个粉碎。他驾驭着未曾被捆绑起的思考，让想象力获得空前博大的自由——"不物于物"，"精神四达并流，无所不及，上际于天，下蟠于地……"——大有当代解构主义的意味。

他力图向我们揭示大自然以及广袤的宇宙间的诗境，揭示出未曾物化或异化的人类历史的进程，并揭示出了艺术（这不仅属于历史也属于未来）的真谛，不，应当说是揭示了整个世界的真谛。在这个意义上，一部《庄子》，堪称一部古往今来的历史启示录。

> 天地有大美而不言，四时有明法而不议，万物有成理而不说，圣人者，原天地之美而达万物之理，是故圣人无为，大圣不作，观于天地之谓也。（《庄子·知北游》）

这是自然哲学，也是历史哲学。

在远古时代，人类总是把自然人格化，认为自然有其"大美""明法"

"成理"的庄子，则是这种自然人格化的升华。这是一曲大自然的颂歌，也是人类的"黄金时代"。"天行健，君子以自强而不息。"效法自然，遵循自然——《老子·二十五章》中便有："道大，天大，地大，人亦大。域中有四大，而人居其一焉。人法地，地法天，天法道，道法自然。"

人类脱离蒙昧、野蛮状态，在某种意义上，也是大自然选择的结果——物竞天择，人类终于开始脱离动物的意义，开始有了自己的历史，但人世间的纷争却由此而起，所以，《庄子·天运》中才有老子谴责三皇五帝治天下那洋洋洒洒的宏论，对那一段历史由一而变的宏观把握。《庄子·马蹄》中则有："吾意善治天下者不然，彼民有常性，织而衣，耕而食，是谓同德；一而不党，命曰天放。"这已是对人的异化的一种愤嫉的抗议了。"天放"，不就是自由的另一种说法吗？

对这种异化的抗议，发展到了《淮南子》中对三皇五帝的反叛精神的讴歌。

"夸父追日"，何等的豪迈、悲壮、荡气回肠。共工同颛顼争帝，怒而触不周山，天柱折，地维绝；故天倾西北，日月星辰移焉；地不满东南，水潦尘埃归焉。……这是反抗，是对于自由的追求。

同《庄子》一样，这些文字，均是天生的在野（野者，更多赋予自然的本性）派的宣言，是一切失败的英雄们的愤世嫉俗而又超然于物外的佛语纶音。几千年来，它抚慰着所有奋起反抗而未果的苍凉的魂灵，哺育了一代又一代的文学家及艺术巨匠。因此，它是历史前进中，最终达到人性复归的一个呼唤，一个绵长的、凄婉的呼唤。

正因为这种史观的属性与自然共存，它的命运也同样是生生不息的。也难怪西方的大哲学家黑格尔，要首推老庄的学说是整个东方思想的代表。"废黜百家，独尊儒术"，自汉代以来，儒家的学说是一直作为统治者官方的正统思想的，而老庄的思想，则以其形象生动、语言绮丽，尤其自然天性，在民间潜移默化，得以广泛地流布，显示出了其强大的生命力。

人们常常强调东方富于神秘主义色彩，并以老庄为最大代表，但是，他们"顺乎自然"的思想，却使主宰世界的天神或鬼怪无立足之地，它在宇宙之上那不可企及的制高点上，是那般出神入化地把握了历史的行程，驰骋于超乎时空的想象之旅，抓住了超越过生与死、兴与废、盛与衰界限的精神的火把，真诚地、战栗着地释放着人性的光矢，爱的光矢。它看来是那么没有逻辑，那么轻慢理性，但它却达到了历史和逻辑远不能达到的高度。

史观中存在着的二律背反，就如自然中存在的二律背反一样。

庄子写了那么多的寓言，他自身也成了一个寓言，一个无法解释的悖论：

他是那么无情地鞭挞了当时的现实社会——"窃钩者诛，窃国者为诸侯，诸侯之门而仁义存焉"（《庄子·胠箧》），竟被后人大骂为没落阶级的代表，说他鼓吹历史倒退的虚无主义理论，如同他在艺术上一样，他找到了"法天贵真""功成之美，无一其迹"的至高境界，却又被人说成整个人类文明的反对者。

老庄有什么办法使自己能同当时那个非人性的社会相协调呢？除非把自己也当作一个寓言——所以他写了那么多寓言，而在寓言中，任何逻辑上水火不相容的事物就能和谐、完美地结合在一起了。因此，西方一位作家就这么说过："'道'是作为寓言或者矛盾的言论来感受的。"

值得注意的是，中国的史学自一开始就充满了一种理性的精神，史学的发达，令西方咋舌。但是，我们这里又发现了一个悖论，在整个中国历史上，却是以其感性的、直觉的、超功利的、自由的、弘扬个性的主张昭之于后世。纵然《汉书·艺文志》中明明是这么记载的：

> 道家者流，盖出于史官，历记成败、存亡、祸福、古今之道，然后知秉要执本，清虚自守，卑弱以自持，此君人南面之术也。

这又是为什么呢？这不能不归于反映于老庄著作及一系列寓言中所表现出的自然史观了。

是自然启发了庄子，他以寓言体的方式，直接诉诸直观形象，与那个"矫情伪性"的充满了所谓"仁义道德"的社会作对抗。因此，无论对社会还是对文学而言，他都是一位伟大的叛逆者，不能见容于任何人为规范。作为一个伟大的叛逆者，他证明了叛逆的伟大，所以，他才在一个个不见容于他的社会中，找到了无数的崇拜者、倾慕者，以至后续者永不断纤——直到异化社会成为历史，他的自然史观也仍要作为人类思想文化的瑰宝。

行文至此，关于自然史观，关于那个自然历史阶段，我们只说了前面一部分。

仍旧是悖论，作为自然史观的另一面，或后面部分，却是没有老庄思想那么多的诗意，那么多的浪漫主义色彩。

自然可以有春和景明、艳阳高照、清波荡漾的时候，也可以有天崩地裂、雷霆震怒、回风舞雪的日子。当然，正如老庄所言，它也有它的"明法""成理"，也就是规律性的东西。

自然的发展毕竟是缓慢的，人类的存在也不过几百万年，有历史记载仅几千年。而大自然的历史，则是以亿、兆年来计算的。正如地球的造山运动，需千万年之功……而人类历史，一开始超出自然而发展，其所遵循的规律，相对则要迅猛得多、激烈得多，没那么平和与稳定。因此，把自然哲学加于历史哲学之上，其消极、滞后的作用则可想而知。

先于老庄的《易经》，记录了六十四卦的卦象以及周人卜筮的部分卦辞和爻辞，而今，我们可从中看到自然的变化对当时人类史观的深刻影响。

按《易传·系辞传》的解释所说，八卦作者包牺（即伏羲）氏曾"仰则观象于天，俯则观法于地""近取诸身，远取诸物"而作八卦，而八卦之所以均由阴（--）、阳（—）两爻排列组成，则是得自天象、地理变化，以及人类男女、禽兽雌雄的不同的启示，从而把阴阳当作一切事物最共同的、最基本的性质而提出来，历史也一般被这么对待，诸如"否极泰来"，泰卦（䷊）与否卦（䷋），其上下卦象恰好相反。由于自然本身存在着的对立统一关系，所以《易经》中也包含有朴素的自然辩证法因素，讲变化发展，讲物极必反，讲转化等。

但是，"易者，不易也"。它归根结底，讲的是自然恒久的稳态，是不变。历史也是这般。《易传·系辞传》云："作易者，其有忧患乎？"这是毫无疑义的。这正是对历史、对人世的演变，否泰、安危的深思熟虑，力图找出天与人的关系，把远古的图腾崇拜及对于外在的、自然的、神秘性的恐怖、畏惧与臣服，演化为一种"天道"与"天命"的观念。这也许便是自古以来深深扎根于我们这个民族的忧患意识的根源吧——正如我们在前文已提到的，中原大地，其东南西北均是当时人们所无法逾越的重重的自然屏障，远古人类不得不一次又一次地迁徙（《盘庚》），为生计而挣扎，在大自然的淫威中寻找喘息的处所。

> 昔者圣人之作易也，幽赞于神明而生蓍，参天两地而倚数，观变于阴阳而立卦，发挥于刚柔而生爻，和顺乎道德而理于义，穷理尽性以至于命。

> 昔者圣人之作易也，将以顺性命之理。是以立天之道曰阴与阳，立地之道曰柔与刚，立人之道曰仁与义……（《易传·说卦》）

由天及地，由地及人，天地与人道是结合在一起的，自然与历史同样不可分，请看：

> 有天地然后有万物，有万物然后有男女，有男女然后有夫妇，有夫妇然后有父子，有父子然后有君臣，有君臣然后有上下，有上下然后礼义有所错。（《易传·序卦》）

这当然是历史的哲学，是历史的伦理，历史就这般变迁，人道就这般来由，一切的一切，均可描绘为一种自然的历史过程。这就是这段时期的无法分解的自然——历史哲学。

我们可以从《易经》与《易传》中看到大量的以自然来说明、解释历史发展，或对历史与自然作统一的阐释的爻辞。这不难让人追溯起上古以天象卜人事的传统。

包括孔子在内，他的史观也是与自然分不开的，把自然当作历史中一种神秘的主宰力量：

> 获罪于天，无所祷也。（《八佾》）噫！天丧予！天丧予！（《先进》）知我者，其天乎！（《宪问》）
>
> 天生德于予，恒魋其如予何！（《述而》）天之未丧斯文也，匡人其如予何？（《子罕》）

这说的是自然之天。

我国自古以来，历久不衰的循环史观或气数史观，归根结底，也是这种自然史观的变种。因为大自然循环往复、周而复始的恒常的变化，被纳入人类历史变化的解说之中。自然有春秋代序，甚至地震也是周期性地发生（这已有现代科学的解释），人们也就联想到了历史上的一治一乱、一盛一衰，把自然的变化视作了历史演变的征兆。这在史书上可以找到很多的证明。

当然，到了后来，人们也不完全认为历史与自然是同步发展的了，也看出了人在历史中的作用。但这种自然史观，作为人类认识的一个过程，毕竟有着其深远的影响。迄今在民间，所谓"天怒人怨"的说法，"气数已尽"的批评，仍十分流行。因此，在整个中国历史发展过程中，它作为一个民族积淀下的潜意识，总是或强或弱、或多或少地起到它的作用，甚至有时还起到很大的作用，这样，长期以来拉住这个民族后腿，使历史前进放慢的作用则不可以低估。

正如前面所说的，自然的序列，也就引入了人的序列，历史的序列。中国古代的医书，不仅把自然的图式或宇宙的图式，与人体的系统对应起来，而且通过经验直觉，建立了自己的经络理论，充分地利用了自然史观上的"天人感应"。

且看《黄帝内经·素问·气交变大论》上说的：

> 东方生风，风生木，其德敷和，其化生荣，其政舒启，其令风。……西方生燥，燥生金，其德清洁，其化紧敛，其政劲切。……有德有化，有政有令，有变有灾，而物由之，而人应之也。

大自然，是无从在外面给予任何激活、催化的，同样，经络理论、针灸治疗，本旨则在于内在调节，排斥任何外来的冲击，以取得活体内部生长发展的动态平衡。别看这是一种医学理论，可在史观上，我们同样可以发现，我们这个民族，对于外来激活的因素，长期以来，是如何存在着一种敌意的、排斥的顽固态度，使整个民族都有了封闭性的心理。它也为以后的伦理史观、宗法血缘关系提供了其稳定性的基因。历史的演变归结为自然的循环往复，人际关系便也顺从自然的秩序，这便成了一个完全的封闭系统，稍有打破便是大逆不道，天所不容。

就从这里开始，我们民族的历史走了与别国不同的道路。华夏文化则成了名副其实的"第二自然"的产物。

二、"礼治"的幻梦——伦理史观

在中国人悠远而又恒久不变的幻梦中，有一个梦，则是与别的民族有所不同的。他们甚至认为，这不是梦，而是已有的现实或历史。

这个梦，就叫作礼治，如孔子所言："齐之以礼。"

它之所以是梦，是因为在等级森严、人欲横流的社会里，是根本不可能实现的。每个等级都有自己的道德观念，彼此是格格不入的。但这种"礼治"的神话，却远远传出东方的世界，连黑格尔在他的巨著《历史哲学》的"东方世界·中国"中也这么写道：

> 中国纯粹建筑在这一种道德的结合上，国家的特性便是客观的"家庭孝敬"。中国人把自己看作是属于他们家庭的，而同时又是国家的儿女。（黑格尔：《历史哲学》，第122页，上海书店，2001）

当然，他也没有怎么说错。

在汉代，孝则是置于最高位置，史书上就有过记载，为了尽孝而误了公务，不仅没受到处罚，反而得到了奖赏乃至晋升。"万恶淫为首，百善孝为先"，已成了几千年中国社会的重要遗训。而所谓"孝"，是"善父母为孝，善兄弟为友"。善与恶，这便是道德伦理判断的范畴了。汉代列为七经之一的，则有《孝经》。《论语·为政》云："孟懿子问孝。子曰：无'违'。"《新书·道术》中也有："子爱利亲谓之孝。"

一句话，这种伦理道德观念，则是从"孝"出发的，也就是说，是从人的宗法血缘关系出发的。

这也是整个中国伦理道德观念的出发点，并由此有了我国古代特有的道德哲学——历史哲学。

家庭，这是社会形成的最初细胞。以"家天下"为特征的宗族统治，早就在夏禹的时代开始。中国人以姓为首，也就是这种血缘意识的反映，已经有人著文说过了。"父"古文作"圽"，是"举杖""率教"的家长（见《说文解字》），显示出了其在家庭中的绝对的权威。随着历史的向前推进，一家之"父"，便演变为百官之"尹"。尹字古文中为"圽"，"尹"成了统治机构中的管事。"尹"下加上"口"，则成为"君"。君主者，发号施令，统率一切也。

长期以来，我国存在着这样一种理论，认为中国未曾来得及打破血缘关系便进入了阶级社会。但是，天然的血缘纽带、宗法关系，不恰巧是形成社会等级差别最有利的基础吗？不是来不及打破，而恰巧是顺理成章的问题。

宗统维护了君统，族权强化了王权，家规演绎出国法，血缘的纽带为大一统的中国古代社会奠定了坚实的基础。于是，"礼治"便成了中国人最美好的幻梦。礼高于法，岂不妙哉？血缘的"孝"，比强制的"法"又"高明"到哪了呢？传统奴性、孔颜人格，不正是由"孝"而起的吗？它比别处的奴性更加上一条牢靠的纽带——血缘！

这种血缘的序列，正是从自然的序列延续而来的。所谓"礼"，最开始是对自然的敬畏所作的奉祀，而后，便成了对祖宗的祭祀，而当氏族的父执转化为国君时，"礼"便成了一种系统的习惯规范——各种社会关系的调节杠杆。

历史，本来就是从自然到祖先，又由祖先到今人而发展过来的。中国人重史学，在某种意义上，也就是重祖先，重祖先的史迹，由自然崇拜到祖先崇拜，恰巧反映了伦理社会的形成过程。中国人为什么有祖先崇拜，从这里便可以找到解释。

平心而论，把人从自然的序列中解放出来，以人的血缘关系取代自然的秩序，这总归是一个进步的开端。而且，因其不似西方走向中世纪的神权统治，避免了全社会的宗教化，不以宗教作为维护社会秩序的精神支柱，而是以血缘宗法关系作为维护社会秩序的感情纽带及理性观念，所以，这才有在八九世纪以前，中国作为全世界文明的最高峰的存在。

孔子说的："道之以政，齐之以刑，民免而无耻；道之以德，齐之以礼，有耻且格。"这正是"礼治社会"的要义。

> 殷人尊神，率民以事神，先鬼而后礼。（《礼记·表礼》）
> 周人尊礼尚施，事鬼敬神而远之，近人而忠焉。（《礼记·表礼》）。

到了春秋，则更推进了：

> 子不语：怪，力，乱，神。（《论语·述而》）

> 天道远，人道迩。(《左传·昭公十八年》)
>
> 未能事人，焉能事鬼……未知生，焉知死。(《论语·先进》)

而流行的"天命"观，也最后归结于伦理学，归结于道德论。所谓"皇天无亲，惟德是辅"，不正是与社会伦理观紧紧相连的体现吗？

自然，包括政治原则更是从伦理原则中推导出来的，而历史学，更离不了伦理学了。所谓"法先王"，不也由此而来吗？以"孝"治天下，实际上就是以伦理的信条来整饬国家，而不是以法律的精神来治理国事。人们只是考虑如何在错综复杂的人际关系中履行伦理义务：所谓"君君、臣臣、父父、子子"，长者为尊，幼者为卑，以达到社会的和谐。

由"礼"及"仁"，孔子更是高度地重视伦理的学说。他把"仁"称为"至德"，把孝悌、忠信、礼、勇置于仁的统率之下。"仁"者，人二也，这便是人际关系，"孝"为仁的根本，则恰巧以血缘为出发点，"亲亲"也。所以，"仁学"，便成了血缘宗法思想与伦理社会的核心，在彼时受到极高的推崇，便不难理解了。孟子更是发展出"仁义礼智""孝悌忠信"的道德信条，以道德追求为最终目标，直至得出结论："圣人，人伦之至也。"

所以，孔子认为历史发展的"损益有知"论，则完全是从道德伦理出发的。他说："殷因于夏礼，所损益可知也；周因于殷礼，所损益可知也；其或继周者，虽百世，可知也。"礼的概念是很明白的，道德伦理是不变的，变了，则怎么"百世可知"呢？为政要"道之以德"，执常以应变。这便是他的历史观。

即便是法家，当时与儒家每每唱对台戏，但其学说恐也不离伦理史观。韩非就提出了"臣事君，子事父，妻事夫"为"天下常道"的三纲思想，认为：

> 三者顺则天下治，三者逆则天下乱。(《韩非子·忠孝》)
>
> 道无双，故曰一。是故明君贵独道之容。(《韩非子·扬权》)

这等于说，所谓"道"，便是"三纲"了——当然还可以包括其他内容。但"明君贵独道之容"，不就令"三者顺则天下治"吗？

《管子》也以"礼义廉耻"为民族的精神支柱，把"君臣之义，父子之亲，夫妇之别"的学问置于至高无上的地位，一刻不可掉以轻心，别的事再糊涂也无所谓。

无论是儒家、法家，都这样要求无条件地履行伦理义务，把它强调为先验的、普遍的与绝对的，是完全不可悖逆的。它既是理性的，又不离开感性。

取代了自然——历史哲学之后，伦理史观就这样把个体与类，将人与社会结合在一起，用血缘纽带构造了人的群体，强调了人对宗族与国家的义务。群体取代了自然的历史作用，但这种宗法的集体主义，绝对不是强调所有人创造历史的权利，恰巧是抹杀了人民在创造历史中的作用，以群体之上的"圣人"的意志来书写历史。为何一部中国古代史，往往被写成帝王将相史，这岂不从中窥到某些奥秘了吗？

当然，在这种伦理史观的统治下，老百姓断无历史的主动精神，群体的意志绝大多数时间内只归于圣人的意志。所以，自伦理史观而衍生出英雄史观、泛神史观，是一点也不足为怪的。

我们完全可以说，这种在中国古代社会产生的伦理道德，很早便以一种历史的力量存在着，并维持下去。孔子重"道德教化"，正是让其作为一种历史力量，使人们形成信念、习惯与传统，进而对社会产生作用。同样，在出现外力的冲击下，这种以宗法血缘关系为"根"的伦理道德，则又强化了民族自身的内聚力，保持了自己的文化传统……

它是历史的动力，又是历史的惰力。

其实，任何事物都存在这种两面性，一旦它凝固下来，便走向了反面。

黑格尔在《历史哲学·东方世界·中国》中就已经看到了这一点。

> 在伦理的拘束下，"自然界对人类的一切关系，主观情绪的一切要求，都完全被抹杀、漠视"。所以"实体的东西"以道德的身份出现，因此，它的统治并不是个人的识见，而是君主的专制政体。（黑格尔：《历史哲学》，第 130~131 页，上海书店，2001）

黑格尔是不同意莱布尼茨的观点的，也许所在的时代不同，所依据的观点不一样。莱布尼茨自然是以中世纪的欧洲与中国相比的，他在《致德雷蒙先生的信·论中国哲学》中说：

> 中国是一个大国，它在版图上不次于文明的欧洲，并在人数上和国家治理上远胜于文明的欧洲。在中国，在某种意义上，有一个极其令人赞佩的道德，再加上有一个哲学学说，或者有一个自然神论，因其古老而受到尊敬，这种哲学学说或自然神论是从约三千年以来建立的，并且富有权威，远在希腊人的哲学很久很久以前。（泰家懿：《德国哲学家论中国》，北京，三联书店，1993）

两种目光，得到两种不同的结论。

伦理学发源的治国之道，便就是"仁政王道"，是"不忍人之政"。孟子就是这么"推己及人"，他说："老吾老，以及人之老；幼吾幼，以及人之幼。天下可运于掌。"

董仲舒更从伦理观上阐发出了历史发展的图式："父授之，子受之，乃天之道也。故曰夫孝者，天之经也。"并由此构筑了历史发展的循环论系统，明确提出了君为臣纲，父为子纲，夫为妻纲的"三纲"的政治纲领；强调以德治为主，以维护大一统的政治。他主张以"德"来解释天命，"天之命无常，惟德是命"（《三代改制质文》）。他接受邹衍"五德始终"说，进一步提出了"三统""三正"的三统之变的历史观—— 一种被歪曲的螺旋发展的历史循环论。

以伦理中心主义派生出来的循环论思想，充斥了中国古代的史学、政治学、哲学……它对于自然循环论来说，毕竟是以人伦关系为依据，有所不同，却每每离不了自然的投影。历史的发展便只能靠道德的作用了，所谓"正心—修身—齐家—治国—平天下"，就这么来的。两千年来，这成了中国士大夫们深信不疑的"公式"。

而有"德行"的人，在古代认为是不多的，一方面，"人皆可以为尧舜"，以达到道德的自我完善。但是，"故天将降大任于斯人也，必先苦其心志，劳其筋骨，饿其体肤，空乏其身，行拂乱其所为，所以动心忍性，曾益其所不能"（《孟子·告子下》）。这段话，人们曾引以为座右铭，却没看到麻木人的精神，只承认少数人有"大任"的一面，是圣人创造历史，不能正心修身者，是无以跻身历史的行列之中的。所以，"五百年必有王者兴，其间必有名世者"（《孟子·公孙丑下》）。认为"由尧舜至于汤，五百有余岁……由汤至于文王，五百有余岁……由文王至于孔子，五百有余岁"（《孟子·尽心下》）。五百岁才有一个"以德配天"的"命世之才"出现，实现礼治的"王道"。

自然，这种道德哲学——历史哲学的消极性是显而易见的。它带有极为严酷的精神虐杀的力量，成为等级压迫、思想禁锢，使社会僵化、封闭，日积月累，它更成了广大人民的枷锁。所谓"不孝有三，无后为大"，使不知多少魂灵即便在黄泉深处也不敢呻吟。

至于"一口仁义道德，满肚子男盗女娼"则更不用说了。连黑格尔在《历史哲学》中也看到了这一点，他说："人与人之间又没有一种个人的权利，自贬自抑的意识便极其通行，这种意识又很容易变为极度的自暴自弃。正由于他们自暴自弃，便造成了中国人极大的不道德。他们以撒谎著名，他们随时随地都能撒谎。"

这便是"礼治"下的历史。

由于血缘宗法关系，中国古代则有了株连九族的传统，其残酷性令人发指。《后汉书·章帝纪》中便提道："往者妖言大狱，所及广远，一人犯罪，禁至三属（太子注：即三族也，谓父族、母族及妻族）"。易白沙亦指出："然后戮其父之姓，母之姓，姑之子，姊妹之子，女之子，兄弟之子，妻之父母，故又谓之族刑……言族刑，指诛及亲戚姻党。"

这种伦理观对历史的消极作用，更表现在对科学技术的限制，把自然界拟人化，也就没有了作为科研对象的自然。"圣也者，尽伦者也；王也者，尽制者也，两尽者足以为天下极矣"（《荀子·解蔽》）。连文学艺术，也被纳入"文以载道""代圣贤立言"的轨道。史学更甘为伦理学的附庸，着眼于"名正言顺"，没有历史主义。

三、"神意"的激活——本体论史观

不少历史学家，无论是中国的还是外国的，自东汉末年传入中国的佛教，与当时传入欧洲的基督教所起的作用也是一样的。然而，在西方漫长的中世纪的沉沉黑夜中，除了一部《圣经》之外，任何文学艺术、科学技术都遭到了格杀，人们甚至令科学为神学服务，去研究针尖上能站几位天使……而在中国，却出现了盛唐文明，文化艺术、科学技术空前繁荣，政治、经济、外交是整个中国古代社会无以企及的……

也有人认为，魏晋时期，中国出现了短暂的奴隶社会的回光返照，所以老庄玄学盛行，其经济形态也恢复到同奴隶社会一样……

这些，皆是脱离中国历史发展实际，生搬硬套西方历史发展模式，所以无法自圆其说，闹得漏洞百出、笑话连篇。

应该建立我们自己的历史参照体系。

从魏晋到盛唐，中国社会究竟出现了什么契机，使其一度超出了伦理社会的束缚，不仅出现了女皇帝，士大夫们放浪形骸，而且夷歌四起，外域文化争相涌入，一反封闭、禁锢，达到了政治、经济、文化几乎完全同步的繁荣昌盛的顶峰呢？

是佛教文化——外来文化的传入，还是别的什么原因？

我国著名的美学家宗白华先生这么说过：

> 汉末魏晋六朝是中国政治上最混乱、社会上最苦痛的时代，然而却是精神史上极自由、极解放，最富于智慧、最浓于热情的一个时代。（宗白华：《美学与意境》，第 182 页，北京，人民出版社，1987）

社会动乱、农民起义、军阀混战，使定儒教于一尊的伦理秩序崩溃了，人们的自我意识也从重重的禁锢中挣脱出来，人们不仅意识到自己的个性存在，而且主动地去追求人格的独立，于是，不仅出现了"文学的自觉"，而且也有了"历史的自觉"——中国历史面临了新的选择，以本体论为特征的魏晋玄学鼎沸起来，并引入了印度的佛学……

从历史观上来看，社会只能是"末"，重要的只是作为"末"背后的"本"。玄学的本体是"无"，佛学是"空"或"佛性"，于是，社会上的宗法关系、血缘羁绊、伦理秩序均无足轻重，这势必导致对传统的一次大胆的反叛。故有阮籍的"无君无臣"、嵇康的"轻贱唐虞而笑大禹"，及至于鲍敬言的"无君论"。

但是，早期玄学讲的是"名教本于自然"，认为"尊卑上下之序"，是合乎"天理自然"的，如王弼主张："夫众不能治众，治众者至寡者也。"而早期的中国佛学也一样，慧远甚至以"三报"作为"九品"的论据，"凡在九品，非其现报所摄"，为伦理纲常作出神秘主义的论证。至于佛学"背亲出家，不敬王者"，他则巧辩道："六合之外，存而不论者，非不可论，论之者乖；六合之内，论而不辩者，非不可辩，辩之者疑；春秋经世先王之志，辩而不议者，非不可议，议之者或乱。"仍以"存而不论"来维护名教。

在我们这个以"历史"为命根子——实际上是以"祖宗之法"为根基的国度里，一下子变得以"无"为本了，势必引起许多激烈的、急剧的、叫人眼花缭乱的变化，攻击、诋毁即纷至沓来。

人们常谴责魏晋以来"道德沦丧""纵欲放任"，这话不假。由于战乱，政权更迭，于是，什么伦理纲常，什么忠君思想，都不可避免地被削弱了。曹操的《求贤令》公然漠视提拔人才的道德标准。在《唐鉴》中，甚至指责唐代开明君主李世民"有济世之志拨乱之才，而不知义也"，"为弟不悌，悖天理，灭人伦"。这一段历史，更被说成：

> 三纲不立，无父子君臣之义，见利而动，不顾其视，是以上无教化，下无廉耻，古之王者，必正身齐家以率天下，其身不正，未有能正人者也。（《唐鉴》）

从上述引证来看，倒真有"礼崩乐坏"的味道，长期统治古代中国的道德伦理思想遭到了猛烈的冲击，束缚中国人的"三纲"失去了过去至高无上的作用。

这是一个"天放"（庄子语）的时代！一个解放的时代，自由的时代，一个诞生巨人的时代。是中国古代社会的一次准"文艺复兴"——可惜它未能达到文艺复兴的高度便夭亡了。用鲁迅的话来说，魏晋年间，便进入了"文学的自觉时代"。随便一拎，便是三曹、建安七子，还有蔡琰、陶渊明、谢灵运等，并出现了陆机的《文赋》、刘勰的《文心雕龙》、钟嵘的《诗品》等文艺理论巨著。如果说先秦是中国古代思想的"黄金时代"，那魏晋便是古代文学的"自觉时代"，为唐代诗歌——中国文学的一个奇峰——奠定了理论、艺术上的坚实基础。

而这，也正是或多或少摆脱了伦理纲常的束缚所赢得的。

我们又回到了开头由文学切入历史的角度了——这也不难理解，这一段时期恰巧又是老庄思想再度兴盛，并演变成为玄学的阶段。而玄学遇上了西来的佛教，彼此间又找到了对应点，于是，隋唐文化便由之兴旺起来。

佛教是以和平方式输入中国的一种外来文化。但话又说回来，任何外来文化，如果不在当地文化中找到对应点，引起共鸣、达到投契则无从衍生了。老庄的道学以及魏晋的玄学先后使佛学有了引入的可能及流播的载体，所以，自东汉末年进入中国的这一外来文化，经过几百年顽强的渗透、再生，终于形成了中国式的佛教，在唐代走向了辉煌的峰巅。

对于宗法血缘关系羁绊下的伦理社会，佛教所包含的自由的、精神的意识，理所当然是一种解放。且不说农民为避重役而逃亡至寺院了。被斥之为"灭人伦"的唐太宗，亲自迎接玄奘西归，让玄奘组织了规模巨大的翻译工作，这对引入佛教文化起到了不寻常的作用。玄奘死后，高宗还叹道："朕失国宝。"

女人当皇帝，这已有悖于三纲五常了。武则天推行佛先道后的政策，甚至自封为"慈氏越古金轮圣神皇帝"，要"添性海之波澜，廓法界之疆域"，在用人方面也是一反"尊尊亲亲"，不拘常规，破格用人，广开才路，促进了中央集权的发展，也为后来选拔了一批较有作为的官员。

统治者的开明，对外来文化的兼容并蓄，充分显示了唐代的自信。当时钦定的十部乐曲中，仅一部是汉乐，要在后来，准要被斥之为"数典忘祖"了。杜甫"夷歌数处起渔樵"比今日的流行歌曲恐怕更遍及民间。舞蹈，大都来自西域。绘画，更吸收了外国色彩、晕染的技巧，出现了敦煌壁画这一光辉的艺术宝窟！

至于政治、经济上，则不用赘述了。对外贸易，也达到了鼎盛时期。

由于相对挣脱了伦理观念的束缚，史学也出现了新的气象。刘知几对"天人感应"等进行了清算，斥"五行灾异"是"诡妄之谈"，"夫论成败者，固当以人事为主"，"推命而论兴灭，委运而忘褒贬，以之垂诫，其不惑乎！"（《杂说》上）。他一反"是古非今"史学的传统，"讥尧舜，誓汤文，谤周孔，不少顾忌"（《史通·序》）。认为不应"以先王之道持今世之人"（《模拟》）。他提出了"古今不同，势使之然"的观点，与后来柳宗元认为的"非圣人之意，势也"一道，都看到了历史的发展和进步。他摒弃了"自古皆贵中华、贱夷狄"的狭隘民族偏见，对各族"爱之如一"，认为民族是在融合、发展。这一切，都不能不说是相当进步的历史观。

唐代的繁荣，不是史书上的杜撰，而是有许多明证的。"四方丰稔，百姓殷富"，"人情欣欣然"，"人家粮储，皆及数月"，国家粮仓丰足，乃至"陈腐不可校量"。伟大的现实主义诗人杜甫在《忆昔》中也写道："忆昔开元全盛日，小邑犹藏万家室。稻米流脂粟米白，公私仓廪俱丰实。九州道路无豺虎，远行不劳吉日出。齐纨鲁缟车班班，男耕女桑不相失……"以至于写诗："致君尧舜上，再使风俗淳……"

作为当时的国教佛教及道教，对于社会的发展起到了什么作用呢？当然，我们不能认为这完全是佛学流入的结果，不然为何唐代出现盛世，而印度文明此时却恰巧走向没落，当然，这里却值得后人细加探究了。

无疑，佛学对于中国人来说，当时是一种全新的观念。日本一位史家甚至说，它对于中国古代社会来说，算得上一种个性解放的思潮，这不无道理。当然，佛教最后仍归于"大公无私"——还是伦理观大同小异的群体。但毕竟对从一开始就约束于群体，无任何个性自由的伦理社会是一次反叛、一次挑战。问题不在于佛学本身的教义归根结底是什么，而在于像中国这样一个自然——伦理一脉相承下来的沉滞、封闭、内室的社会，需要外来物的激活与催化，恰如化学反应中的催化剂一样，它并不一定参与反应，到最后仍依然故我，可它却对整体起到了催化作用。

进入中国古代社会的佛教，也就是这样一种催化剂。于是，它与诸方面的因素相配合，形成了唐代的繁荣昌盛，国内也有人认为："……我们不能不承认佛教在当时是一个代表进步的力量，而非反动势力"（李亚农语）。

这里又出现了一个悖论。

无疑地，神学对于伦理学在历史上是一种反动、一种退步。可是，在中国，它一度成为革新、进步的催化剂！这又该如何解释呢？

不错，在神权统治面临崩溃之际，伏尔泰、莱布尼茨是拿中国的伦理学当武器，用以摧毁神权。但即便在西方，包括中世纪的异教，如 7 世纪小亚细亚的保罗派、10 世纪巴尔干的波果半耳派、十二三世纪西欧的纯洁派，尤其是在德国农民战争中的托马斯·闵采尔和再浸礼派，17 世纪英国的喀尔文主义——这被恩格斯称之为"当时资产阶级最勇敢部分"的思想体系，它们不是阻碍了历史的发展，而恰巧是积极地干预社会、召唤变革。因此，一般地认为"神权"较"君权"落后是对的，但是，在不同的时代与不同的社会环境下，就得作出具体的分析了。何况佛教带来的不仅仅是教义，而且是一种不同的文化。

我们不妨又回到历史观上来。

印度是一个无"历史"的国度，后世甚至要靠玄奘的《大唐西域记》去寻找他们的历史；同样，佛教也是一门无"历史"的学问，它讲究的是一种"瞬间永恒"的境界。而黑格尔指出："'历史'又是一种主要工具，可以用来发展和决定'宪法'——这就是说，一种合理的政治状况；因为'历史'是产生'普遍性的东西'的经验的方法，因为它给各种观念成立了一个永久的东西。"同样，印度文化充满了诗意的想象，佛教也是一种抽象的思辨，人们不难发现，魏晋至唐代文学中的浪漫主义色彩如何如火如荼地发展起来，一直达到了李白这个高峰，呈现出了与西汉时期文学完全不同的风格与特征。至于艺术上更是如此。

作为统治者的历史观，自然不可以上升到哲学的角度。但是，"贞观之治"却是在唐太宗好黄老之术之际出现的。他主张"抚民以静"，本身就是尊重百姓自身的发展，不把上面的意志强加于他们。他自然是深知"治大国若烹小鲜"（《老子·六十章》），"悠兮，其贵言，功成事遂，百姓皆谓我自然"（《老子·十七章》）。其时的哲学思潮，正是魏晋以来的本体论哲学的延续，"如人饮水，冷暖自知"。不应该也不可能借重、依赖于任何外在的权威、偶像，以至于呵佛骂祖……这些与治国的重人事而不重祖宗之法、重事实而不重"历史"沿袭的伦理，恐怕是不无影响的。

就是这样一种自我体验，挣脱了过去历史的束缚，于是才有唐代这一"神意"的激活。换句话说，正是这种"无历史"的史观，使得中国文化这时进入了又一个兴隆发达的黄金时期，摆脱了既往历史和历史观念的羁绊，尤其是所谓正统血缘的伦理史观的羁绊，得以汇集世界文化之百川，从而推涌出一个高度的历史文明时期。

这被誉为"坐集千古之智""人耕我获"的世界文化大融合，体现了当日中国人极恢宏的胸襟以及勇于探求的精神，造成了一个开放的系统，所谓的"无"，恰恰接纳了无限的"有"，日后，连英人威尔斯也在他的《世界简史》中称道：

> 当西方人的心灵为神学所缠迷而处于蒙昧黑暗之中，中国人的思想却是开放的，兼收并蓄而好探求的。

没有了"历史"的包袱，一个民族便能轻装前进，兼容并蓄了。这里，教笔者不由得想起19世纪尼采对所谓"历史感"的非难。他在《不合时宜的看法》第三篇中说，"历史感""不仅不是我们文化生活的优点及特权，而是一种内在的危险。它正是当代的弊端。历史除了作为生活和行为的仆人是没有任何意义的。如果这个仆人篡夺了权力，如果他自立为主人，那他就阻碍了生命的活力。由于历史带来的过度负荷，我们的生命已变得萎靡不振了。它阻碍了建立新的业绩的强有力冲动并且使实干家束手无策。因为我们大多数人只有忘掉一切才能有所作为。不受任何限制的历史感如果推到了逻辑尽头，也就会把未来彻底毁掉。"不管尼采在这里说得如何偏激，却还是发人深省的。

不可以轻斥"历史虚无主义"，说不定正是这种"历史虚无主义"的反传统力量，还有可能创造出更辉煌的历史来呢！唐代也"虚无"得可以了，连鲁迅也说："其实唐室大有胡气。"连隋唐皇帝都带有异族血统呢。印度僧人西来，备受欢迎，还派人上"西天取经"，绝无"崇洋媚外"之非议。有自信心者虚心好学，是绝无"媚态"的。失去自信又妄自尊大，才时刻神经过敏，动不动便斥之以"媚"了。

正是这种"无历史"，对外来文化的吸收，对伦理观念的反叛，对提拔人才的毫无顾忌等一系列的链式反式，证明了中国历史最需要激活与催化。

不在于神学本身如何，而在于被激活的客体如何。况且西方的中世纪，是在蛮族入侵并带上教会文化，其靠的是暴力与强制，这才有近千年的空白与黑暗。神是至高无上的，神便是一切，一切只能为神学服务。禁欲主义容不得艺术享受，于是连文艺也被窒息了……

佛教的和平传播，在先有老庄与玄学的投契，接近于中国当时的"精神气候"，在后有吸收与改造，善"见理"与"顿了"，摒弃了其玄旨奥理及苦行方式。在其渗入过程中，也逐渐扬长避短。神的至高无上并不如西方那么绝对，以致才发展到了禅宗的"凡夫即佛"，人人都是神、佛了，那神——唯一的神便无形中消失了，失去了钳制力量，更谈不上绝对权威。既然"人境俱不夺"，一切还是老样子，"天国"也就不那么神秘了。对于皇帝，其头上更无"神"的绝对存在，照样声色犬马，不搞禁欲主义，对下面也就用不着那么严苛。盛唐富裕风流的生活，开放的疆域，开明的仕进，自由的言论，便是这么来的。"无历史"成了历史的丰碑。且看盛唐的浪漫主义诗篇，如何少年气盛；壁画、玉俑、石马石狮，无不洋溢着一种自信、豪迈的精神，连佛像也一反愁眉苦脸而变得慈眉笑颜、丰肌润色、充满世俗的幸福感……整个时代的心理是何等开朗、健康、热情、向上、豁达！当人们在精神生活上有了美的追求，而不是困窘于物质生活中的挣扎与叹息时，历史也就成为历史了。难怪当时的科举也要考诗，宫廷亦以能诗为荣，诗本身也是被当作精神上的盛宴！

宝光寺的对联，自然也是一种历史意识：

世外人法无定法然后知非法法也
天下事了犹未了何妨以不了了之

激活之余，客体在一段躁动之后，必然会重新寻求其稳定的恢复过程。唐代作为一次历史的激活，出现了奇迹，颇具"神意"——对于相对神学史观来说正是如此，而历史的发展仍是自身的发展过程。作为稳固的中国伦理社会观念，无时无刻不力图恢复它的统治地位，寻找机会借尸还魂。

禅宗就这般应运而生了。因此它具有两重性，一方面，它是佛教的"宗教改革"；另一方面，又是伦理学的"神学改造"。前者将佛教还原为世俗的哲学；后者又把世俗的伦理上升为人心——本性或魂灵的学问。它出世又入世——所谓"中观"，不就是亦有亦无，非有非无，"内外不离，即离两边。外迷看相，内迷着空。于相离相，于空离空，即是内外不迷"。俗语便是"若即若离"了。

"顿悟成佛"论，固然有其直觉感悟的科学性，可对于佛学来说，则来了个自我否定，它完成了中国佛学的最后形态，可也历史性地结束了佛学在中国的发展。遥远的西方彼岸世界变得举手可触了，就是在自己的心中，现实的苦难世界与天国的极乐世界，众生与佛，仅在一念之差。难怪有人斥之为"骗子"，在兜售进入天国的廉价门票。

以"心"去涵盖乾坤，"一切声色，皆是佛事"，全给神化了，这样极端神秘主义便变成了泛神论，一切皆神也就没有了神。于是，中国古代的无神的伦理观念便乘虚而入，随着盛唐走向没落，旧的观念又重新回来了，并加以了精致的改造，中国社会几乎从此再也没有汉、唐两朝的鼎盛了。

不可否认，禅宗主张主观能动作用，宣扬"迥脱尘根，灵光独耀"，"上天下地，唯我独尊"，要"负冲天意气"，"作无位真人"，强调反对权威、取消权威、怀疑传统，对后世仍起着不少积极的作用。

对这一段历史，是绝不可以形而上学的"佛教时代"的观点去划分的，要把握它、概括它，我以为唯有"激活"二字，这是一种被激活的社会形态——我们不可以说，中国的三大发明及道德——自然哲学，对西方的中世纪同样是个不小的"激活"吗？不仅伏尔泰、莱布尼茨，连马克思也都这么认为。

任何一个民族在历史发展的进程中，如果只死死保住自己的传统不放，闭关自守，妄自尊大，势必在自身的衰变因子中走向没落与死亡，这已有古巴比伦等作证明了。而一旦有了外来的激活，便能看清自身的"病因"，多多少少有所解脱，找出自己的新路。古人的寿命不就只有四五十岁吗？人生七十古来稀。而今，人上七十已不足为奇了。什么原因呢？既然古巴比伦、古埃及社会在青、中年期夭亡了，而中国社会能延续至今，就证明它是有再生能力的，只要它不讳疾忌医。

唐代的激活，是个历史的明鉴。

在历史哲学中引入"激活"这个概念，我以为是很有必要的。当然，把它的哲学意义加以阐述、发挥，又得另作大块文章了。这里只能到此收笔。

应当说明的是，在这段历史时期内，尽管有佛教文化的兴盛，但仍不能归为神学中观时期。佛教也只在很短一段时间内被尊为国教。而从魏晋玄学始到佛学，其"本体论"也有个演变过程，最后才发展到了禅宗的"即心即佛""见性成佛"的"亲证顿悟"。

而柳宗元等人说的"势"，也不妨解释为历史的必然趋势，是历史本身所具备的内在规律，以"势"代替神学本体论中的"本心"或外化了的"自我意识"。当然，他们说的"势"，也仅仅是一种历史的直观。是否可以说，"势"也正是历史的"本心"呢？

泛而言之，这个时期的史观，接近于西方文艺复兴时期前后的相对神学史观与理性史观间的过渡。但是，由于中国传统文化的滞力，它只能走向伦理史观的上一个层次——实用理性史观。

四、"天理"的至尊——实用理性史观

"礼治"的幻梦，似乎又要死灰复燃了——不，它并没有"死"，即便在唐代，伦理观念、门阀观念，也不曾被推倒。它延续下来了，到宋代被强调到更高的位置上。

但显然，过去的"礼治"已不适应受到佛教文化思想冲击的时代了。社会群体伦理等级的和谐岌岌可危，因此，个体的自觉被推到了首要地位。也就是说，整个社会的人伦、人道，必须靠对个体的道德训诫才可能得以实现。这样，儒家以礼——仁治天下，就得把个体道德与尊天命结合起来，才可能实现社会的伦理要求。

于是，从群体的伦理自发到个体的伦理自觉，就显得尤为紧迫了。

理学，作为越过自发的伦理阶段向实用理性完善的统治思想，便应运而生了。

理学家们煞费苦心，把"天命"作了改造，言天命与个体自觉处于和谐之中，道德规范既在人之外，也在人之内，从而不可逾越。于是，封建伦常——"三纲五常"上升为先验的"天理"；而道德律——"仁、义、礼、智、信"则上升为"天性"了。天理与天性相吻，世界便太平无事了。"不偏不倚"，"恒常不变"。人生在世，恪守伦常，则率由"天性"，体现了天理。天人关系及人际关系便统一了起来，个体的道德行为也便得到了调节。通过

"格物、致知"，则明天理；"正心、诚意、修身"则守天理；"齐家、治国、平天下"，便是由此及彼、由近及远而行天理。这种"圣人之道"，则泯灭人性，贵义而贱利……伦理的原则从此不是自然的直觉和派生，而成了一种理性精神，其思想之网更加严密，成了枷锁与桎梏。

但令朱熹无限感慨的是，"天理"总是敌不过"人欲"的，世风日下，两汉不如三代，隋唐又不如两汉。汉高祖"私意分数犹未甚炽，然已不可谓之无"，唐太宗更是"无一念不出于人欲"，"王道"失传，"道统"断纤，"两千年之间、有眼皆盲"，"千五百年之间正坐如此，所以只是架漏牵补过了时日。其间不无小康，而尧舜三王周公孔子所传之道，未尝一旦得行于天地之间也"。

所以，理欲之争便导致了王霸不敌王道，盛世不复再有，而后唯有霸道衰世了。

这种历史倒退观，其实是伦理观不断瓦解的过程，这并不难理解。光靠某一种观念治理社会，必然会如此。所以，所谓"礼治"也成了泡影，朱熹竟不主张"严以济宽"，要把他的"王道"强加于历史过程了，竟然提出："号令即明，刑罚亦不可弛"；"某当谓以严为本，而以宽济之"。因为"今人说宽政，多是事事不管，某谓坏了这'宽'字"。"与其不遵以梗吾治，何若惩其一以戒百？与其核实检察于其终，何若严其始而使之无犯？做大事岂可以小不忍为心！"（《语类》卷一百八）

"礼治"的梦幻终是梦幻。

人们不难看到，除了由此导致两次落后民族入主中原外，在明代，其严刑酷法、特务政治等，也到了登峰造极的地步，钳制思想、大兴文字狱，更是前所未有。

倒退的历史观必然伴随有倒退的历史。自以为美好的"三代"一旦强加于社会，则更是残酷、恐怖至极。

所谓宋代以来的"务实"，实是统治者赤裸裸的镇压、帝王被抬到了最高的地位，不主"孝"而主"忠"，便是为维护其残酷的统治。"礼治"——靠伦常维系，成了"人治"，靠帝王的德行了。这反映在司马光的《资治通鉴》中，便是"天生烝民，其势不能自治，必相与戴君以治之"（《资治通鉴》卷六九"臣光曰"），把人类历史进程中某一阶段里出现的君权制度，说成是与民俱生的永恒真理。

如果说，在柏拉图的历史模式中，有这么一个大循环，由理想国政体→贵族政体→财阀政体→民主政体→僭主政体，而后又回到理想国政体，即哲学王的统治的话，在理学家的模式中，只有君主政体内的王道与霸道、治与乱的单一往复。

但这里还有一种循环或互补。

暴君政治，必然导致暴民政治。在这片土地上，人太微不足道了，一场灾荒便是饿殍千里。每次劫乱，都是杀人如麻。这里无意贬低农民起义的正义性及积极作用。但是，朱元璋称帝后，是"蜕变""腐败"，还是本来如此，这恐不是理学家回答得了的。连朱元璋的老家，凤阳花鼓里也唱"自从出了朱皇帝，十年倒有九年荒"。他给老百姓带来的不是幸运，而恰巧是灾难。《水浒传》中写李逵"排头砍去"，不也正是这种暴民意识吗？有暴民意识而成为暴君，倒是顺理成章的。试想想，哪位暴君要"成大业"，不是视百姓如蝼蚁，修长城、修大运河，多少生灵涂炭。正是这种暴君——暴民意识，才有历代的军阀混战，迄今仍有的宗族械斗、吃大户。

毫无疑义，任何一次农民起义，都是以反抗压迫与剥削为起点的，也就是说，以自由、平等为起点，与整个人类历史的起点是一致的，其进步意义不容否定。但是，自由与异化、平等与等级之间的转化，却又在农民军中异乎神速地得以实现。那么，它的自由平等本来就建立在什么基础上呢？其实，黑格尔倒是说对了，中国人"这种平等确实足以证明没有对于内在的个人作胜利的拥护，而只有一种顺服听命的意识"（《历史哲学·东方世界·中国》），也就是说，中国人习惯于这样一种平等，一人之下的什么都没有的平等，而不是什么都有——与生俱来的权利的平等。他们习惯于把整体的命运寄托在一个人的身上，把"金口玉牙"当作了"纶音佛语"，领袖则成了自然、宗教、皇权三位一体的象征。也可以说，是儒（皇权）、释（宗教）、道（自然）三教合流的至高无上的真命天子。所以，任何农民起义的结局，哪怕是胜利了，也不会产生新的政体，而只能是旧的等级制度改头换面的复生或强化。元好问讥朱温、王建诗："围棋局上猪奴戏，可是乾坤斗两雄？"固然有蔑视称帝的农民起义头目梁太祖及前蜀主王建的味道，却也不无深意。朱元璋的例子不重复了，连《水浒传》中"梁山泊英雄排座次"，到最后哪还有什么自由平等的影子呢？恰巧以绝对的等级作了终结，这种伦理秩序下的自由，与法律承认的自由完全是两码事，前者不过是一种一定等级范围内的自由与臣服罢了。

这便是中国理学的"中庸"——对立即互补，历史也是如此，乱治对立，起义与招安对立，却又互相补充，以达至整个古代社会的超稳态效应。

这便是中国古代历史哲学的实质：不承认根本的对立，抗御任何外来的冲击。

朱熹所改造和发挥的《大学》中直线推导"知止—有定—能静—能安—能虑—能得"为《四书集注》中的"功能圈"的循环模式，则是理学在这方面的证明。

他是这么注释的：

> 止者，所当止之地，即至善之所在也，知之，则志有定向。
> "静"谓心不妄动，"安"谓所处而安，虑则虑事精详，"得"谓得其
> 所止。

"得其所止"，便是"止之至善"了。

善，又是伦理范畴了。"纲常万年，磨灭不得"（《语类》卷二四）。历史也就这般"定位不易"了。

历史的循环、事物的循环，一直到心的循环，到头来便是"不易"。对于循环圈内来说，这自然是绝对的封闭了。

长期以来的权力崇拜或权力神化，便是伦理观发展成实用理性的必然结果。所以，宋代科学本可有长足的发展，却也被压迫、浓缩入了内向的伦理心学之中。唯有当官、抓权，才是出路，"为学"不离从政，"学而优则仕"，从而限制了自然哲学与科学技术的发展。这在西方文艺复兴、开始冲破神学桎梏，经济上也日趋繁荣之际，确是巨大的历史悲剧。从此，中国便从世界文明的领先地位上退下去了。

大文豪雨果不无辛辣地指出：

> 像印刷术、大炮、气球和麻醉药这些发明，中国人都比我们早。
> 可是有一个区别，在欧洲，有一种发明，马上就生气勃勃地发展成为
> 一种奇妙的东西，而在中国却依然停滞在胚胎状态，无声无臭。中国
> 真是一个保存胎儿的酒精瓶。（《笑面人》）

鲁迅所说的：

> 外国用火药制造子弹御敌，中国却用它做爆竹敬神；外国用罗盘
> 针航海，中国却用它看风水。（《伪自由书·电的利弊》）

于是，外国反而靠罗盘引路，用枪炮轰开了发明罗盘与火药的天朝帝国。说起来，该多令人心酸。

被视为中国传统思想的集大成者，也算是颇有见识的王夫之，也视当日西方发达的科学技术不足以当我们祖先一笑，不如我们古人通达、明理，说地图之说并非西方所有，而是误解了中国的浑天之说附会出来，关于望远镜，他更说：

> 利玛窦地形周围九万里之说，以人行北二百五十里则见极高一度
> 为准；其所据者，人之目力耳，目力不可以为一定之微……苏子瞻诗

云："不识庐山真面目，只缘身在此山中。"王元泽有云："铢铢而累之，至两必差。"玛窦身处大地之中，目力亦与人同，乃倚一远镜之技，死算大地为九万里。使中国有人焉，如子瞻、元泽者，曾不足以当其一笑，而百年以来无有能窥其狂骇者，可叹也。（《思问录·外篇》）

荒唐之极，可笑之极，光以狭隘的民族感是不足以解释的。他认为，科技再发达，也不过是小慧，是末，而我们讲的是本，是道。这便是思维方式、历史观念的根本不同。

然而，正是王夫之，本着"理依于气"的自然史观，进而提出了"理依于势"的近乎历史主义的观点。他不认为在历史发展之外有什么"天理""神意""道统"来作主宰，而主张"只在势之必然处见理"（《读四书大全说》卷九）。"势"为历史发展的必然趋势与客观过程，"理"为体现出来的规律性，两者统一在一起，"得理自然成势"，反过来"势之顺者即理之当然"，"势既然而不得不然，则即此为理矣"（《思问录·外篇》）。

王夫之还进一步说：

以一时之利害言之，则病天下，通古今而计之，则利大而圣道以弘。天者，合往古来今而成纯者也。……时有未至，不能先焉。迨其气已动，则以不令之君臣、役难堪之百姓，而即其失也以为得，即其罪也以为功，诚有不可测者矣。（《读通鉴论》卷三·武帝）

所以，秦始皇搞郡县制，是从"私天下"的动机出发，做了符合"大公"的好事，"天假其私以行其大公"（《读通鉴论》卷一）。"名微而众寡"的曹操，"挟天子而令诸侯"，足够奸臣了，行霸道而悖仁政，可"势之顺者，即理之当然"。这样，王夫之已经无意中触及了历史与伦理之间并不能划一的问题，对既往的伦理史观进行了"修正"。但是，中国历史向他提出的问题，与他所能作出的回答只可能是一致的，他只能极力调和历史与伦理之间的矛盾，绝不可能上升到以历史统摄伦理的新高度，从而又熄掉了他火花一闪似的思想。他的"理势合一"的历史规律论，"即民见天"的历史动因说，"天理寓于人欲"的社会发展观，固然有其进步的一面，可最终仍脱不了伦理的约束，摆脱不开理学的框架，不但没找到真正的出路，反而仍自觉地、明确地维护着它们。"内圣外王之道"仍是一脉相承下来了。以"理"拒绝了一切，即融合了势，又抹杀了个体。这种抹杀，不再是强迫，而是以"个性自觉"来无条件放弃个人权利而实现的。于是，这种异化，又一次走向了新的峰值。从程朱到王夫之，也都无一不主情以义制利，以理灭欲，用理性道德去扑灭感情本能。

中国士大夫一千年来的可悲，就在于对这种等级之礼的伦理观的自觉服从与维护，从而形成极为牢固的依附心理。"内圣"用之于他们，便是潜移默化地将自发本能导向道德行为，感性冲动归之于理性规范。他们心甘情愿地置身于纲常的秩序之中，匍匐于帝王的权势之下，以谋求其"名位"，丧失了独立的人格。"学而优则仕"——全驱赶于做官的狭道上，只做尔虞我诈的人际关系的"学问"，至于科技不屑一顾；文学艺术更是下九流了。当官便是一切——也确实有一切，一个皇权至上的官僚社会，有了权便有了一切，只要不去"冲天"，做皇帝梦。

从诸葛亮，我们再去看民间兴起的"文庙"与"武庙"，又可以看到，文庙祭的是孔子，自然是"仁"的象征，而武庙祭的是关帝，不就是"义"的代表吗？"仁义"二者之多，任何帝王的庙宇都无法相比。这岂不是被神化了的一种至高无上的理性吗？圣人，自是高于帝王的。

而这，也是自宋代开始。

所谓"理学"，在伦理思想上吸收了一定的佛教哲学，把个人的修行变为个体的道德自觉，借"月印万川"来构造了新的理论体系，也就在一定程度上将伦理观赋予神学的性质，"明天理灭人欲"，则成了一种准宗教。在某种意义上，当西方正从神学统治的中世纪中挣脱出来之际，我们却精心构置出了准神学的统治。思想的统治便是这种道德神学了，偶像便是文武二圣——孔子和关帝。

连农民起义，也不可能摆脱这种观念，带上极浓的迷信色彩、宗教色彩，自命为"真命天子"，天下未打下来，便早早称上皇帝，并且为高度集中的权力而开始了内讧，为个人的神化而大造舆论。所以，一乱一治，古代哲人便也仅把"乱"当作一种维持平衡的过渡。而自宋之后，大一统的局面更稳固，也用不上"合久必分，分久必合"的循环观了。

这种"理学"带来的历史性大灾难，不独从戴震所说的"人死于法，犹有怜之者，死于理，其谁怜之？""其所谓理者，同于酷吏之所谓法。酷吏以法杀人，后儒以理杀人，漫漫然舍法而论理，死矣，更无可救矣"可看出来，在两次落后民族入侵，君臣们束手无策，只待"尽忠"，可以看得更清楚。可以说，这是一门制造完美无缺的奴才（内圣）的学问。理学家们的迂腐、愚昧、冷酷、残忍，却对外患手足无措。所以，它也是一种"内耗"的学问。

五、价值的嬗变——唯物史观

我们已经不止一次地使用过历史的"显性因子"和"遗传基因"之类的术语。自然，如果把历史当作活体看待，使用这样的术语是理所当然的。如同一个人成长之际，童年时代的"显性因子"可谓天真无邪，该笑就笑，该哭就哭，颇有点庄子的味道。人类的童年时代不妨也这么看。长大了，性成熟了。青年的"显性因子"便是胡子、喉结之类了。到了壮年，更年期反应，而后，还有老人斑……同样，人类社会的初期，自然天性是充分一些，自然史观便也这样形成，说庄子是第一个反异化的思想家，的确不假，他反对"人为物役"，要求"不物于物"，甚至看到了千年后"人吃人"的可悲结局："千世之后，其必有人与人相食者也。"可谓不幸而言中，理学"以理杀人"，不就是中国社会发展成熟的一种异化了的可怕力量吗？

所以，其后的"显性因子"，便是血缘宗法关系上形成的伦理道德观念了。它初步的完成形态是在汉代，即董仲舒的"废黜百家，独尊儒术"，以伦理为本的"礼治"——"君怀臣忠，父慈子孝，政之本也"（《云梦秦简》）。作为这个"礼治"的显绩，便是汉代的繁荣昌盛。但这一"显性因子"也有其自然衰老、走向反面的过程。

于是，三国两晋南北朝，反伦理、纵人欲的潮流勃起，加上外来文化的冲击，中国历史出现了一次激活，达到了古代繁荣的顶峰。

但是，伦理社会的"遗传基因"虽一度被抑制，却不曾消失，而且仍顽固存在，于是，在宋明时期，又被重新武装了起来，成为极为反动的理学体系，在中国造成了极为巨大的历史性创伤，使中国文明的进程远远落在了世界的后头。

于是，中国社会又处于类似魏晋时期的状态——那时面临的是亚洲的另一个文明：印度自4世纪始的太平盛世，而此时，则是整个欧洲的工业革命及以后欧美的科学繁荣。

自汉代到唐代，和平渗入中国的印度佛教文化长达数百年之久。而自明代至今，也有数百年了，这一"激活"的过程不断被遏制，这同传播方式及业已武装过的理学有很大关系。

但是，作为一定历史时期必定要出现的社会的"显性因子"，总是阻止不住要上升到主要位置的。

这便是日益引人注目的物质因素——物的交换：商业；以及物的突飞猛进：经济与科学的发达。

如果说，血缘宗法社会的物质生产尚不发达，人们把关注的重心放在"外王内圣"上，这是不难体察的，小农经济只配有那样一个伦理社会。但是，当经济的因素凸显时，人的观念总是不得不跟上的，不管传统力量还有多大。

于是，价值观念便出现变化。

可以说，过去的伦理社会是排斥这一观念的，所谓"贵义而贱利"便是如此。我这么说，有人会提出，过去就没有价值观念吗？我认为，在这个定义上，得作个必要的说明。所谓"贵义"的"贵"不能引申为"价值"，正如"贵人"并不等于重视人的价值一样，"贵义"若说成是重视义的价值，那它便是一种抽象的、子虚乌有的价值了。中国古代有"人贵"思想，但那是指伦理群体的"贵"，而非真正的人。

所以，这一时期价值观的产生、发展、演变，乃至于升华，便是一个革命的过程。尤其对于中国社会更是如此。这种新的"价值观"与唯物史观可谓接壤。事实上，也只有当经济的因素，或生产力的作用作为"显性因子"在历史进程中出现之际，唯物史观才应运而生。在古代社会，是没有产生它的"气候条件"的。

由于交通与信息的关系，唐代只是亚洲文明的一次综合、交融与激活，而近现代则是整个世界文明的冲击了。这种冲击后的第一个选择，便是作为西方的先进思想——马克思主义及其唯物史观在中国获得的胜利。这种"西化"过程，是经过了几十年血与火的战争，数百年乃至千万人流血的结果，而在这场战争之前，更是上百年的选择，是极其痛苦的外患与内乱的迫使所作出的选择。

中国的宗法社会在宋明间的强化，也证明它走向了末路。在中国历史哲学发展中有着重大贡献的黄宗羲便提出："论者谓有治人无治法，吾以谓有治法而后有治人。"所谓"法"，则一是"置相"——"天下不能一人而治"，相当于内阁总理制去制约君权；二是设"太学"——近乎议会——"天子之所是，未必是；天子之所非，未必非。天子亦遂不敢自为非、是，而公其非、是于学校"。再是计口授田，工商皆本，以造成"封域之内，常有千万财用流转无穷"。这已有近代社会气息了，最后则是提倡"绝学"，即奖励发展自然科学与技术科学。可以说唯物史观便由此逐渐形成。

章学诚也以史学反理学，指出："史学所以经世，固非空言著述也……后这言著述者，舍今而求古，舍人事而言性天，则吾不得而知之矣，学者不知斯义，不是言史学也。"这是摆脱理学空言而走向现实性的历史意识。

当西方人用鸦片和火炮轰开了中国大门，从而引起中国思想界激烈动荡之际，龚自珍大声疾呼："奈之何不思更法！"他把一个朝代分为治世、衰世、乱世三世历史，要废"一祖之法"、行"千夫之议"，这初露了人文主义思想。魏源则提出："师夷长技以制夷"，呼唤"何不借风雷，一壮天地颜"。他以"变古愈尽，便尽愈甚""根柢于民依，善乘乎时势"为变革准则。因此，他被美国学者誉为那时整个东亚最杰出的思想家。其后，受香港租界影响，洪仁玕基于"革故鼎新"，写出了《资政新篇》，孙中山更以《建国方略》提出了民生史观，以"包括一切经济主义"，重视生产力的作用。

作为首批赴欧留学生的严复，提出其历史哲学观点，并将其建立在科学实证的基础上。他把达尔文的进化论引入其历史发展观，把世界描绘为一个连续的发展进程。人类是发展中的一环，与整个世界万物同处于一个共同体中。所以人类的存在，无论历史的，还是现实的，都可以在这个网上找到确定位置……他一译出赫胥黎的《天演论》，以"物竞天择""适者生存"为警钟，就在中国知识分子固有的忧患意识中引起共鸣。一时间，进步的知识分子都自称为"进化论者"了。他不无见识地指出："尝谓中西事理，其最不同而断乎不可合者，莫大于：中之人好古而忽今，西之人力今以胜古；中之人以一治一乱、一盛一衰为天行人事之自然，西之人以日进无疆，既盛不可复衰、既治不可复乱为学术政化之极则。"

中西历史文明的对比，在数百年间引起的震动是空前未有的，迄今仍有增无减，但对历史的选择，毕竟受历史的制约，在中国近代史上，"中学为体，西学为用"影响之深，可谓举目可触。如今，不也仍有人主张，类似中国台湾、韩国，经济可以起飞，可以西化，但意识形态仍可以是儒家的、专制主义的……

"十月革命一声炮响，给我们送来了马克思主义。"毫无疑义，在半封建半殖民地的中国，在军阀混战从未统一过的20世纪上半叶的中华大地，五四运动提出的"科学与民主"，正击中了旧中国的积弊及病根。"五四"提出的"打倒孔家店"，同样也极为准确地打中了几千年宗法社会的意识形态之要害。唯物史观迅速在中国形成，并成为改造旧中国的尖锐武器。

在无产阶级并不发达的中国，受压迫最深的农民便成了主要的革命力量，辛亥革命打倒了皇帝，但国民意识的革命却漫长得多。鲁迅等文豪的作品便指明了这一点：只有形式上的变更，内容并不定什么时候又可以重新推翻，太平天国便是一个先例，人们不妨拿它与唐代对比。"拜上帝会"所倡导的宗教，与唐之前传入的佛教，在其性质上没有多大区别，当时也是西方宗教传入中国之际，洪秀全也从《劝世良言》中接受了基督教原始教义的影响，宗教形式的平等观，都同样是对宗法社会的一个反叛，但历史已不是唐代了，外有

"洋人助妖"，内则由于农民意识造成的迷信猖獗、唯我独尊、平均主义、极权专制、内讧自残，使太平天国归于失败，一次对准宗教的伦理社会所作的宗教改革已不符合历史的要求了，空想的农业社会更不是科学发展的必然趋势，太平天国也就永远只是个"天国"。

我们面临的是价值的革命。

一方面，是把人从束缚个性、压抑才干的所谓"群体意识"——实质是从专制意识中解放出来，确认人的价值、人的尊严。这个过程，不是两三天就可以完成的。历史学家们有的甚至断言，在世界上这种转变几乎没有不流血的例外。当然，我们已流有很多的血了。《共产党宣言》中所说的："……每个人的自由发展是所有人自由发展的条件"（《马克思恩格斯选集》，第 273 页，北京，人民出版社，1972），便是这一目标，也就是人人都参与创造历史、选择历史。人，这是唯物史观的立足之处。实现人的价值，正是唯物史观的目的。

这方面，当然是个宏观的把握。人的价值——这是最终的价值。

人的价值的实现，也是作为真正人的历史的开始。

但是，在我们今天，这必须有个过程。

且不说前面已讲到的，由宗法血缘关系到价值观念的形成，有个艰难的过程，而从初步的价值观念到最终的价值观念，也有一个漫长的过程。

迄今，我们的世界还没有完成这一过程，中国就更不曾完成这一过程。

中国农民是讲"实惠"的，眼见为实，耳听为虚。开始，实物的重要性，自然胜于金钱本身。即使有钱也不存银行，这本身也是一种价值观念，而这观念已没多大市场了。

但金钱是死的，人的智慧才是活的。进一步，人们才会在"捞钱"的过程中，认识到知识与才能的价值。当然，这本身也很艰难。投资搞经济好说，投资搞"虚"的，在下边只怕还推不动呢。哪位头头不死盯住产值、利税？当然，这也关系到他的权力的稳固，可见还摆脱不了伦理社会的羁绊和"钱"的羁绊。无疑地，对于目前来说"时间就是金钱"，是有其进步意义的，对于慵懒、停滞、保守的旧秩序，有着不可低估的革命作用。但把价值归于金钱，毕竟是个低层次的起步。价值仅仅停留在数量上的客观物质上。

而对于发达的现代社会而言，信息本身的重要性愈来愈显示出来，而且也呈示出了它更高的价值。有人甚至以"信息社会"来描绘即将到来的未来社会。所谓"信息"，自然包括新发明、新技术成果的迅速传播、采用、提高和完善。

当然，这显性因子仍是"经济"。唯物史观有着其显而易见的优势。

由重视物质、金钱，进而发展到重视信息、知识、教育及文化，这在价值观念上是一个不断的革命与更新过程。

于是，人们对物品的选择，对其本身的普遍的使用价值重视程度，将逐渐让位于长远的考虑和主观上的需求及情感上的爱好。所谓"智力投资"，如今日趋迫切与重视，正是这一革命过程的反映。

人们便由此产生了知识的价值、智慧的价值等观念了。这是一种全新的观念。发达社会中"软件"组织——文化、科学、教育方面的规模、投资，远大于落后社会在这方面的规模、投资，正是这样一个道理。

于是，落后社会又面临着一种"马太效应"。这就是先进社会在知识价值革命中以几何级数发展时，落后社会还按照算术级数缓慢向前，这样，两个社会之间的差别就会愈来愈大，富的更富，穷的更穷。这是经济作为"显性因子"出现后，不同文明程度的社会所会产生的必然对比。谁落后谁就要挨打，要被剥夺——这样，落后社会不可避免便会面临这样的命运：重蹈古巴比伦等覆灭的命运。

要么，就需要外来的激活！

这不仅是经济理论，也是历史理论，如同我们一千多年前，自魏晋的动乱至唐代的鼎盛一样。

一百多年来，我们已经反复过了多次，关闭—开放—再关闭—再开放，历史给予的证明是，再闭关锁国，便只有古巴比伦般可悲的命运在等待着我们。但并不是所有人都意识到这一点，或完全意识到这一点。

全世界的文明，不同的文明在这个交通、信息已经相当发达的状况下，不再是独立的、与别处无关的。因此，它们之间出现的碰撞、冲击、综合的规模，也比历史上任何一个时期都要大得多。先进的、高级的唯物史观，总是不断地取代低层次的或初级的唯物史观。

当"知识的价值""智慧的价值"愈来愈趋于个性化的时候，也就是人人参与主动创造历史的时候。历史就不是盲目的，而是带有目的性的、可供选择的了，人民创造历史的辉煌论题便要得到真正的论证。那种"各领风骚二百年"的时代，必会让位于"各领风骚两三年"乃至于几个月，历史必会以这样的方式迅速更新、前进。社会将充分享用知识与智慧，而不至于在比较稳固的使用价值中慢慢爬行。因为知识本身的价值不同于使用价值，它一旦更新，便失去了意义。在价值观的最高阶段，价值本身便趋于消亡了。就拿电子管、电子元件来说，它在大规模集成电路的知识及工艺面前，便完全失去了价值。而这种价值更新的频率愈高，价值的意义便越易消失。

将有新的概念来取代它——价值。

我们也许说得太早了一点，也看得太远了一点。历史，是否也如几何级数的曲线在向上发展，随着岁月的推移，它的速度便会更快呢？或者，一旦摆脱束缚，便会沿切线方向飞出，不可企及了呢？

六、"自由的彼岸"——美学史观

人们对历史怀有那么浓烈的兴趣是为什么？史学之所以兴旺发达为的又是什么？同样，史观的演变与进步到底又说明了什么？

对历史的兴趣说到底是对自身的兴趣，对自身所处的环境的兴趣，所以才有克罗齐"一切历史都是当代史"之说。

史学的发达正是为了了解人类自身，研究人类的本性。所以，柯林武德认为："人性的科学只能由史学来完成。"他进一步说："历史学的价值就在于，它告诉我们人已经做过什么，因此就告诉我们人是什么。"（柯林武德：《历史的观念》，第11页，北京，中国社会科学出版社，1986）

至此，是否就已经把一切说尽了呢？

人"已经做过了什么"，这是过去，由此得知"人是什么"，这个"人"，也仅仅是过去的人，但史学的目的仅仅是为了过去，为了现在吗？对人的理解，就已到了终点吗？

事实上，人类对历史的关注，更重要的在于对未来的向往，不是"已经做过什么"，而是"应该做些什么"，从"做过"之中了解到哪是该做的与不该做的，虽然无法改变历史，却总想把握未来。

在这一小节里，我们提出了"美学史观"这个概念。

这也是基于对人的了解出发的。

这一史观，不是无源之水，无本之木。它植根于过去业已有过的史观之中，早在人类文明发端之际，人们就热烈地向往着无限自由的境界，不物于物，取一种超越功利目的的审美观。因此，从庄子的"得至美而游乎至乐"（《庄子·田子方》）、"物物而不物于物"（《庄子·山木》）到阮籍的"顺情适性"（阮籍《乐论》），强调人生的乐趣在于精神自由、个性得到自由自在的发展与满足，均可以寻到它的轨迹，只是当时以宗法血缘关系为"显性因子"，物质财富极为贫乏，这一追求是无从达到的。庄子死后寂寞了几百年才被提起，阮籍、嵇康不是穷途大哭而返便是被杀害。对这段历史的了解，不也正是对人的追求的了解吗？那时，人与自然生态的平衡，只是可望而不可即。

而人的追求总是不竭的，人的潜能的发掘也无可估量。正如科学家所报告的，人的大脑中大部分脑细胞，迄今未曾发挥作用——当然，比人猿时期发挥的要大得多。猿人是无法理解集成电路、宇宙飞船的。人在历史中不断激活出无穷的智慧，这也是"告诉我们人是什么"的过程。高速摄影机拍下人的特异功能的照片，不是仍无法用当代的科学成就去解释吗？未来世界该发展到什么地步——也就是人的自由程度达到什么地步，谁可以断言？"原天地之美而达万物之理""与天和者，谓之天乐"（庄子语）也只是抽象的把握。天人合一，就是生态的平衡。

也正是历史所告诉我们的，我们想象几百年后的世界，恐怕与钻木取火的原始人想象今天一般那么不可思议。所以，在这个意义上，人类迄今仍未走出它的蒙昧史，或马克思说的"史前史"，尚未达到自由。

人的本质，也就是对自由即美的追求。这比用善恶、真伪来解释要合理得多。

设想一下，若太空上已有数倍于地球人类史的智能者，将怎么看待地球上的战争、竞争等异化现象呢？异化，便是愚昧的后果。

一说到"异化"，我们马上就又想到在首篇提到的，最早反对异化的思想家庄子了。他之所以在中国文学史上有那么深刻的影响，也反过来证明文学说到底便是反对人的异化的内在情感的曲折宣泄。有人说，文学从来不能与政治合拍，"文以载道"只会拒绝文学，所谓"政治"，无非是异化了的社会之功利罢了。这不无道理。几千年来，这一反异化的呼声不曾断绝过，禅宗主张"即心即佛"，后来则由李贽发展为个性解放的思想，要求冲决"条教禁约"：

> 就其力之所能为，与心之所欲为，势之所必为者以听之，则千万其人者，各得其千万人之心，千万其心者，各遂其千万人之欲，是谓物各付物。（《李氏文集·明灯古道录》）

所以，他的"童心即真心"论，在近代中国被视为"异端"，成为启蒙思想的先声。

这样，我们在论述历史的进程之际，由人开始经历了各种异化力量的左右，又回到了人的本题上来了。

这便是前篇所提的对人的价值的认识。

其实，从知识、智慧的价值上过来，也同样上升到人的价值观念上来了。而人是无价之宝，用价值这个概念便有点不那么合适了，在高频率的价值更新中，价值消失了，人却更突出了。

但这绝不是群体的人，而是一个个自由的人，一个个获得了自由发展的人——如同《共产党宣言》中所说的一样：

> 这才是"真正的人的历史"的开始。

在这里，我们可以看到中西方"家族相似"的现象。庄子反异化，且不说马克思也反异化，视人的复归为未来，我们更看到，庄子的学说与海德格尔及其存在主义有不少相似之处。更令人深思的是，正是在存在主义思潮的影响下，一门新学科——未来学正在兴起。罗马俱乐部的报告、托夫勒的"第三次浪潮"说等，日趋向前发展。我们不必在这里对未来学多加描绘，但它至少说明了这一点，人类的历史发展进入了"目的性"阶段，或者说可以对历史作出选择了，摆脱了"人为物役"的异己力量的制约。

当然，这种选择还不是最终阶段，但多少比过去多了极大的自由度。

人不再为温饱而忙碌，不再为物质财富操心，也才有精神的自由境界，才有纯粹的情感存在，才能充分发挥他的智慧——大脑的潜能。而今，为世所累者可谓是百分之百，庄子早就看出了这种不幸，才呼唤"不物于物"。而他在那个时代是无法实现的。所以他才高喊"归朴自然"，如同后来的启蒙主义者卢梭等人一样。

只有来个否定之否定，当社会的物质财富达到了不需让人操心的丰足，人才可能充分考虑自己的情感需要、主观趋求，才会按照美的观念去构造未来的世界，"得至美而游乎至乐"。

我们不妨把这称为美学史观。

历史这才是艺术，才是自由，才是美！

且慢！

在中国，由于我们的文化传统不同，如果过早地提出这种史观，也就是说，不等社会的物质财富积累到上面所说到的丰足的程度，便过早沉湎于文化与道德的陶冶，这势必又会逆转到原来的伦理社会。李白也早在诗中讽刺过儒家文化，历来对经济是束手无策的，他在《嘲鲁儒》中写道："鲁叟读五经，白发死章句，回以经济策，茫茫堕烟雾。"大一统的"计划"，无非是把一种不切实际的主观理想强加于社会经济，结果只会对经济起到破坏作用。

当然，更不能把这描绘为"礼治"社会。礼与美是不可以画等号的，但古代中国却常常把这画上等号。前者在中国人的伦理观上看，是否定功利、不包含功利的，所谓"贵义贱利"便是这个意义，它形成了我们这个民族几千年意识中的深层沉积。其实，对伦理史观而言，它表面上否弃功利，实际上却包含有极端狭隘的——只维护一人、一家、一族的统治与利益，所谓"舍身取义"，不就是为的君主之义吗？一部文学作品中的人物，只用礼的标准衡量，是简单的、平面的；用价值观念，也就带有历史主义了；用美学观念，便超越了时空，达到了永恒。这似乎说得空了点。但换句话来说，一部作品的美学追求，不恰巧是对永恒的追求吗？不朽之作，它的首要点是美而不是其他。

　　历史进入美的阶段，它也便是永恒了，也就是自觉的和自为的了。我们把文学观念纳入历史观念，似乎有点唐突。但罗素说的历史是艺术，未免早了点，他说的艺术应更正为工艺，尚不是浑然天成的，而只有在这个阶段，历史才是真正的艺术。

　　但目前发达国家出现的"东方化"的征兆——仅仅是征兆，不能过于夸大，却是这种历史进程的先声。因为在这样的国家，已不怎么存在公开的阻挡科学与经济变革的力量了，人的兴奋点就在于精神的自由，纵然他们还没走出价值观念的范畴。所以，老子的《道德经》有众多的译本，不少作家都以老子的格言作为座右铭，庄子更与现代西方某些哲学形态相通，如前所述，其表现出的崇高的生活理想，美得简直教人倾倒。何况它的文字、形式的高度的技巧，更谓出神入化、巧夺天工，至于禅学引起的热潮，则更发人深省了。这无一不是在追求一种无拘无束、充分自由的境界，追求返璞归真、复归自然的表现。

　　当然，也有人以此津津乐道，用来讥评当前中国向外来文化学习、吸收、扬弃的这一历史现象。这种人只能是对历史一无所知，对未来也一无所知，自然对人类文明也一无所知，一旦这类人的狭隘的文化历史观念占了上风，中国势必出现前面所预言的悲剧性的逆转，这不是没可能的。

　　马克思在《1844 年经济学哲学手稿》中早已指出：

　　　　生命活动的性质包含着一个物种的全部特性，它的类的特性，而自由自觉的活动恰巧就是人的类的特性。（《马克思恩格斯全集》，第42 卷，第 96 页，北京，人民出版社，1972）

　　人们追求自由，也就是追求自己本质特性的实现，这还能有什么可非议的呢？几千年来，虽然人类社会产生的异化力量始终在对人的本质加以扭曲、阉割，但是，人为追求自由而谱下的可歌可泣的悲歌，却始终没有停止过，历代的农民起义，近代的人民革命，不都是这样的壮丽诗篇吗？尽管它们大都失败了，或者在追求的过程中由丁不可避免的异己力量而归于寂灭，但其出发点，不都是为了自由吗？不都是对异化力量的压迫的反抗吗？

　　历史就是这么走过来的，无论有多少曲折、多少灾难，人类总是要走向自由解放的。自由永远是人类历史的起点，历史上的任何一个进步，都是向自由的迈进，人类为实现自己的本质，是无惧于任何大自然的暴戾和自身异化的、残忍的。历史是人的历史，所以，自由是起点也是最终目标，通向自由之路，各个民族各有各的选择。

　　因此，人类的历史也可以归结为自由的发展史，一个同"必然"——异化作斗争的历史。"在这个必然王国的彼岸，作为目的本身的人类能力的发展，真正的自由的王国就开始了。"可这个"异化"——必然又是什么呢？仍是庄子所说的"物"，"物"有着人的力量，那便是伦理社会的血缘宗法关系，以及人造神的力量，还有物的"赤裸裸的有用性"，这个"物"囊括了一切非自觉的东西：伦理、价值、政治、宗教等。

　　　　自由王国只是在由必需的和外在目的的规定要做的劳动终止的地
方才开始；因而按照事物的本性来说，它存在于真正物质生产领域的
彼岸。(《马克思恩格斯全集》，第 42 卷，第 101 页，北京，人民出
版社，1979)

"彼岸"——物质生产的彼岸，只能是精神自由的领域。也就是说，精神领域超越价值的观念，这便是美的实现。

　　人们对于历史的创造，若不为物质生产所困扰的话，那便只有一种选择——美的构想。当然，美自身也是千姿百态的，但它是超功利、非实用的，是崇高的、无私的。

　　自由与美，在这里便是不可分割的一体。

　　美，是人类历史发展的自由的力量。这样，我们又回到了庄子的观点上来了，在没了一切"物"的奴役，即功利名禄、权势欲望、利害得失之后，这便是超功利的自由，也就是最高的美了。

　　我们还可以在庄子中读到许多这一方面的论述，诸如"法天贵真""大音宛希""无天怨、无人非、无物累、无鬼责"的"天乐"等。

　　历史转了一个圈，似乎又回到了它的起点。我之所以在自然史观中推崇老庄，也正是在起点看到了终点，看到人类对自由不息的追求。在为自由这一点上，庄子从不曾消极过，否则他写那么多文章、讲那么多寓言干什么？要真消极，那就一言不发好了。

　　至于禅宗"不立文字"说，我们也可以从今天的语言学中得到某种启发。文字，正如庄子说的："可以言论者，物之粗也；可以意致者，物之精也。"文字造成的约束与遮蔽是显而易见的。人们如今之所以要突破概念的限制，就是要更自由地发挥自己的思想，更自由地与一切交流，不仅与庄子说的鸟、鱼之类，还可以与外星人……

　　说这些，只能做到挂一漏万，自由与美的境界是无法完全用文字表述的，但我们从中不难看到，几千年来，自由——美，正是作为未来历史创造的动力而活泼泼（姑且借用禅宗的语汇）地存在着的。它不是过去的结果，而是未来的象征。

有着光辉的美学传统的中国，在未来历史上的选择，只要不再走弯路，是完全可以迅速地走在世界的前列的。

马克思曾把未来的理想社会说成是"彻底的自然主义和彻底的人道主义"。

所谓"彻底"，便是解放。人道主义走向彻底的过程，恰巧就是宏观的历史；而自然主义走向彻底，则是人的美学观念的复归，自然生态的复归同样是对异化力量的否定。两者的归宿，也便是美——自由。

所以，美作为一种自由的力量，是历史上不可抗拒的力量，未来属于美，这便是结论。在经过"天人相分"的残酷斗争之后，老庄的"天人合一"之美便以自然与人道的融合重新得到证明。

当罗素说"历史作为一种艺术"之际，他是要否认历史发展的规律，把历史进步归于主观的力量，要引入个人偶然的因素，也为了与"历史作为科学"摆平。但是，他对历史所包含的美的观点却说得太少，他只说：

> 历史属于一个不同的范畴。乘法表虽然有用，却很难叫作美。有关人类历史命运的基本智慧，极少是通过记住乘法表的较难的条目来表现的。另一方面，历史——我将这样坚持认为——就像人们公认的诗歌的情况那样，是每个人精神生活中值得想望的一部分。（张文杰等编译：《现代西方历史哲学译文集》，第130～131页，上海，上海译文出版社，1984）

自然，美是人自由创造而来的，是人最终的历史选择，这连罗素也或多或少地感觉到了。换句话说，当人能自由创造时，便不为任何异化力量所左右了。所以，美的选择就是对丑——异化的否定。

未来的社会，只能是美的社会。

这似乎是太理想化了的历史观。理论上的推导，绝不等于真正的历史的进程。多少人许诺的理想社会，到头来却只会给人类加上重重苦难，这已经屡见不鲜了。所以，笔者也不能把一种思索的结果，当作既成的事实而强加于人。即便是历史上的大思想家，他们也不对自己所作出的预言加以具体的描述，因为他们已经看到及感觉到了这种后果。这就等于把个人的意志强加于所有人自由的意志上面导致的结果，便恰恰有悖于历史本身。

中国古代有老子的"小国寡民"社会，也许陶渊明才据此写出了《桃花源记》，也有孔子、康有为等的"大同社会"……这些充其量也只能算是一种乌托邦思想。

在某种意义上，正是"礼治"这种理想化的社会，强加于我们这个民族，所以才有这多年来伦理社会的种种悲剧。当西方在寻找武器，反对神权统治时，有人甚至还想捡起这种"礼治"，说："我们从前也不信世界上还有比我们伦理更美满、立身处世之道更进步的民族存在，现在从东方的中国，给我们以一大觉醒。"连雅各宾党人，也在1793年《人权和公民权宣言》中说："自由是属于所有的人做一切不损害他人权利的事的权利；其原则为自然，其规则为正义，其保障为法律；其道德界限则在下述格言之中：己所不欲，勿施于人。"霍尔巴赫甚至说："伦理与政治是相互关联的，二者不可分离，否则便会出现危险。伦理若无政治的支持，便毫无力量，政治若无美德的支持和协助，便岌岌可危，迷失方向。伦理的目的在于告诉人们，最大的利益大于实行美德，政府的目的则促使人们这样去做……把政治和伦理道德紧紧相连的国家只有中国。"

本来道德引导的是善，可得到的是恶，历史与伦理就这样相悖。历史，总是高于伦理的。伦理只是历史的产物，而历史绝非伦理的学生。在这点上，克罗齐倒是说得不假：

> 历史绝不主持公道，历史永远只进行辩护；它不可能主持公道而不使自己不公正，即，混淆思想与生活，把情操方面的爱恶当作思想方面的判断。（《历史的理论与实践》）

所谓"礼治"，仅仅是圣人们一种历史错觉而已。既然圣人也有错觉，那么，这里提出的美学史观，也就更难保证其正确性了，还是老庄说的，顺其自然吧。未来学虽说不是理想主义，欲建立在科学的基础上，但历史发展的参数系统是无法穷尽的，又有谁保证得了某个环节上没有遗漏呢？

由此，我们是否能得到这样一个结论：美的社会是一种包含了功利却已超越了功利阶段的较为现实性的未来社会，是人类对自由的不竭追求的一种结果，因而它是更科学的也更富于艺术色彩的。柯林武德在《历史的观念》中有这么一段意味深长的话：

> 总之，革命者只有在他同时也是一个历史学家，在他自己的历史思想里真正重演那尽管已被他扬弃了的生活时，才能把他的革命看作是一种进步。

这意味着什么呢？

让我们重温一下既往道德社会——伦理史观下的中国古代社会吧！否认功利而强化伦理秩序，把空想当作意志强加于人类——它与"乌托邦"恰巧是相通的。当一个革命者醉心于他的"乌托邦"，而忘却历史上的"反乌托邦"——"礼治"造成的暴政的话，他怎么能把他的革命看作一种进步呢？

这里，我们看到了这么一条轨迹，从否认功利而实质是狭隘功利主义的"礼治"社会到近代、现代功利观念的不断更新的经济社会，发展方向确立了美学原则合乎自然生态的未来社会。

这便是美学史观的由来。

那时，如同古希腊的观念复归：历史也就是诗。

七、小结

这一单元的论述，到这里可以告结束了。我单独探讨这么个论题，而且是半路出家，也可谓冒天下之大不韪了。我也不企望什么逻辑上的严谨，论述上的客观，以及材料尽可能的占有。作为艺术的历史，它凭借的不该全是逻辑的实证；作为哲学的历史，当然就更不是烦琐的考证——黑格尔说，那只是原始的历史。它只是一种俯视，一种尽可能拨开云雾的、模糊的、宏观的把握。

其实，就是史书上的历史，又何时能保证它的绝对真实呢？

孔子是标榜自己有史德，述而不作的，这个观点发展到今天，一方面，则是没完没了的对经典著作的注释，对理论的探求停留在注释上，严重阻碍了活生生的理论的发展。这已不必多说了。而另一方面，其述而不作，说到底还是述而深作。他完全在他的伦理史观的指导下，编纂了一部《尚书》，就摒弃了周的史记《逸周书》，在春秋、战国时代，把《尚书》中的《周书》与《逸周书》同称为《周书》，这是为什么呢？

原来儒家要托古改制，克己复礼——复的便是周礼。这就得给武王"打扮"一番，可《逸周书》上却说武王伐纣，"先入，适王所，乃克射之，三发而后下车，而击之以轻吕（剑名），斩之以黄钺，折县诸太白（悬其首于旗）。乃适二女（妲己和嬖妾）之所，乃以先馘入，燎于周庙"。又说，"武王遂征四方，凡憝（恶）国九十有九国，馘磨亿有十万七千七百七十有九"。把武王说得凶残暴戾，没半点仁义，这岂能让孔子容忍？

孔子这一增删，也就毁了不少史料。历史的可信度就大可怀疑了。

同样，史学上标榜的太史董狐公开直书"赵盾弑其君"以示于朝；齐崔杼弑其君，太史兄弟奋迅执简以往，直书其悖，虽被杀两位，可第三位弟弟，仍将此事记下了……我们细细想想，不正是因为这些事件符合其伦理史观的需要，才被记录下来的吗？否则，也该似孔子一样，早将其摒弃了。

以正是非而治人，以拨乱世而反之正——这便是史观指导下的史学。所以，一部历史的真伪性也只能从史观上去看了。刘知几作《疑古》，便指出所谓三代圣王尧、舜、禹、汤、文、武、周公等，都无一例外是政治倾轧争夺中的强权者，史籍为掩饰统治者间矛盾的真相，则多为尧、舜增善，而给桀、纣添恶。这就击中了伦理史观下编纂历史的要害。

因此，把各个时代的史观弄清楚，那么我们对历史的了解就会客观一些，不至于为其上面笼罩的主观意念所左右。

任何一种史观形成后，它便会对过去的历史作出新的解释——这就不难理解，为什么同一段历史，会有各种不同的版本，过去有，将来还会有。到底在哪种史观指导下写出的历史更合乎事实，是以其进步性为依据，还是以它离那段历史的远近为根据，恐怕没有人能断言。人们可以以各种史观，从不同的角度、侧面、层次、方位或线索去写历史，也许，把这些统统汇合起来，才可能更逼近于历史的真实。

历史观就是这样，它总是以产生它的那个时代历史的"显性因子"为依据。一定的时代只能产生一定的史观。历史不到一定阶段，就不会有伦理史观产生。所以，唯物史观也是历史的产物，它也会向前发展，而为更先进的史观所取代，它不会走到终极。反过来，在经济作为"显性因子"出现前，用唯心、唯物去硬套历史上的进步与反动，也是不符合实际的，没法解释得清楚，只会堕入自己编造的迷网之中。例如，自然史观是进步还是反动的，能一刀切吗？多少年来，我们习惯于用一种模式去套现成的事物，结果什么也没说明白，闹得矛盾百出。

由"显性因子"说，我们又引出了"遗传因子"的理论。这点，我想大家也都很明白了，现实生活中历史的"遗传因子"可谓多矣，凭此我们便可以解释许多不可思议的、在进步的口号下重新改头换面出现的旧事物。

所以，如同李大钊所说的，历史是一个活体，不能用机械的方式去分解；历史也不仅仅是科学，也不能单纯靠实证；历史作为艺术，往往诉诸直觉与心灵的感悟。计量史学、历史心理学、历史社会学之所以不断出现，正是历史研究的深入。

历史，是个全息照片。任何一个碎块，它都包含有全部投影。

一件重大的历史事件，往往也是如此。

一个历史人物，也同样如此。在他身上反射出的历史信息，比他个人的生活丰富得多。有时，整整一部历史就包含在一个人身上，包含在一个事件当中。本来，历史就是人的踪迹，没有人也就没有历史。

同样，在某种史观占统治地位之际，其他史观也是潜在的，或走向消亡，或正在萌动，自然史观不就是如此吗？它本身也包含美学史观的因子。

史观也同样是不可割裂的。

当然，中国人史观的形成，与整个文化的源流是分不开的。中西文化之别，也就造成中西史观上的巨大差别。

也可以说，从人创造历史的端点起，各个民族也就选择了各自迥然不同的历史发展的道路。历史的"不可选择"性是异化的作用，因而是相对的，而历史的或然性却是始终存在的、绝对的。所以，历史才是通向自由的道路。在选择的过程中，各民族的文明都是不同的参照系统，只有善于吸收别人的长处，克服自己的短处，走向自由的步伐才会更快。各民族的文明的差异是个性的充分表现，是不可以苛求的，但其最终的归宿是自由。因此，各个不同的文明中也就包含有共性的内容。所以，各个不同的文明，是绝对不会相互排斥的。最后的融合、升华，只会造成更伟大的历史文明。

中华民族选择的、已经走过的历史道路，同样是不可以苛求了的，谁也无权苛求于历史，哪怕它有那么多的疑点、不可信，却也是不可以改变了的。可选择的在于今后的历史，在于整个民族的历史自觉。何况过去的历史也是顺理成章的、是合理的；当现在感到它不合理了，也就证明从现在开始得做出改变了——评价历史的观点，从来就不能断言是正确的还是永恒的，它只是尽可能地正确，而且只对其所在的时代而言。历史的痕迹更深的不是在地表上，而是在人的心中。所以，历史的自觉在于人对自我的超越，自我，已形成的自我总是历史的，唯有超越，才能前进。

每一种史观，对历史的意义都有不同的解释，所谓历史的意义，只能在前进的方向去看，因为它则是不确定的，不是一成不变的。甚至连前进与后退，有时也不易分清及判断。"横看成岭侧成峰，远近高低各不同。不识庐山真面目，只缘身在此山中。"历史也是如此。当历史的大潮扑来，你身在浪峰或浪谷，认识也就不会一样。但谁也不可能从历史中脱身出来，只能永远处于历史当中。所以，文学创作中的"距离论"，对于历史研究来说，也同样是有道理的。当然，历史也能"复活"，如同文学作品使形象复活一样，但这种复活已注入了作者的主观认识了，不是原来的那个人物。历史也是如此，在文艺复兴时期，古希腊罗马的历史不就复活了吗？而且被现实的光辉映照得灿烂辉煌，但那时复活的历史，不如说就是现实的本身，是现实历史的魂灵。孔子的托古改制，也颇有这种复活的意味，可那只能说明孔子所在的现实的历史，而不是历史的本身。历史总是"现在时"的，这对于历史的思想来说更千真万确。研究历史的主体精神无论是自觉还是不自觉，总归是起到一个导向的作用。历史研究的兴奋点，绝不是超然于现实之外的，"六朝遗风"也是现实的曲折反映。就如普列汉诺夫所说的：

> 一切思想体系都有一个共同的根源，即某一时代的心理。

　　我们把文学的发展，整个文化的发展引入历史观的研究中，倒并不是要独创一个什么文化历史学或发现一个文化历史观。我们只是觉得，对文化的研究方法，也同样适用于历史及历史观。文学从根本上是对异化的抗辩，历史也是对异化的克服。一个是有声的呐喊，一个是无言的行动；一个是感性的抵制，一个是理性的纠正。有时两者的方式甚至可以合而为一，所以，文学是历史的，历史也是艺术的。人们观察历史，也如同文学切入现实一样，完全可以变换一个角度。历史换成文学的角度，不也不失为一种新的角度，甚至能有新的发现。角度的变换，总会带来新的感受、新的视野，找到新的线索的。

　　是扩大我们的历史视野的时候了。

　　对某一个事物，可以有宏观的把握，亦可以有微观的深入。史观也有宏观的一面，动因、发展与目的；微观的，乃至于人的心理，审美意识对历史的作用——也就是克服异化、突破积淀的快感追求。所以，微观也是宏观的，宏观亦是微观的。原子的世界与宇宙同样具有丰富的内容。

　　同样，对历史的鸟瞰与仰视、超越与深入……凡此种种也是值得试一试的。

　　我们不想轻巧地套入老三论、新三论的模式当中。但是，前面提到的激活，也许与耗散结构论、突变论有某种相似之处。我们有过唐代亚洲文明的"激活"，现在是否也能被整个世界文明"激活"呢？一部作品往往得靠一个灵感的激活，那么一部历史呢？何况历史本身不仅是科学，而且富于艺术的特性呢。它难道不需要不同文明的激活，乃至于外星文明的激活吗？有部小说写得好，对于外星文明来说，地球文明也是一个封闭的系统，无论其内部一方对另一方是多么地开放，所以，在面临外星文明出现时，却一致采取了拒之门外甚至毁灭的措施。一日长于百年，对于时间的封闭系统来说，可谓千真万确。濒临死亡的时间是无限地凝滞的，濒临死亡的历史也是如此。激活了，时间便流动了，历史也就生气勃勃了。山中方七日，世上已千年，岂止是神仙？相对论已揭示了这一真谛。此处不需多说了。

　　任何预言，说到底也就是一种过去的、历史的符咒，它是从过去获得这种能力的。这种观念已接近于佛教了。而我们要摆脱"历史"，不需要"预言"，只要有一次再生与激活，那时，历史前进的方式便再也不是过去那样了，历史便获得了解放。无规律是对有规律的惩罚，当然也是一种解放和自由。引力线消失，切线方向的逸出就是对打圆圈循环不已的规律的一个破坏与超越。任何预言的有效期只是在切线上的那一点之前，与圆弧相交的那一点之前，所以，让一切预言家的预言失效吧，他们毕竟是生活在过去，在历史的过去。而历史还得前进，绝不按过去的方式前进。

在这个意义上，我们是对循环论的否定，最终的否定，但绝不是肯定过去就是循环，其实总是有不断地旋转与不断地逸出的，由小圈变成大圈，由原子的模式到宇宙的模式，一直到核心的引力消失，平面的螺旋变为立体的螺旋，一直到多维空间的螺旋——那便不再是螺旋了。

一切譬喻都是蹩脚的，螺旋式上升的说法也已够熟耳了的。

倒不如借助一下禅宗的公案。

这是一个著名的公案，系青源惟信禅师所说的：

> 老僧三十年前来参禅时，见山是山，见水是水，乃至后来亲见知识，有个入处，见山不是山，见水不是水，而今得个体歇处，依然见山是山，见水是水。

前一个"见山是山，见水是水"，与后一个"见山是山，见水是水"，显然是大相径庭，不可同日而语了。

历史也是如此吗？

那么，是非、物我之间的界限又何在呢？前一个"山水"的历史与后一个"山水"的历史又有什么区别？一个有心的"历史"与一个"无心"即"本心"的"历史"之间，该是怎么回事呢？

然而，这恰巧是中国式的独特思维的境界，有别于西方的理性思辨，也有别于印度的内心反思。西方将理性作为历史发展的总纲，印度则在轮回因果间堕入无限的循环史观中，也失去了"历史"，山不是山，水亦非水。

而我们则找回了"历史"，但这不是过去的历史，这其实也是一种艺术的直觉思维。

在这里，过多的理论反而加强了限制，不妨去"悟"吧！

我们面临的就是过去这样一部历史。

但又得从这样的历史中走出来，"依然见山是山，见水是水"。

我们能有这种澄明清澈的感悟吗？我们头脑中积淀的历史意识——先入之见显然是太多、太多了。

老子说：

> 为道日损，损之又损，以至于无为。无为而无不为。（《老子·四十六章》）

此时读起来，岂不倍感亲切，颇有茅塞顿开的解构味道吗？

"我们所要做的一切是尽可能快地犯错误"（约翰·惠勒语，引自《猜想与反驳》）。"我现在甚至能为一个我所钟爱的理论遭到证伪而感到高兴，因为甚至这也是一个科学成就"（约翰·卡鲁·艾克尔斯语，引自《猜想与反驳》）。

西方哲人们这一豁达心理，对于我们也是一种观念上的变化。我绝不抱住这小小的努力不放，巴望得到证伪，以换取、见识到更高明的理论。

马克思在《关于费尔巴哈的提纲》中曾经说过，哲学家们总是用不同的方法解释世界，而问题却在于改造世界。（《马克思恩格斯选集》，第1卷，第19页，北京，人民出版社，1972）

第三章　古代史观评析

一、分论的随意性选择

也许，我们已经寻找到了考察我国文化史观的一条线索。所谓线索，只是借用而已，因为它本身不应当是一种限定，它只是一种模糊的、不那么确定的把握。我们已经见得够多了，当某个人建立一个新的观点时，他就用这个观点把所有一切（历史当然包括在内）重新解释一番，以建立一个包罗万象的体系。可他没料到，恰巧这种"体系化"的意图，也会使他的观点窒息掉，完成也就是毁灭，于是，他这一观点也就只能被当作"历史"来考察了。而人的观点，尤其是做学问的人的观点，从来不是一成不变的，他所在的世界，包括历史的世界，从来就在于变化之中，而随着知识和信息的增长，旧的观点说不定会很快被取代。人的所知是个圆周，未知在圆周之外。知得愈多，与未知的接缘便愈大，所以，无知者不知自己无知，有知者知的愈多便愈知道自己有所不知。任何一个历史问题都存在一个极限，多少史学家的发掘、探讨，只是无限接近这个极限，而绝不能穷尽它。我们允许任何新的观点来解释历史事件，这就如同历史事件发生的多元性一样。所谓最终、最彻底的解释是不存在的。当然，这也不等于说，历史无规律可循。这点我们前面已作了较充分的说明。

文化史观，考察的不是历史的本身，而是历史的思维，产生于历史土壤上的文化对历史观念的作用。史观属于文化的范畴，属于文化中的思维范畴，是历史的抽象——不仅是对过去历史的抽象，也是对未来历史的抽象。换句话来说，是人类在历史中的经验的升华，人类对历史所取的态度、认识乃至于想象。在自然史观中，我们多少了解到老子、庄子对历史进程中人的异化的愤懑、抗辩的态度，就不会轻率地硬把"奴隶主——没落阶级的代言人"的帽子加在他们头上，认为其"小国寡民"的理想等于奴隶主民主政体，陷入教条主义的死胡同里，而是从人类历史长远的过程中加以考察和认识，从而对历史和人性的关系有了更深的体会。同样，在伦理史观中，我们也就找到了祖先崇拜这一民族特性与西方封建社会中世纪的重大区别，抽象的人与神不同的位置，等等。自然，在某个史观的统率下，不同的哲学家、史学家们的史观也是五花八门，呈现出不同的色彩，各自的侧重面也不同。要进行一番哲学的思考，还得狠下功夫。也许，正因为中国古代是文、史、哲不分家，所以，阐述起文化史观，也有某种便利，模糊的界限正好促成了模糊的、边缘的学问。

前面已提过，历史也是艺术，也有人说，历史与哲学就是一回事。现在这里，三者可谓合而为一了。当写人物传记时，那种历史也是艺术的感觉也许更强烈一点，一方面，历史学家（作为传记作家，对传主所在的历史阶段必须有清醒的认识及相对全面的把握，否则无法确立传主的形象）是不应当有想象力的，他只能依据史实，但是，反过来他又必须具有想象力，以他的想象力去逼近那个存在过的历史真实，是为了逼近史实而想象。这是一种特殊的想象力，同艺术的想象力不那么一样。艺术家哪怕是变形了的想象，也都是提供通向真实的途径，如毕加索的《格尔尼卡》，但它并不呈示真实，只是一种艺术的真实。历史的真实中，不可避免地包含这种艺术的真实，但它不是终点，而是途径。

同样，文学作品，包括传记作品所具有的哲理性，与其展示的历史内容是分不开的。不管这种哲理性是淡是浓、是浅是深。自然，任何传世之作所包含的历史内容（无论是纵的还是横的）及哲理性都是无可估量的。所以，克罗齐说过："传记也是一种哲学意义的'制度'的历史……组成历史性传记的不是被视为外表的或个人的或自然的或任何称呼的个人。"（《历史的理论和实践》）我想，衡量一部传记的真正价值标准也就在这了。当然，克罗齐是以否定编年史的材料堆积方式为出发点的，立足于思想即真正历史的观点上。但传主是那个时代的思想的折射物，又是不应该加以怀疑的。

所以，作家的史观也是至关紧要的，所谓高明不高明、深刻不深刻，也就在此揭之昭然了。我们不强调所有作家必须是历史哲学家，但是，由此可以看出，我注六经，只是考古的历史；六经注我，才是历史的历史。超于二者之上，才有历史哲学的位置。六经皆史，进而言之，六经本身应是文、史、哲三者交融的总体。后人分别从文、史、哲三个角度来看，也是必然的。但是，就如古书中说的，"合久必分，分久必合"，也反映了学术研究的一定规律。边缘学科的出现，也正是合中有分、分中有合的结果。当然，这次分久必合之"合"，与合久必分的"合"，则不可同日而语了。

同样，在史观史上，也存在这种"合"与"分"的趋势。

在绪论部分，我们把整个东方的史观，分为六大板块，撇开美学史观来谈，也有五大板块，自然，这是一种"分"。在这"分"之中，我们又不自觉地发现了某些"合"，例如，对于本体论——历史哲学阶段，它有其源，这便是其自然史观阶段，可以看出二者一脉相承之处。同样，伦理史观阶段与实用理性史观阶段，关系就更密切了，在文化史上，前者被称为儒家正宗，后者也被称为"后儒"。但后者却又吸收了本体论——历史哲学阶段中若干成分。至于唯物史观，是自然史观的反题，但它对于实用理性史观也并不是师承关系，而唯物史观又恰与自然史观有某些相通之处。末了，美学史观，显然是自然史观与本体论——历史哲学的发展。但是，日本的史学家却认为，这更接近于"中世纪式"的意识，即精神文明高于一切，因此，伦理与美学的亲缘关系又要近得多。我不想说这是黑格尔的"合题"，但其间确实有所谓"分久必合"的味道，所有的显性因子与遗传因子都汇聚在一起了，到时，是否其消极因素全给抵消，只留下积极因素，则不得而知了。但至少对于现在，对于物质文明相对落后的中国，尚处于实用理性史观向唯物史观转变的过程当中，还不是夸谈美学史观的时候。对于那些把现代化客机遗忘在机场、住厌了高楼大厦的富翁来说，乡间小屋、石桥流水自然可以品味出许多美学意识来；而对仅够温饱、忙于奔命的普通百姓而言，高楼与飞机甚至还不敢想象，去灌输其乡间小屋的美学意识，便滑天下之大稽了，完全是不同历史阶段中的事了。美学意识则无异于中世纪的神学，成为一种麻醉剂，甚至要强化我们社会中那落后的伦理意识及露骨的实用理性，开历史的倒车。如果说历史具有某种不可超越的力量的话，这就是除非在禅宗的"顿悟成佛"中，才有把"天国"置于心灵间的超越，也便是如此，历史意识的"搭错车"，后果是不堪设想的。

这不该是危言耸听。不过，也不必啰唆了。

如果说，"板块"是分，其间有合，但在整体上仍是一种"分"，那么，在史观史的整体上，也有其纵的脉络在贯穿，这一脉络，是不以"板块"来切断的，这就是与"板块"结构的"分"的对立，一种属于经络系统的"合"的存在。

如贯穿于整个文明史的反对"异化"的呼声，并不曾在任何一个板块里平息过，从老子、庄子的"无为而治"到桓谭的"弗治治之"，从鲍敬言的《无君论》到李贽的"通为一身"及"童心说"，整整一根红线，自始至终，未曾断绝，一直到美学史观阶段的确立才罢。

同样，民本主义的思想，也从来没有覆灭过，人们只是作了不同的解释。

历史发展的循环论，几乎与所有史观都有关联；是英雄还是人民创造历史，也自古以来争论不休；不同史观由不同历史发展的模式奉献出来，并说得头头是道；同一史观也有不同的模式，千差万别。

正因为这样，这一章的写法，笔者踌躇再三，不知是按史观包含的几大部分，即动因说、发展说、结构说来分别论述，还是从若干位主要代表人物的史观剖析开始。一般而言，人们习惯将历史观分为：

（1）历史的运动、发展问题，是前进，是倒退，还是循环不已？量变或质变，渐变或突变，等等。

（2）历史发展中的决定因素问题，是天命，还是人事？是人民，还是英雄？等等。

（3）社会结构对历史的影响，这包括政治的、经济的、文化的结构。

还可以有别的分法，但每种分法也不足以穷尽它的全部内容，都显得有点窘迫、黔驴技穷的味道。史观包含的内容远比这广泛得多。因此，在阐述史观时，就这么一条一条地去套，未免捉襟见肘了。譬如，黑格尔在《历史哲学》中大谈"理性"地统率一切，却也不自觉地强调了地理环境带来的重大影响，引入了唯物史观的因素。

于是，也只好"合"了。把历史人物的史观作剖析，对于一个人来说，这是"合"了，但对于整个史观史来说，却又是"分"了。不过，这样的局限也许要少一些，而一个人的史观，也不是很"纯粹"的、可以完全纳入某一类当中。例如循环论，自然史观中有，其他几类史观中也有，只是出发点不一样。而孔子本身的史观，有自然史观的成分，但更多的是伦理史观。处于变革时代中的人物更是如此，梁启超、严复等，观念一直在变化，有时前进，有时倒退，或同时在前进和倒退。

我们不可能涉及所有方面历史人物的史观，只能选择若干代表性强的。这就难免有遗珠之憾，幸而我们的目的只在于抛砖引玉，不求珠圆玉润，凭此便可以自慰了。

这便是这章的宗旨，随意性也许是最好的选择方案。

二、古老的民族及神—鬼（祖先）—人的序列

从一开始，"天人"关系这一命题，便是中国人历史观的核心，直至当代仍有人试图把它与"自然的人化"结合在一起，讲到生态平衡、讲到后工业社会，也把它讲到美学史观上来——但我是把它当作相当遥远的未来，而不是"急功近利"地津津乐道，以免造成某种历史的错位。

事实上，在中国历史上，"天"的含意已经几度演变过了。它一度是"神意"，是人格化的天，是上帝，是原始的宗教。如同恩格斯在《布鲁诺·鲍威尔和早期基督教》一文中说的：

> 事情很清楚，自发的宗教，如黑人对偶像的膜拜或雅利安人共有

的原始宗教，在其产生的时候，并没有欺骗的成分，但在以后的发展中，很快地免不了有僧侣的欺诈。

很显然，开始是对神秘的自然现象的一种崇拜，是对自然的崇拜，幻想自然的背后有神灵的支配。后来，则为统治者所利用。古史上的两次"绝地天通"就是如此。第一次，"古者民神不杂"，至帝颛顼时，因"九黎乱德"，闹至"民神杂糅""民神同位"，神"无有严威"，故"乃命南正重司天以属神，命火正黎司地以属民，使复旧常，无相侵渎，是谓绝地天通"（《国语·楚语下》）。第二次是帝尧时，因"苗民弗用灵"，出兵镇压三苗，"报虐其威，遏绝苗民"，"乃命重、黎绝地天通"（《尚书·吕刑》）。

而后，"殷人尊神，率民以事神，先鬼而后礼"。这已有神—鬼（祖先）—人的秩序了。在《尚书·盘庚》中论及迁殷这段的理由时，更说："先王有服，恪谨天命，兹犹不常宁；不常厥邑，于今五邦。今不承于古，罔知天之断命。矧曰：其克从先王之烈。"即指五次迁徙，均是"知天之断命"。后来，成汤迁亳，果然兴旺发达，得到了"天"的嘉美。这种天命史观，与神意史观是完全一致的。

到了西周，"天不可信"，"小民难保"，也就是说，神意的成分被削弱了，所以引出了"敬德""保民"的思想，并产生了礼乐制度，确立了等级制度，上尊下卑的秩序，把统治者与天联系在一起，故周亡殷，则是"将天明威，致王罚，敕殷命终于帝"（《尚书·多士》）。是周文王的德行，"闻于上帝"，"乃大命文王殪戎殷"。

春秋时期，"天"或"神"的观念又变了，在崇神的幌子下，神人并举，最终强调人的作用，譬如："民，神之主也"（《左传·僖公十九年》），"民，天之所生，知天，必知民矣"（《国语·楚语上》）。

末了，则有人说："吾非瞽史，焉知天道"（《国语·周语下》），索性不理睬天了。或者表示怀疑："天道远，人道迩。非所及也，何以知之？灶焉知天道。是亦多言矣，岂不或信！"（《左传·昭公十八年》）最后排除了天的作用："国之兴也，视民如伤，是其福也；其亡也，以民为土芥，是其祸也！"（《左传·哀公元年》）

在《诗经》中，"天"简直被大骂特骂不已。

"昊天不佣！""昊天不惠！""昊天不平！"（《诗经·小雅·节南山》）"浩浩昊天，不骏其德！"（《诗经·小雅·雨无正》）

"如何昊天，辟言不信？如彼行迈，则靡所臻！"（《诗经·小雅·雨无正》）"民莫不谷，我独于罹，何辜于天，我罪伊何？"（《诗经·小雅·小弁》）

天主宰一切的天人观，在此已经分崩离析了。对于天无可奈何，是一方面，敢怨敢骂，又是一方面，于是便有了觉醒："凡百君子，各敬尔身，胡不相畏，不畏于天！"（《诗经·小雅·雨无正》）"黾勉从事，不敢告劳，无罪无辜，谗口嚣嚣。下民之孽，匪降自天，噂沓背憎，职竟由人。"（《诗经·小雅·十月之交》）

在中国历史上，北方自然环境恶劣，是北方民族南侵的一大历史动因。因此，中原文化不断往南方压缩，所以，在南方的山区及沿海一带，保留有古文化的痕迹较多，是理所当然的。笔者上山下乡曾长期生活在湘东山区一带，那里是炎帝的殁葬地。相传是古代炎黄大战之后，炎帝率其部族南下而来到这里。自古以来，这里的土籍及客籍（如客家）人一直有这么个风俗，叫"诔天"，这就是遇到不顺的事情——自然是大事，天灾人祸之类，包括歉收及战乱。

于是，天便在这里成了受气包，成了人们的发泄对象，没有一点至高无上的绝对权威，谁都可以拿它来指桑骂槐，而它又是最无用的了。这自然是人们对暴政或别的横逆一种消极的反抗，但这正是从《诗经》承袭下来，经久不息的一种传统。

凭此，便可得知"神"在中国只配有的命运了。

它永远只能被放逐，被当作一种象征，虚幻的象征。它如果有用的话，也不过是被当作挨骂而不会还嘴的木头。它至高无上的时间，在历史上只有一瞬间，在人们的意识中，也同样只有一瞬间。它仅仅在实用理性的维持下，才作为一个影子存在于生活之中。无用就无它，有用则有它。孔子说的"祭如在，祭神如神在。……吾不与祭，如不祭"（《论语·八佾》），就一语道破了这一"天机"。

因此，中国的"神"大都是面目狰狞、奇形怪状的。做好事不多，做坏事不少，没半点人情味，整日价正襟危坐，一本正经，不苟言笑。反而，那些反抗神的夸父、共工，倒有几分悲壮，可歌可泣……

难怪孔子"子不语：怪、力、乱、神"（《论语·述而》），而把古籍中关于神的历史全部删除，这多少也有点冤枉。如果是一部完全关于神的史诗，如荷马史诗一样，那就不是删，而是全部毁灭的问题。这能有吗？只有退一步了，在历史的记载中，不时掺杂有神或鬼的内容，显得不那么可信，这样，才有个取舍问题。孔子逐去了史籍上的神，自有他的道理。然而，他却没料到，没有了远古的神，他却被以神待之，两千年来一直在升级，甚至连神都对他望尘莫及。逐神者几乎取而代替了神的位置，分明是民族意识中一个极大的悲剧因子。

古希腊的神，以人的形体为美，有一般人的七情六欲，可亲而不可畏。爱神维纳斯之美是不消说的，连战争女神雅典娜也绝不杀气腾腾，而富于诗意。而我们的爱神——月下老人竟以个老头子来担任，这已经大煞风景了。该怎么说呢，他们的神以人为蓝本，而我们的人却以神为蓝本，因此，人比神更加专制、蛮不讲理。父母之命，媒妁之言，这便是以老人为爱神的原因吧？中国的婚姻，丝毫没有浪漫主义的诗情，由此可管窥一斑了。谁有心思，把我们的神——人，与古希腊的神作一番对比，从形象、性格、分管职能等，一一作出剖析，倒是一篇绝妙的文章。也许我们的自然环境太严酷了，连人也变得凶神恶煞，人际关系中的利害冲突激化，所以才靠血缘宗法来维系，虚幻的群体意识成了一种"鸦片"。

似乎又扯到题外去了。

不过，这仍归于历史观中的"天人关系"上面，因为在那段历史时期，从根本上说，人们仍依赖于用"天"来解释人类社会中的种种问题、是非、争端等。

这个"天"，已很少有人格神的味道了，而只是自然本身罢了。

当然，对自然的认识与理解，也各有各的不同。

三、老庄的冤屈及其悖论：寓言体的妙用

人类是从大自然中走出来的，人类社会被称之为"第二自然"，这一深意，也许迄今仍未被人深刻理解。我们很难作出证明，在华夏的原始大地上，可曾有过类似赫西奥德长诗《工作与时令》中所描绘过的"黄金时代"，人类与自然融为一体，地肥水美，不愁吃喝，彼此间十分和蔼，绝无猜忌、嫉妒之心——这已近乎老子和庄子所描写的"至德之隆"的社会了，但赫西奥德的"黄金时代"排斥了劳动，人只是在大自然中享受，而老子、庄子却一再强调劳动，并作为本能乃至于审美，似乎要高明一些。"黄金时代"的人死了要升天，成为神，庄子却为妻亡鼓盆而歌，算得上是"庆祝辩证法的胜利"。纵然如此，我们从中外古代的思想家的著作中，都无一例外地看到了他们对社会出现等级、宗法、专制等一系列异化现象都是深恶痛绝的。他们怀念那种按照人的本性自然而然、自由自在的生活，宁可喂了猛兽，也不愿"人相食"——这太丑恶，太可怕了。

"黄金时代"也好，"至德之世"也好，不纯粹是诗意的想象，是罗曼蒂克，而是人类的异化的一种对立的产物。轻率地斥之为复古倒退，只是浅薄的表现。

庄子就借老聃训斥子贡的口气，描绘了人类异化的可怕进程，我们在前面

已引用过了。黄帝治天下，"使民心一"，彼此间没有亲疏，互不非议指责，淳厚朴质；尧治天下，"使民心亲"，人与人之间便有了距离；舜治天下，"使民心竞"，人们开始有竞争、区分你我了；禹治天下，"使民心变"，人们各怀鬼胎，诉诸刀兵，杀盗不算杀人，为了建立个人独尊而开始奴役他人，于是才天下大乱，儒墨皆起。

所以庄子怒斥道：

> 三皇五帝之治天下，名曰治之，而乱莫甚焉。三皇之知，上悖日月之照，下睽山川之精，中堕四时之施，其知僭于蛎蛋之尾，鲜规之兽，莫得安其性命之情者，而犹自以为圣人，不亦可耻乎，其无耻也？

自此之后，"民之于利甚勤，子有杀父，臣有杀君，正昼为盗，日中穴坏"。所以，"大乱之本，必生于尧舜之间，其末存乎千世之后"。

他已经看出了这种异化必将绵延千世之后，但仍念念不忘"至德之世"，力图以"至德之世"来匡正整个历史的进程，以达到异化的消灭，人性的复归。他自然无马克思的科学头脑，但仍是一种天才的直觉。凭什么非说他是开历史倒车，人性复归不也是一种前进吗？虽然这种前进过程中有很多的曲折与反复。把他的观点与历史前进的观点说成是彼此不相容的，这未免太简单了。我们完全可以写出一部人类走向自由的历史，如从奴隶变成雇农，由束缚于土地的农民变成工人无产者，这可以说成是前进，却也可以写出另一部"人相食"，人剥削人、人压迫人的演变史，而且手段愈来愈高明，甚至杀人不见血，这也可以说成是倒退。二者结合在一起，各有各的道理。

无论是老子，还是庄子，对所有异化现象的抨击，均是极为有力与彻底的，其尖锐古今莫及，《老子》一针见血指出："人之道"，与"天之道"恰恰相反，是"损不足以奉有余"；"民之饥，是以其上食税多，是以饥""民之轻死，以其上求生之厚，是以轻死"（《老子·七十五章》）。《庄子》也说，"今世之仁人蒿目而忧世之患，不仁之人决性命之情而饕贵富。故意仁义其非人情乎？自三代以下者，天下何其嚣嚣也！"（《骈拇》）所以，"为富不仁矣"。他的名句"诸侯之门仁义存焉"，正是从"为之仁义以矫之，则并与仁义而窃之"而来的。因此，什么仁义道德，礼乐圣智，全是统治者用来束缚人的自然天性的，得其反则是滔天的罪恶，这一见解，可谓鞭辟入里，振聋发聩。

所以，他们呼吁必须要按人的本性去自由自在地生活。

这便是老庄历史观的立足点。人的自然天性，正是"天之道"。

庄子有几句颇有概括意义的话：

> 彼民有常性，织而衣，耕而食，是谓同德；一而不党，命曰天
> 放。（《庄子·马蹄》）

这里，他把劳动当作了诗一样的精神享受，是至高的"德"，这不能说不是真理。也就是说，这不仅仅是满足物质的需要，而且是作为一种艺术、审美的需要；不仅仅是生存温饱，而是精神生活之必需——这种认识境界已很高了。当然，立足于反异化之上，是完全可以达到这一高度的。《庄子·让王》中就写道："舜以天下让善卷，善卷曰：'余立于宇宙之中，冬日衣皮毛，夏日衣葛絺；春耕种，形足以劳动；秋收敛，身足以休食；日出而作，日入而息，逍遥于天地之间而心意自得，吾何以天下为哉！悲夫，子之不知余也。'"这可以看作"民有常性"这段话的注释，劳动是美的，是劳动者创造世界，劳动者的历史才是真正的人类史。

他反对"尊尊、卑卑"，反对"君君、臣臣、父父、子子"的等级关系，反对拉帮结派搞利益集团，原始道家的"无亲戚君臣上下"的观念得到了充分的阐述，"一而不党，是日天放"。这不仅是一首田园牧歌，而且是人类自由的一曲崇高的颂歌，它反对压迫，反对剥削，反对人吃人的异化社会的一切制度。

在《老子》与《庄子》中，下面这一段话几乎是一字不易的，"至德之世"均是：

> 民结绳而用之，甘其食，美其服，乐其俗，安其居，邻国相望，
> 鸡犬之声相闻，民至老死而不相往来。

且不说这种"小国寡民"的政治如何（后文将另加阐述），但是，他们所追求的这种"见素抱朴，少礼寡欲"的"所属"，我以为恰巧是人性的觉醒，是在宗法、等级制度的重重压迫下人性的觉醒，是代表整个人类的呼声的，因此是合理的、正义的、进步的，而且具有普遍意义。

"道德不废，安取仁义？"（《庄子·马蹄》）这一愤嫉的斥问，包含有多少内容呀！人，本来是自由的，硬要划入一个固定、僵化的规范中，毁的便是人的本性。《庄子·则阳》中便对杀盗提出了抗议："古之君人者，以得为在民，以失为在己，以正为在民，以枉为在己。故一形有失其形者，退而自责。今则不然。匿为物而愚不识，大为难而罪不敢，重为任而罚不胜，远其涂而诛不至。民知力竭，则以伪继之。日出多伪，士民安取不伪！夫力不足则伪，知不足则欺，财不足则盗。盗窃之行，于谁责而可乎？""君人者"才是大盗，有什么资格来治理、惩办"士民"呢？他并非废除死刑的"始作俑者"，却对社会有着深刻的见地。

正因为立足于"民"的自然天性，老庄才对治国颇有一番"无政府主义"的议论。

《老子·十七章》说：

> 太上，下知有之，其次亲而誉之，其次畏之，其次侮之，信不足焉，有不信焉。

老子把统治者分为四等，最好的不是被老百姓亲近并赞誉的，而是仅仅知道其存在的。这也就是说，一个国家、一个民族的命运，并不维系在他一个人的身上。"悠兮，其贵言，功成事遂，百姓皆谓'我自然'。"他绝少发号施令，却"功成事遂"了。说到这里，当今中国人恐怕会有很大的感慨，数千年来，百姓尤其是农民，无不把帝王视若国家，把整个民族的命运全寄托在君主贤明之上，寄望于出几位明君与清官。这就麻木了整个人民的神经，束缚了人民的思维。换句话来说，这就是缪塞所指出的，一个国家只靠一个大脑在思考，或者只有一个大脑在思考，代替了上千万的大脑，这是何等可悲的专制。没有自己的思考，人还为其人吗？

老子说的才是真正的民主政治，才是最彻底的反专制主义者。可惜几千年来的中国人未能很好地去认识它，只专注于"君人南面之术"。当君主的意志代替了整个社会经济、文化诸方面的发展，这个社会便绝无生气了。经济有它的"自然气候"，文化也如此，其他方面更一样，若横加干预只能被破坏。

君主一般总是希望"亲而誉之"的，这也许符合儒家的"礼治"。但主观上的好不一定有客观上的好。把个人意志强加于全体人民，只会造成更严酷的专制，哪怕他自以为代表着人民。下面"畏之"，这大概算是法家的"法治"（其实，这一"法治"与今日"法治"的内容有很大的不同），不过，严刑酷法的后果，古今比比皆是。至于"侮之"就不说了。因此，老子这一观点，比儒、法诸家都要先进、彻底得多。

所以，庄子主张"天运"，顺从自然的运转，应时而变。例如，他在《天运》篇中，就针对孔子要（在鲁国）恢复周礼的事，借文中师金的口说：

> 夫水行莫如用舟，而陆行莫如用车。以舟之行于水也而求推之于陆，则没世不行寻常。古今非水陆与？周鲁非舟车与？今蕲行周于鲁，是犹推舟于陆也，劳而无功，身必有殃。彼未知夫无方之传，应物而不穷者也。

这能说庄子是主张复辟倒退吗？习惯于一种模式的线性思维，一旦被阻，便乱打棒子，庄子冤哉！他主张"绝圣弃智"，从根本上来说，是反对人类的异化，并不认为人类非返回原始时代不可。自然本身也是在发展的，纵然它很缓慢，但毕竟是在发展，人脱离了自然的行程，固然是进步，但也带来了异化，单纯用进退来解释历史，也是一种机械论。

理解了上述老子、庄子的几段话的宗旨，我们对"小国寡民"之说，也就不会简单斥之以"奴隶主城邦制"或"复古倒退"了。人们对美好的向往，并不是单向的，也应允许有多种选择。千古传诵的《桃花源记》，不也实实在在写了"小国寡民"，甚至引用了不少老庄的话吗？可人们为什么喜欢它，向往它，因为它反映了人们理想的一个方面。我们说它具有审美价值，更多的是指它的理想色彩，而审美比实用，毕竟要高一个层次。

所以，老庄主张的"无为而治"，恰巧是一种民主政治，是顺乎民心，顺乎自然的。"是以圣人，处上而民不重；处前而民不害"（《老子·六十六章》）。统治者不成为老百姓的负担，不成为历史前进的障碍。所以，才"无为而无不为"。

反过来，"民不畏死，奈何以死惧之"。圣人便只会自取灭亡："夫代大匠斫者，希有不伤其手矣"（《老子·七十四章》）。物极必反，这也是一种自然。

在某种意义上，老庄对英雄史观，也作出了有力的驳斥——历史前进在于民，而不在于什么圣人君子。同样，自然神论，也已经远远离开了。老子的"道法自然"的自然，也不再是人格化的天了。所以，老庄对于在中国史观史的史前时期残留的神意史观或天命史观来说，是一个很大的进步。也可以说，以老庄为标志的"自然史观"时期，应算作中国史观史的真正开始。

其语录体及寓言式的表达，也反映了自然史观的特点。因为他们也深知，不可能完全预知"千世之后""人相食"的异化将如何走向反面，更不可能立文字去预告一个理想化的社会。直觉更不能以理论来把握，而唯有借助形象。庄子的聪明，更是在伊索之上了。直到今天，不少理论家才恍然大悟，并且不得不承认，形象乃至于意象的模糊性、多义性，恰巧开拓了更为广阔的思维空间，提供了审美的真正标准，只可意会不可言传者，在庄子也仍是"物之精"者，尚未到达更高的层次。不妨就这样，教人欲抓又抓不住，要理解又不理解。为此，他写了无数机智、出色的寓言，如庄周梦蝶、鼓盆而歌、混沌开窍等，其寓意，让人永远领会不尽。关于历史的寓言，也是如此，前所述的周鲁与舟车的比喻便是如此。他是两千多年前率先领悟到人类这一高层次的思维体系秘密的。后来，存在主义大师萨特倒是做到了这一点，不知是受这位先师的启发，还是他自己及早觉悟到了，他一方面建立了他的哲学体系，另一方面完成了许多部文学巨著。而庄子呢，却早在两千年前便作出了这方面的实践，证明唯有形象才是活生生的、永恒的，具有无限的生命力的，同时，形象又有水一般的整体性，不惧怕后人的肢解——随着时光的推移，形象所揭示的哲理及历史内容，绝不会被湮没，反而会与日俱新。我说到，传记人物所包含的历史内容比其本人生活要丰富得多，正是在这得到的启示。有人说，庄子对历史不怎么感兴趣，讲的主要是齐物我、同生死、超利害，养身长生的另外一套，这恐怕有点武断吧。

下面岂非历史：

> 昔者黄帝始以仁义撄人之心，尧舜于是乎股无胈，胫无毛，以养天下之形。愁其五藏以为仁义，矜其血气以规法度，然犹有不胜也。尧于是放讙兜于崇山，投之苗于三峗，流共工于幽都，此不胜天下也。夫施及三王而天下大骇矣。下有桀、跖，上有曾、史，而儒墨毕起。于是乎喜怒相疑，愚知相欺，善否相非，诞信相讥、而天下衰矣，大德不同，而性命烂漫矣……（《庄子·在宥》）

其实，一部《庄子》，讲的不都是历史，都是"治国平天下"的教训及罪孽吗？他只不过通过形象、事实及寓言的本身，来昭示历史的道理罢了。

《庄子·在宥》篇，讲来讲去就是反对来自任何异己力量的干涉，证明人性只能自然发展而不可以横加扭曲。开篇明义：

> 闻在宥天下，不闻治天下也。在之也者，恐天下之淫性也；宥之也者，恐天下之迁其德也。天下不淫其性，不迁其德，有治天下者哉？昔尧之治天下也，使天下欣欣焉人乐其性，是不恬也；桀之治天下也，使天下瘁瘁焉人苦其性，是不愉也。夫不恬不愉，非德也。非德也而可长久者，天下无之。
>
> 夫有土者，有大物也。有大物者，不可以物；物而不物；故能物物。明乎物物者之非物也，岂独治天下百姓而已哉！

庄子的历史观到此已够鲜明的了。这与他怀疑一切、否定现实、相对主义等观念是紧密相连的，自有其积极的一面。后世嵇康、李白、李贽等人，对传统嗤之以鼻，待王侯贵族傲慢无礼，追求个性自由、反抗现实黑暗……不正是从中吸取到精神的力量吗？可惜，由此发脉的这一历史线索，时断时续，而且始终没得到发扬，所以才使我们的历史那么"现实"，缺少浪漫色彩或"亮色"。

也难怪庄子对历史是那么悲观了。

悲观也绝非坏事，悲观恰巧是看到了有价值的或美的一切被毁灭，是一种觉醒，比麻木不仁、津津乐道"教化"还是要积极得多、明白得多。他"满纸荒唐言，一把辛酸泪"，正是悲愤已极，才有荒唐之言！为什么要那么认真看待他的激愤而导致荒唐的话，而不从整体上去把握其实质呢？

　　遗憾的是，充满怀疑精神的老庄哲学，却有其禁欲主义的一面，也就从内部绞杀了它的生机。所以，这点一旦为儒家（该是儒道互补）把握利用，其消极作用便可想而知了。它可以在积极的历史力量——文学艺术方面起到主导作用，但也很有限，如同文学对历史的作用很有限一样，却对历史本身的积极作用则大打折扣了。庄子的出世思想对后世影响之大，则不待说了。

　　当然，老庄的历史观，可以归于"自然史观"阶段，但并不是自然史观的全部，他们重在"民有常性"的自然天性，比单纯以自然变化作类比是深了一层。他们的"道"，可以说是一个普遍存在的自然无为的法则，这个法则固然仍有其神秘色彩，但已经不是有神论，或神意了，它进而否定了人格化的天。

　　至于自然史观本身还包括其他什么内容，我们在论述其他代表人物中再说吧。即使在同一史观中，内容也是五花八门的，给予一个名称，是不得已而为之，若是概括不了，反而弄巧成拙。

四、以自然为蓝本及"五德终始"

　　以自然灾变来解释社会矛盾、历史运动，在中国是早已有之。《国语·周语》中，西周末年的伯阳甫就用"阴阳说"来解释地震：

> 幽王二年，西周三川皆震。伯阳甫曰：周将亡矣。天地之气，不失其序，若过其序，民乱之也。阳伏而不能出，阴迫而不能烝，于是有地震。今三川实震，是阳失其所而镇阴也。阳失而在阴，川源必塞，源塞，国必亡。夫水土演而民用也；水土无所演，民乏财用，不亡何待！

　　这种以"阴阳之序"来把握"天地之气"，已经有了一定的感悟了，是自然史观的一个重要发展阶段。稍早，在《易经》中，这种史观已见端倪。

　　关于《周易》，分为"经""传"两部分，其成书的年代，诸说纷纭，"经"在"传"前，倒是已成定论。传说其与周文王有关，这在岐山出土的文物中发现的八卦痕迹上得到了证明，说上溯到伏羲氏，则无可考了。

　　《易经》是一部奇书，说它是古代的占卜书，倒也不假，可也有人说它是兵书、医书、史书，甚至是数书，可见它也是个包罗万象的古代思想的体系。"《易》以道阴阳"，其基本符号是阴（--）、阳（—）。作者云：

> 古者庖羲氏之王天下也，仰则观象于天，俯则观法于地，观鸟兽之文，与地之宜，近取诸身，远取诸物，于是始作八卦，以通神明之

德，以类万物之情。

这话的意思，就是以天、地、人、物作为象征、效法、模拟的对象。但其又说：

> 是故天生神物，圣人则之；天地变化，圣人效之。

这可算是最原始的自然史观了，前半截是神秘的，后半截却够实际了。

总而言之，其根本思想便在于"顺天应人"。它把亲缘关系说成是自然关系，"乾，天也，故称乎父；坤，地也，故称乎母"（《说卦》），震叫长男，坎叫中男，艮叫少男；巽叫长女，离叫中女，兑叫少女。同时，又把社会中出现的等级、宗法关系，定为自然关系："天尊地卑，乾坤定矣；卑高以陈，贵贱位矣。"这些，在日后发展为伦理史观，有着极为重大的意义，故又有别于原始道家的"无亲戚君臣上下"。同一自然史观，在具体问题上却也可能迥然不同。

不过，它也有"无为而治"的思想，《谦卦》曰：

> 天道亏盈而益谦，地道变盈而流谦，鬼神害盈而福谦，人道恶盈而好谦。谦尊而光，卑而不可逾，君子之终也。
>
> 损上益下，民悦无疆。自上下下，其道大光。（《益卦》）

它也以"民心"来纠正"天命"：

> 损下益上，其道上行。（《损卦》）

这与周初统治者看到民心向背及统治者个人作为所起的作用不无关系。《尚书·召诰》中说：

> 我不可不监于有夏，亦不可不监于有殷。……惟不敬厥德，乃早坠厥命。

《尚书·蔡仲之命》更说：

> 皇天无亲，惟德是辅。民心无常，惟惠之怀。

在《易传》中，作者已看到了"天下同归而殊途，一致而百虑"，看到了自然与历史同处于变动之中，所以认为："革而当，其悔乃亡。天地革而四时成，汤武革命，顺乎天而应乎人。革之时，大矣哉"《彖传下·革》。这是有相当积极意义的。

所以，历史是以自然为蓝本的："日中则昃，日盈则食，天地盈虚，与时消息，而况于人乎？"（《彖传下·丰》）其变化的动因，则是"一阴一阳之谓道"（《系辞传上·五章》），"刚柔相推而生变化"（《系辞传上·二章》）。然而，正如中国历史哲学一样，它始终立足于对立即互补上，只重视于对立中看到统一，所以，只可能有形而上学的归宿，因而它从根本上强调的仍是不变，变也是为了不变。前面已说过，易者，不易也。

> 恒，久也。刚上而柔下。天地之道，恒久而不已也。日月得天而能久照，四时变化而能久成，圣人久于其道而天下化成。观其所恒，而天地万物之情可见矣。（《彖传上·恒》）

《易传》中最早提出"道"与"器"这一范畴，是颇有见识的，《系辞传上》十二章："形而上者谓之道，形而下者谓之器。"

可它最后却归结为"器变而道不变"，从天地、乾坤，到君臣、父子、男尊女卑皆不可变。所谓变，只是自然界中的四时交替，冬去春来，历史的发展也是"无往不复"。"一阖一辟谓之变，往来不穷谓之通"（《系辞传上·十一章》）。这便又坠入到循环论之中了。

历史循环论，是自自然史观而起，这是毫无疑义的。

西方也有循环论，但如此紧密地与历史、与政治伦理相关，则较少见。如希腊赫拉克利特也有个循环模式："火生于土之死，气生于火之死，水生于气之死，土生于水之死"，成为"四素循环说"，可这是自然哲学。柏拉图的"政体循环论"，却与自然无半点关联。

我们的"五行"，与希腊的"四元素"也几乎一致。这便是与《易经》几乎同时的《洪范》中提出来的。相传是武王克殷后，问箕子以天道，箕子便讲出了"五行"的道理。

> 五行：一曰水，二曰火，三曰木，四曰金，五曰土。水曰润下，火曰炎上，木曰曲直，金曰从革，土爰稼穑。

可他却把"五行"引申到人事、历史上了。

他把"五行"附会到"五事"，即与人貌、人言、人视、人听、人思一回事。又由"五事"引入"八政"，即八种官职，还由"五事"引入"五纪"，即纪灾变。人君"五事"得正，则"五纪"不失矣。

邹衍有其"五德终始"的循环论：

> 凡帝王之将兴也，天必见详乎下民。黄帝之时，天先见大螾大蝼，黄帝曰：土气胜。土气胜，故其色尚黄，其事则土。及禹之时，天先见草木秋冬不杀。禹曰：木气胜。木气胜，故其色尚青，其事则木。及汤之时，天先见金刃生于水。汤曰：金气胜。金气胜，故其色

尚白，其事则金。及文王之时，天先见火赤乌衔丹书，集于周社，文王曰：火气胜。火气胜，故其色尚赤，其事则火。代火者必将水，天且先见水气胜。水气胜，故其色尚黑，其事则水。水气至而不知，数备，将徙于土。（《吕氏春秋·应同》）

他把古代的历史说成是从"土德"开始，最后又回到了"土德"的阶段，就同自然界春秋代序一样，可以说是没有什么根本的变化，历史便是如此循环往复。这也许是朝代更替的一种直观表述。

其根源，恐怕正是"天人感应"了。他说过，"类同相召，气同则合，声比则应"，认为大自然与作为"第二自然"的人类社会之间存在着相互影响，所以，改朝换代，便是"五德转移"的结果，大自然必有某一现象作为"一德"的象征显露出来。

称引天地剖判以来，五德转移，治各有宜，而符应若兹。（《史记·孟子荀卿列传》）

也许，这正是够纯正的"自然史观"了。社会与自然没有质的区别。对此，司马迁的见解倒是入木三分的：

邹衍以阴阳主运显于诸侯，而燕齐海上之方士传其术不能通，然则怪迂阿谀苟合之徒自此兴，不可胜数也。（《史记·封禅书》）

其"五德说"已堕落为方士修仙之术，讲"形解销化""依于鬼神之事"了。

这也是自然史观的一个归宿。不过，日后其影响仍为之不绝，"终始五德之运，及秦帝，而齐人奏之，故始皇采用之"（《史记·封禅书》），以此证明秦得天下是合"五德之运"。秦亡汉兴，也说成是土当克水，因秦以水克火（周），"汉改历，以正月为岁首，而色上黄"（《史记·封禅书》），可见其影响之久。包括董仲舒的"天不变道亦不变"等史论，仍有它的广泛的影响。

《易传》一唱三叹的"终则有始"（《彖传上·恒》）的历史循环论，实则是讲的"天地之道，恒久而不已也"（《彖传上·恒》）。"复，其见天地之心乎！"（《彖传上·恒》）"观其所恒，而天地万物之情可见矣。"把"不变"当作了根本的原则，也就窒息了自然史观中的辩证因素，这就不难理解会有个"五德始终"的形而上学的归宿。自然，包括庄子在内，也有某种循环论的文字，但毕竟与此不可类比了。

"易者，不易也。"一语道破了整个自然史观的症结。

但历史并不就此停滞不前。

五、孔孟：历史与伦理秩序同构

孔子的"礼治"思想，开伦理史观之先，或者说，是他奠定了整个道德哲学——历史哲学的基础。他之所以在中国思想史上占有那么重要的一页，也正是因为他的"礼治"思想有深远的影响。

孔子的伦理史观也绝非独创，早在他之前便已有人意识到了，他只不过是个集大成者，他声称"述而不作"，便是不敢"贪天之功，窃为己有"。当然，他也深知中国人的心理，崇拜祖先，所以如果说是祖先留下来的东西，未经加工便更能说服人、慑服人。在这点上，他倒是颇为聪明，只没料到后世将他一抬一踩，弄个面目全非——这又是他失算了。

早在《易·序卦传》中便有：

> 有天地，然后有万物；有万物，然后有男女；有男女，然后有夫妇；有夫妇，然后有父子；有父子，然后有君臣；有君臣，然后有上下；有上下，然后礼义有所错。

这种由自然而社会，由社会而及"礼义"的制度，可谓层次分明，先后有序，极为完整全面了。

这已用不着孔子来发明什么。

他只是想强化这一顺序。所谓"君君、臣臣、父父、子子"（《论语·颜渊》）的"正名"，不就是这个意思吗？即处在"君"这个位置上的人，应该具备君这个称谓所应有的德行，得到"君"这个称谓的人所应有的待遇。由此类推"臣臣、父父、子子"也是如此。否则，"名不正则言不顺，言不顺则事不成，事不成则礼乐不兴，礼乐不兴则刑罚不中，刑罚不中则民无所措手足"（《论语·子路》）。

那么，前面一再提到的"礼"该是什么呢？

其实，仔细一读就不难理解，"有上下，然后礼义有所错"，这不就是指的统治体系的规范化及系统化，从而形成的一种习惯统治法规？以血缘关系（亲亲）为基础的等级制及以分封、世袭、宗法的政体制，便就是这种"礼"的体现。关于"礼"，已经有许多史学论著作了很深的分析，这里就犯不着饶舌了。它无非是伦理秩序罢了。

为了维护"礼"，孔子提出了"克己复礼为仁"，从而以"仁"作为他的思想核心。所以，"仁"便是维护与恢复以血缘为根基，以等级为结构的统治体系。孔子自己也作过解释："'子奚不为政？'子曰：《书》云：'孝乎惟孝，友于兄弟。'施于有政，是亦为政，奚其为政？""弟子入则孝，出则悌，谨而信，泛爱众，而亲仁。""君子笃于亲，则民兴于仁。"（《论语》）后代得出"求忠臣必于孝子之门"的结论，便是由此而出的。他向颜渊所说的"仁"，便是："非礼勿视，非礼勿听，非礼勿言，非礼勿动。""礼"成了一切的规范与准则，"仁"便是全面的道德行为。

关于"仁"也不用多说了，前人早已有更多的文章，笔者不想在此啰唆。

所以，孔子只不过是把自己道德伦理的原则，贯穿到社会与历史之中罢了。"礼治"的梦，便是这么来的。

对于孔子，尤其是对于他最出色的后继者孟子来说，确立的正是这样一种先天的、普遍的、绝对的伦理主义，以要求人无条件地服从、履行伦理义务。"君子而不仁者有矣夫，未有小人而仁者也"（《论语·宪问》）。"我欲仁，斯仁至矣"（《论语·述而》）。"为仁由己，而由人乎哉？"（《论语·颜渊》）"有能一日用其力于仁矣乎，我未见力不足者"（《论语·里仁》）。孟子则有"恻隐之心，仁之端也；羞恶之心，义之端也；辞让之心，礼之端也；是非之心，智之端也。人之有是四端也，犹其有四体也"（《孟子·公孙丑上》）。

当西方反对神权统治之际，也有人做过"礼治"的梦，认为中国"有一个极其令人赞佩的道德"，并以此作为反神学的武器，认为整个中国都是父慈子孝。迄今，也有人极力推崇东方的道德，试图匡正西方的"无道德"危机——当然，这也许已在更高的层次上了。所以，在刚刚建立人类社会文明之际，孔子提出的"礼治"的历史思想，倒也是无可非议的，至少是一帖治世的药方，是良是劣不可简单予以判断。

不管怎样，伦理史观对于自然史观是一个发展，一个方向的发展——当然不排除别的方向的发展。

伦理史观的核心，便是"礼治"，这大概不会有什么疑义吧。而"礼治"的内容包含几个方面，我们逐一来看。它怎么来的，前面已说得差不多了。

《论语·为政》中载孔子语：

> 为政以德，譬如北辰，居其所而众星共之。

又说：

> 道之以政，齐之以刑，民免而无耻，道之以德，齐之以礼，有耻且格。

德的立足点是人的耻辱之心，人的道德规范是"软"的，以其"善"与"美"来征服人，道德的力量是一种让人敬服、臣服的力量，反过来，刑即法的力量，其立足点是人的畏惧之心，其法的规范则是"硬"的，以其惩罚、凶狠的力量来慑服人、压服人。按孔子的观念，以法治国只教人畏惧，却教人不觉羞耻，口服而心不服，他自有他的道理，严刑峻法其后果便是如此，不过，他说的"法"，只包含约束、限制、惩办的一面，却不包括保护的一面，即公认人的权利的一面——请注意，这里便包含有中国传统的所谓法制思想的开端了。

而孔子的"礼治"，则是让人有耻辱之心，自愿归属，有如众星拱卫北斗一样，忠实于自己的国君。这自然与如今人们心目中的"礼治"有所不同，后者把"道德"当作行为的规范，前者却有一个终极目的，是为了国君的统治，所以，它与"人治"是分不开的。但他的"礼治"归根结底又是什么呢？

一是"礼"，即"齐之以礼"，前面已说过了"礼"是什么，他必须维护的，不正是人人跪拜在君主脚下的"山呼万岁""三跪九拜"的礼仪，以维护君主那至高无上的、神化了的权威吗？不正是那种战战兢兢、诚惶诚恐，放弃一切个人意志的"神"面前的自然而然的恐惧——"居其所而众星共之"？

所以，这种"礼"，便是纲常伦理的秩序，把它说成是"天"的属性，是不可变易的，是维护业已形成的伦理社会的"千年不易"的绝对统治，君主如父执高踞于儿臣之上，祖先若神灵更是不可悖逆。

就是这种"礼"，从历史与现实给人们加以纵的、横的种种束缚，剥夺了人们一厘一毫的自由气息。处处都有高墙——这比有形的高墙更加威严，更加无所不在。所以，他才在《论语·子张》中借子夏之语说："大德不逾闲，小德出入可也。"

这便是"臣服为虏"的"大德"了！

"道德当身，故不以物惑。"人的七情六欲是有悖于"礼"的，处在高墙之内，自然无法向"物"伸手。"德不孤，必有邻"（《论语·里仁》）。孔子说得这么自信，不正是说的在这种伦常秩序下足可以控制住无数的追随者或奴隶吗？他是君子，自然会有儿臣"邻"之。"上赏赏德，其次赏才，又其次赏功。"这更是这种伦常的继续，你立大功又何足道，不如当一个拍马屁的忠顺的奴才——想想，几千年来，自孔孟至今，这种"上赏"不是处处可见吗？

一个强调"礼"的社会，如不是在物质财富已经非常富足的情况下，人们对物质的追求让位于对美的追求之际，那么，这个"礼"，无非是维护"尊尊亲亲、上上下下"的秩序不变的一个漂亮的谎言。愈鼓吹"礼"，就证明其上层的特权愈在膨胀，愈在坚持其宗法、伦理和血缘社会的基础——极权统治、专制主义、划一的不可选择的强迫意志等。"礼"的保守性、传统力量之重，没有谁不深深感受到。所谓"社会的每一个进步，都得以道德的沦落为代价"，便是这个道理。

这便是"礼治"，是孔子的"礼治"的本来面目。

当他听到郑国的子大叔"尽杀萑苻之盗"的消息时，便大加赞赏，潇潇洒洒，振振有词地发表一番宏论：

> 善哉！政宽则民慢，慢则纠之以猛。猛则民残，残则施之以宽。宽以济猛，猛以济宽，政是以和。（《左传·昭公二十年》）

一句话，民便是他"宽猛相济"的掌中人物。这也就是"礼治"。

他的"礼乐征伐自天子出"，也同样是"礼治"主张的结果，于是便有了"兴灭国，继绝世，举逸民"（《论语·尧曰》）的复辟狂的叫嚣。

所以，他对历史的发展的观点，也是立足于"不易"的伦常秩序之上，变是为了不至于失常，得执常以应变。为达到这一目的，他便有了"中庸之道"，搞折中、调和，而折中、调和的结果，必然是恢复旧秩序、旧道德。所以，他屡屡告诫："过犹不及。"故不可"过"。还说了不少"君子无所争"（《论语·为政》）的话，认为"夫子之道，忠恕而已矣"（《论语·里仁》曾子语）。对历史发展过程中的纷争，不走极端，全能包涵下来，以达到缓和。但他始终不离他的宗旨。"知和而和，不以礼节之，亦不可行"（《论语·学而》），离开了"礼治"，是断然不被允许的！

因此，他认为历史的三代之变，是可以推导至百世的：

> 殷因于夏礼，所损益可知也；周因于殷礼，所损益可知也；其或继周者，虽百世，可知也。（《论语·为政》）

正是"执常以应变"，才可能"损益有知"，百世之后也还是不会"失常"的。虽然后世对前代的礼制有所改变，但其本质不变，才有三代相"因"。

这种"损益有知"，与他的"何必改作"，正是相一致、相协调的，是基于历史与伦理的统一不变的观点上面的。总的来说，这一段历史观，由自然演化至伦理，历史与伦理之间的矛盾尚未有较大的显现。他的史观，则是符合当时及其后相当长一段历史的发展的。他寻求的是历史与伦理的一致，历史与伦理之不变。

平心而论，孔子的历史观里，也仍旧有不少带有积极意义的内容。这些内容，正是伦理史观脱胎于自然史观之独立的地方。

首先，在于教育。他认为教育的本身可以促进社会的发展。这一思想在西方直到17世纪，才由启蒙主义思想家比较明确地提出来。正因为这样，孔子被视为世界上第一大教育家，也还是公允的。不管他教的是什么，教出的人才如何，但他毕竟是最早看到教育的作用的。

自然，他的教育也脱离不了"礼治"的要旨，教育是为了"礼治"，为了

历史、社会发展的本身。所以，他将教育的内容分为四科，为首的则是
"德行"：

> 德行：颜渊、闵子骞、冉伯牛、仲弓。言语：宰我、子贡。政
> 事：冉有、季路。文学：子游、子夏。（《论语·先进》）

有"德行"者，从政可当"大臣"，传道能为"大师"。所谓"大臣"，
"以道事君，不可则止"；"语言"，指的是外交人才；"政事"，才是军事、财
经之类；"文学"，也仅止于"传经"的经师。他教育的目的，便是首要于
"礼"，为统治者培养治国的人才，以推行"先王之道"，以求得"齐一变，至
于鲁；鲁一变，至于道"（《论语·雍也》）。

因此，他的学生子夏一语道破：

> 仕而优则学，学而优则仕。（《论语·子张》）

大家都往仕途上挤，以当官为最终目的。

不过，孔子早已说过："唯上智与下愚不移。"（《论语·阳货》）所以，他
的教育只是为贵族统治服务的，绝不是广义的"有教无类"。

他提倡"学而知之"，这在历史发展上是很有积极意义的，但这积极意义
又被他自己阉割，窒息于"生而知之"的天才观及"唯上智与下愚不移"的
先验论中，其消极作用便由此产生了。这与他主张"不变"的伦理史观是相
吻合的。

关于他的教育功能的观点，我们只能说到此为止了。不过他的这一套理
论，是从伦理史观上来的，从"礼治"上来的。"礼治"是本。

从这一套理论，再引出伦理史观中的英雄史观，更是顺理成章了。

一方面，从礼的规范来说，只有先人才能引导后人，只有"上"才能治
"下"，唯有父方可训子，因此，历史是帝王所创造的，这难道不是天经地义，
不可怀疑的吗？秩序是"天"下来的，由君来维持，历史只能由英雄来写，
但一部中国史岂非帝王将相的兴亡史？

另一方面，从其"生而知之"的先验论来说，只有"上"者才拥有
"礼"，才能进行"礼治"——于是，"亚圣"孟子便继承孔子的衣钵，提出了
"天人合一"的"尽心知天"的思想：

> 尽其心者，知其性也；知其性，则知天矣。（《孟子·尽心上》）

这就是说，人通过内心"善"的自觉，就懂得体现"天"的道德属性的
人的本性，从而也就通过"知性"而懂得了"天命"。

就在这一点上，人性与"天命"结合在一起了，而"天命"，说到底，便

是"礼"的秩序——这由"天"的秩序发展、延伸而来的。

于是，伦理史观从外在的"礼"的规范向内合围，又从内的"性"的阐发向外扩展，最后达到天衣无缝的融合，完成其英雄史观这一部分。

这部分功绩是应该归于孟子的。

他发展了孔子的"生而知之"论，认为人在智慧上，有"先知先觉"与"后知后觉"之分，他在《孟子·万章下》中借伊尹之口说：

> 天之生此民也使先知觉后知，使先觉觉后觉也。

所以，他们认为，帝王将相、英雄豪杰是天生的"先知先觉"者，他们对"后知后觉"者的统治、奴役，则完全出于天意。他说的"故天将降大任于斯人也，必先苦其心志，劳其筋骨，饿其体肤，空乏其身，行拂乱其所为，所以动心忍性，曾益其所不能"（《孟子·告子下》）里的"斯人"也只能属于"英雄"才行，是天之必然，天委任于斯！

这样，这种人必须有高于一般人的"礼"与"性"。孟子阐明这一论点可谓不遗余力。他说："尧舜，性之也。"（《孟子·尽心上》）把尧舜的"礼治"说成是天生的本性。"先圣后圣，其揆一也"（《孟子·离娄下》）。所以舜耕历山，却与深山野人不同，正在于圣人的心对善的反应很快，故其德行也就不同一般，"君子所性，仁义礼智根于心"（《孟子·尽心上》）。这一来，"圣人"的人性与道德也就成了创造历史的力量了。

进一步，便是孟子最著名的命题，劳心者治于人。

他以"一人之身，而百工之所为备"（《孟子·滕文公上》）为由，分出"有大人之事，有小人之事"，引出了一个"天下之道义"：

> 或劳心，或劳力。劳心者，治人；劳力者，治于人。治于人者，
> 食人；治人者，食于人。天下之通义也。

请注意，这里的"劳心者"，并不等于今日的脑力劳动者或管理人员，而仅仅指统治者而已，是狭义而非广义，不可以引申了。他之所以把"劳心"者摆在上乘的位置上，正是为了伦理社会"秩序"井然有序罢了，为这一秩序再加上一根用来固定的钢筋。这样，英雄（或圣人）在与"天"、与"上"、与"尊"联系在一起时，又可以加上一条"劳心者"的保证。

无论是孔子，还是孟子，在其确立伦理史观之际，也仍带有"尊天"思想的尾巴，所以，孔子不语怪力神，却仍免不了说：

> 获罪于天，无所祷也。（《论语·八佾》）
> 吾谁欺，欺天乎？（《论语·子罕》）

> 天生德于予，桓魋其如予何！（《论语·述而》）
>
> 天之未丧斯文也，匡人其如予何？（《论语·子罕》）
>
> 道之将行也与，命也；道之将废也与，命也。（《论语·宪问》）
>
> 不知命，无以为君子也。（《论语·尧曰》）

孟子把天命思想与英雄史观结合在一起，便有了他的历史循环论：

> 五百年必有王者兴，其间必有名世者。（《孟子·公孙丑下》）

他以"由尧舜至于汤，五百有余岁……由汤至于文王，五百有余岁……由文王至于孔子，五百有余岁"（《孟子·尽心下》）为据，画出了一个五百年一治一乱的历史循环圈，这较之自然史观的历史循环圈，倒是多了一个人事的成分，而非金木水火土了。他寄望于"王者"与"命世之才"，而不寄望于什么木克土、金克木……这不能不说是伦理史观在历史上的一个进步。可惜，自命不凡的"亚圣"孟子生不逢时，宣称："由周而来，七百有余岁矣。以其数，则过矣；以其时考之，则可矣。夫天未欲平治天下也；如欲平治天下，当今之世，舍我其谁也？"（《孟子·公孙丑下》）

他一生"辙环天下"，可惜历史之"数"已"过矣"，未能让他成为"命世之才"，惜哉！

由此可知，不仅自然史观，而且伦理史观，均可以产生出历史循环论，但它们之间的区别还是很明白的，所以不可以同划入"循环史观"之列。同样，佛教也讲"劫数"，讲"轮回"，也可以说是历史循环论，但各自绕着的圆心毕竟不是一回事了。

六、墨翟：称天而治与暴民政治
——在非攻与兼爱的另一面

如前所述，原始道家是"无亲戚君臣上下"的，到庄子则"独与天地精神相往来"，就如一些当代哲学家所说，讲的是人格本体论。而儒家则强调"名位不同，礼亦异数"，讲"君君、臣臣、父父、子子"，连死了的说法都不一样："天子死曰崩，诸侯曰薨，大夫曰卒，士曰不禄，庶人曰死"（《礼记·曲礼》）。死了都仍等级森严，以等级来维持其"群"体，扼杀个性。

这当中出了个墨家，这边，儒家骂他是：

> 墨子兼爱，是无父也，无君无父，是禽兽也。（《孟子·滕文公上》）

这倒与庄子说的"至德之隆""与麋鹿同居"差不多。但是，庄子却没把他当作同道，在《庄子·天下》篇中讥讽道：

> 今墨子独生不歌，死不服，桐棺三寸而无椁，以为法式。以此教人，恐不爱人；以此自行，固不爱己。未败墨子道，虽然，歌而非歌，哭而非哭，乐而非乐，是果类乎？其生也勤，其死也薄，其道大觳……反天下之心，天下不堪。墨子虽独能任，奈天下何！离于天下，其去王也远矣。

显然，庄子是讲"天放"的，对墨子的禁欲主义当然受不了；而儒家讲的那么严苛的等级，对墨子的"兼爱"甚为恼火。所以，两方都把他当作了攻击的目标，他便陷于夹缝里了。

但是，我们仔细研究一下，这三者间各有各的位置，一是讲自然而然，一是讲秩序井然，墨子则介乎其中，一面讲"兼爱"、同甘共苦，"兼相爱，交相利"，可另一方面仍强调等级、上下之别。

也就是说，就历史观而言，它介乎于自然史观与伦理史观之间。

同时，我们还可以看到，庄子追求的是绝对的个性自由，反对来自任何异己力量的约束；儒家恰恰相反，它绝对服从"礼"的规范，由上至下等级森严，以建立一个大一统的社会秩序。那么，墨子呢？

墨子也介乎绝对的个性自由到无条件地服从"礼"的规范之间，在个人与整个社会等级之间，创立了他的既非个人也非国家的"会党行帮"——墨家学派，这是一个组织严密的、带有宗教色彩的禁欲主义团体。

墨家讲究苦行，所以有人说他们是"刑徒"，荀子则骂过墨学为"役夫之道"；也有的说他们是"当匪当兵者"，《淮南子》说："墨子服役者百八十人，皆可使赴火蹈刃，死不旋踵。"在墨子的著作中，也有应召而去作战的记述。可见，他们是社会中的"侠士"。总而言之，他们都是既有人身自由，却又无人身保障的"自由职业者"，这一类人，之所以组织行帮会党，也正是为了取得自身保障而做出的一种努力。

禁欲主义的色彩，说到底是一种保护色，通过自戒、道德的自我完善，从而免受外来的攻讦，以树立自身"至圣"的形象。由此导致其宗教观的形成，是不足为怪的。不依靠能行赏善罚恶的"天""鬼"来统治宗教团体，这种团体便很容易瓦解，失去精神支柱，禁欲主义的苦行则无法进行下去。

从历史发展的观点看，如果说庄子怀念尚未异化的自然的人世的话，儒家则在极力维护业已形成的宗法血缘社会的伦理秩序，那么墨家也介乎其中，在仿效由自然人到社会之间的部落性的团体制度。

墨子说：

> 夫兼相爱交相利，此自先圣六王者亲行之。(《墨子·兼爱下》)

还有一些史籍均说墨子是承夏禹之制。

所以，在这样的行会里，"兼相爱交相利"，而无宗法血缘关系，则非常自然了。有谁深入至这种会党中，再去领悟墨子说的："视人之国，若视其国；视人之家，若视其家；视人之身，若视其身"便深有体会了。

因此，墨家也不是无本之木，无源之水。它有其历史渊源，也有其现实的需要。

墨子在会党中被视为"矩子"，他提出的"天志"的历史观，便是称天而治的。他是这么说的：

> 我有天志，譬若轮人之有规，匠人之有矩，轮匠执其规矩以度天
> 下之方圆，曰：中者是也，不中者非也。(《墨子·天志上》)

这话表明了结拜者的身份，也更阐明其"天志"的思想，是与非，十分明晰。

但是，纵谈"兼爱"，作为一个会党，对外似乎是绝对平等，彼此间生死与共，对内却也是绝对的等级，有严酷的律条，不这般不足以维护其组织的稳固。所以，他对社会的等级是完全肯定的：

> 度人不得次己而为正，有士正之；士不得次己而为正，有大夫正
> 之；大夫不得次己而为正，有诸侯正之；诸侯不得次己而为正，有三
> 公正之；三公不得次己而为正，有天子正之；天子不得次己而为正，
> 有天正之。今天下之士君子，皆明于天子之正天下也，而不明于天正
> 也。(《墨子·天志下》)

也就是说，他只在帝王的头上加了个"天"的等级——这同样是介乎于自然史观与伦理史观之间。老庄是"道法自然"，不承认君王的统治，儒家则"无君子莫治野人，无野人莫养君子"，君主是绝对至上的。

但墨家的"天"，却为前所述的"我有天志"的"矩子"所代表。会党中，这种首领有生死予夺的权力则是显而易见的。《吕氏春秋·上德》的故事中，就写了这种矩子的权力与墨家的侠义，重然诺，轻生死，趋义赴难，绝对服从。全文太长，就不多引了。

"墨子学儒者之业，受孔子之术"(《淮南子·要略》)一说尚待考证，不过，如今在民间的工匠中，倒一直有"三人"的传统说法，不能不说是墨家的影响，笔者亦有幸与他们接触。他们说，世上无非有三种了不起的、支撑乾

坤的人，第一种是圣人，这便是孔夫子；第二种是寡人，这是指的皇帝；第三种是匠人，这便是他们自己。匠人与圣人、寡人是并列的，但却有其显而易见的功利性，比圣人与寡人都有用得多。墨家的"矩子"乃匠人之首领，自然应取代于圣人与寡人。墨子主张的"尚同""一同天下之义""一同其国之义"（《墨子·尚同下》），则是要求全社会似其会党内服从矩子一样无条件服从最高统治者，以做到"尚同而不下比"（《墨子·尚同上》），唯上而不附下，"上之所是，必皆是之，上之所非，必皆非之"（《墨子·尚同上》）。这层次是分明的，上有天，再是天子，后是百姓——得尚同于天："天下之百姓皆上同于天子"（《墨子·尚同上》）。"天子又总天下之义，以尚同于天"（《墨子·尚同下》）。

反过来，倒过去，便是"天志"——人格神的天的代表"矩子"的意志。

墨家的"兼爱"，并不是什么"博爱"，倒是由兼爱我们可以引出中国几千年来与暴君统治相补充的暴民政治。这一点也不武断，有事实为依据的。

"兼爱"之一，便是主张"有力相营，有道相救，有财相分"（《墨子·天志中》），有饭大家吃。墨子就责备过他的弟子曹公子：

> 今子处高爵禄而不以让贤，一不祥也；多财而不以分贫，二不祥也。（《墨子·鲁问》）

这比孔子的"不患贫而患不均"更有力得多，强硬得多。

再看看《墨子·明鬼下》，墨子说，先死的人为鬼，那么，鬼就是自己的父母兄长（这里已有祖先崇拜至伦理史观的痕迹了）；请他吃点酒饭，并不等于倾在沟里，借祭鬼的机会，本亲本乡的人大家吃上一顿："虽使鬼神请亡，此犹可以合欢聚众，取亲于乡里。"而今，南方尚保留下的"人死饭甑开，不请自己来"的"吃烂肉"的风俗。

对于等级不可逾越的愤恨——这也可以在墨子的"尚贤"中找到：

> 虽在农与工肆之人，有能则举之，高予之爵，重予之禄，任之以事，断予之令。……以德就列，以官服事，以劳殿赏，量功而分禄。故官无常贵，民无终贱，有能则举之，无能则下之。（《墨子·尚贤上》）

所以，"匠人"是可以与圣人、寡人平起平坐的。

难怪陈胜揭竿起义，第一句话便是"帝王将相宁有种乎"?! 刘邦见秦皇赫赫威权，也说："彼可取而代之!"正是这些论点，给后世农民起义提供了思想依据。

有人说，墨家在后世已逐渐泯灭，不复后继了，这未免下早了结论。其实，在整个民间，尤其是"匠人"当中，墨家思想从未断过纤，它拥有很广阔的市场。说话者也许是不曾深入到下层生活之中而妄加论断。

有人说，墨子讲"非攻"，而历次起义造成的杀戮又是那般惨绝人寰，恐与墨子无关吧，其实却说错了。他们的苦行、禁欲，一旦走向反面，不就视他人生命若草芥吗？别忘了，当年的墨家，本就是一支"当匪当兵者"的队伍，为上层所利用，被收买去打仗的——也就是以杀戮为职业的"侠客"，而侠客，素以轻生，也不拿他人生命当回事。正因为帮人打仗多了，才为战争惊心动魄的后果弄得心神不宁，才大谈其"非攻"，其实，好战者口中每每讲的不都是和平，并指责他人好战吗——当然，这般指责墨家也未免太不公允，可当有人反问他，你以攻伐为不义，为什么禹征有苗、汤放桀、武王伐纣，却被你称为圣王呢？他却回答："子未察吾言之类，未明其故也。彼非所谓攻，谓诛也。"（《墨子·非攻下》）

他讲"天志"，而又主张"非命"；他讲"非攻"，却又"好诛"；他讲"兼爱"，却又搞更森严的内部等级。这似乎均是极为矛盾对立的，但却在墨家的学说中非常和谐地结合在一起。细细分析，则是内外有别，向外的主张是一回事，对内的统治又是一回事：向外的主张，是为了扩展自己会党的势力与影响，吸引更多的信徒；对内的清规戒律，则是巩固其矩子的绝对权力。所以，作为农民战争，它对于整个宗法社会是有进步意义的，起步于自由与平等；可当它一旦取而代之，内部的规则也就成了社会的制度，新的等级便取代了旧的等级，暴民之首也就转化为了暴君——这从墨家的"矩子"几欲等于教皇至高无上的权力便可以看出来了。

所以，墨家"兼以易别"的历史观，无非是外"兼"而内"别"，抹杀外在的等级而强化内在的等级，这也同样是一种畸形的伦理史观。他以"兼"来易掉外在的"别"——"别者，处大国攻小国，处大家乱小家，强劫弱，众暴寡，诈谋愚，贵傲贱……是谓天贼"（《墨子·天志中》），得"以兼相爱、交相利之法易之"。却又以内在的"别"否定自己团体中的"兼"，"我有天志"，我便独尊了！

马克思在《路易·波拿巴的雾月十八》里，说的也正是这种"天志"：

> 他们不能代表自己，一定要别人代表他们，他们的代表一定要同时是他们的主宰，是高高站在他们上面的权威，是不受限制的政府权力，这种权力保护他们不受其他阶级侵犯，并从上面赐给他们雨露和阳光。（《马克思恩格斯选集》，第 1 卷，第 693 页，北京，人民出版社，1995）

由"天"而"鬼"（先人），由"矩子"而至苦行僧，墨家的秩序也还是再清楚不过了的，"诛"无非是道德的讨伐，是墨家的"礼"治罢了。

七、荀况：性恶论与严酷的等级制度

孔子幻想"礼治"，复兴"周礼"，却处处碰壁，感慨自己的一套要行不通了，须"乘桴浮于海"。

不管怎么说，他的立足点均是在伦理道德的基础之上。而道德的批判，往往是无力的、绝望的。因为道德的属性，从来是保守、封闭与传统的，它较之于历史的批判，层次要低得多。我们从文学发展史上来看，凡是进行道德说教的作品，其生命力都极为有限。而在历史的批判（应当说，这正是深厚的现实主义的胜利）压倒了道德的批判之际，作品的生命力——审美价值便高扬起来了。马克思、恩格斯对巴尔扎克的评价如此，列宁对托尔斯泰的评价更如此。当然，我们并不可以简单地把文学艺术的审美观移植于历史评价及道德评价当中。不过，我们只要仔细想想，在中国的古典名著之中，《水浒传》对农民起义的现实的描写，不是压倒了它的道德说教——宋江的"仁义"吗？《三国演义》呈现的历史，也远比它的正统思想要有力得多。不消说，《红楼梦》达到了中国古代文学的高峰，它做到了历史惊人的真实，更是现实主义的伟大胜利。

以道德伦理为根基的历史观，不可避免地要与历史发生巨大的、无法排解的矛盾，这也便是康德说的"二律背反"。所以，善从来就不是历史发展的动力，正如恩格斯所指出的，关于人性恶的思想，"是说出了一种伟大得多的思想"。他在《路德维希·费尔巴哈和德国古典哲学的终结》一文中说：

> 在黑格尔那里，恶是历史发展的动力借以表现出来的形式。这时有双重的意思，一方面，每一种新的进步都必然表现为对某一神圣事物的亵渎，表现为对陈旧的、日渐衰亡的，但为习惯所崇奉的秩序的叛逆。另一方面，自从阶级对立产生以来，正是人的恶劣的情欲——贪欲和权势欲成了历史发展的杠杆。（《马克思恩格斯选集》，第4卷，第218页，北京，人民出版社，1995）

对于孔子而言，他也处处感到这种"人性恶"的威胁，他主张"人性善"。其实，在他的言论中，仍得承认恶的本性存在：

> 约之以礼。（《论语·雍也》）
> 克己复礼。（《论语·颜渊》）

仁者其言也讱。(《论语·颜渊》)

……

如无"恶",要"约之"、要"克己"、要"讱"做什么,这岂不是说"己"的本性即恶吗?

孔子力主善,以伦理观涵盖了一切,所以,他不谈庄子的真。不是说伦理本身无善美,而是说,他把善取代了美,从而也否定了美。他的伦理观是以善为美,以道德为美,"文以载道",一切得服从他的善。

不能说伦理判断与审美判断没有相通之处。善与恶、美与丑是两个层次。而审美判断本身,则比历史判断还要高,也就是说,如果把伦理判断——历史判断——审美判断作比较的话,审美判断便是前者正题与反题的合题,也是伦理判断的否定之否定,正因为是否定之否定,就有不少相似之处,以前者取代后者,也便容易掩人耳目。

历史的超前意识也是这样,如把美学史观超前施行,势必倒退至伦理史观,这得有专文加以阐述,这里只能带上一句。美,是超越了善(伦理)与真(历史与现实)的,但它亦包含有善与真,若不含两者,就无从超越。因此,不单是把"乌托邦"强加于现实,而是把有可能甚至有科学依据的未来历史强加于今天都可能造成倒退、复辟的大悲剧,这不是耸人听闻,而是已经有了血的教训。

伦理道德不是不要,但却不可以逾越它本身。要以它来取代一切,则是"克己复礼",走历史的老路了。也许,在没有道德,不知道德为何物的社会里,才可能有真正的"礼治"——这已是老庄的观点了。恩格斯在《反杜林论》中"道德和法"一章里,说的是,只有消灭了阶级的对立并且消灭了对这种对立的回忆,才有真正的人的道德可言。

孔子就如此,他处处感到内心"恶",却偏偏要"克己",偏偏要疾呼"人性皆善"——这其实是内心恐惧的表现。当然,他也由衷地相信,所谓"周礼"是合乎道德的,历史必须倒退回周代才对。孟子对"人性善"大加发挥,无非是表现出他内心的恐惧更大罢了,"礼坏乐崩"较孔子的时候更厉害。

荀子比他们清醒得多,他看到要确立伦理史观、确立三纲五常及专制宗法社会,与其闭着眼睛说瞎话,不如坦率地承认"性恶论"。他在《荀子·性恶》篇中就说:"故性善,则去圣王,息礼义矣;性恶,则与圣王,贵礼义矣。"

他对"礼"作出了精辟的分析:

礼起于何也？曰人生而有欲，欲而不得，则不能无求，求而无度量分界，则不能不争。争则乱，乱则穷。先王恶其乱也，故制礼义以分之，以养人之欲，给人以求。使欲必不穷于物，物必不屈于欲，两者相持而长，是礼之所起也。（《荀子·礼论》）

故先王案为之制礼义以分之，使有贵贱之等，长幼之差，知愚、能不能之分，皆使人载其事而各得其宜，然后使悫禄多少厚薄之称，是夫群居和一之道也。（《荀子·荣辱》）

故古者圣人以人之性恶，以为偏险而不正，悖乱而不治，故为之立君上之势以临之，明礼义以代之，起法正以治之，重刑罚以禁之，使天下皆出于治，合于善也；是圣王之治而礼义之化也。（《荀子·性恶》）

他不是以"人性善"为出发点来实行"礼治"，而是以"人性恶"为出发点来实行"礼治"的，所以，他的出发点要合乎历史。但是，他的"礼治"，也仍旧是"化性起伪"，也就是说，"性"是先天的，是恶，"伪"是后天的，人为的，是善。化性起伪，则是去恶从善，他仍旧回到了善上。正如他自己所说的："无性，则伪之无所加；无伪，则性不能自美"（《荀子·礼论》）。唯有"性伪合"，天下才能大治，"起礼义，制法度"，三纲五常才得以维持、巩固。他抨击孟子的"性善论"是"不及知人之性，而不察乎人之性伪之分者"，没有可取之处。

他的"明分使群"论，也就是在"化性起伪"的基础上，为等级制度进一步正名，为伦理史观的"礼治"提供更有力的证据：

故人之所以为人者，非特以其二足而无毛也，以其有辨也。夫禽兽有父子而无父子之亲，有牝牡而无男女之别。故人道莫不有辨。辨莫大于分，分莫大于礼，礼莫大于圣王。（《荀子·非相》）

于是，确定上下职分的等级差别来组织社会则成了人与动物的根本分界线。这便是"分"。而"分"的标准便是"礼义"，也就是宗法礼令的伦理道德原则了。

这样，他进一步发挥了儒家的"礼治"与"仁政"的思想，提出更清醒的主张：

马骇舆，则君子不安舆；庶人骇政，则君子不安位。马骇舆，则莫若静之；庶人骇政，则莫若惠之。……庶人安政，然后君子安位。传曰："君者，舟也；庶人者，水也。水则载舟，水则覆舟。"此之谓也。故君人者，欲安，则莫若平政爱民矣。（《荀子·王制》）

　　他是三纲五常最有力的维护者，这当是毫无疑义的了。他甚至在反对神鬼迷信之际，仍要借用祭祀来维护宗法伦常的秩序，不可谓不用心良苦。"礼有三本：天地者，生之本也；先祖者，类之本也；君师者，治之本也。无天地，恶生？无先祖，恶出？无君师，恶治？三者偏亡，焉无安人。故礼，上事天，下事地，尊先祖而隆君师，是礼之三本也"（《荀子·礼论》）。

　　"事死如事生，事亡如事存"（《荀子·礼论》）。自然，他把祭祀说成是尽"人道"，而非"鬼事"（《荀子·礼论》），便是维护伦常秩序的坦诚告白。于是，上面的言论，也就形成后来"天、地、君、亲、师"的牌位，成为宗法社会祭礼的主要内容，以表达忠臣孝子对君亲的"志意思慕之情"（《荀子·礼论》）。

　　我们再来看看史观中荀子"法后王"的思想。作为以儒家自居的荀子，为何与孟子"法先王"提出了相反的命题呢？其实，细读他的《荀子·非相》《荀子·不苟》《荀子·王制》，无非是说，高谈太古者太遥远渺茫，无稽可考；而他说的"后王"，所指的周文、武而言，与孟子所说的"先王"却是一个，也就是说，荀、孟的"后王"与"先王"，有重合之处，只不过排除了炎黄及尧、舜、禹这些较远的"王"罢了。说到底，他的"后王"所建立的纲常伦理社会，自然比已排除的"先王"要完整得多、牢固得多。荀子推崇的正是"后王"逐步完善与强化的三纲五常。

　　这自然有积极的意义。

　　所以，我们可以说，荀子的"明于天人之分"论，正是标志着伦理史观最后摆脱自然史观而独立的转折。

　　他在《荀子·天论》中一再强调，"治乱非天也""治乱非时也"，社会动乱在于人而不在于天："天能生物，不能辨物也；地能载人，不能治人也"（《荀子·礼论》），"天有其时，地有其财，人有其治"。

　　"受时与治世同，而殃祸与治世异，不可以怨天，其道然也。故明于天人之分，则可谓至人矣。"

　　这样，他进一步提出"制天命而用之"的思想："故错人而思天，则失万物之情。"

　　但是，对于伦理中心主义来说，它的整个"功能圈"也仍旧是一个封闭的系统，荀子也只能把历史描绘为一个往复循环的过程。

> 千岁必反，古之常也。（《荀子·赋》）
> 古今一度也，类不悖，虽久同理。（《荀子·非相》）
> 以类行杂，以一行万。始则终，终则始，若环之无端也，舍是而
> 天下以衰矣。天地者，生之始也；礼义者，治之始也；君子者，礼义

之始也……君臣、父子、兄弟、夫妇，始则终，终则始，与天地同
理，与万世同久，夫是之谓大本。(《荀子·王制》)

就这样，他以"礼义"作规范的君臣父子之道，为"与天地同理""万世
同久"之"大本"，在伦理等级的演绎下，连成了一个循环不已、本质不变的
"环"。他的历史循环论不是从自然循环中推出，而是从伦理纲常中推出来了。

同样，他的"人性恶"论，最后导致的也仍是孟子的"英雄史观"或
"帝王史观"。循环论与英雄史观在伦理史观的统摄下，本就是线性的结论。
孟子的"五百年必有王者兴"，这里既有循环论，也同样有英雄史观。荀子也
跳不出这个窠臼，本来"圣人之伪"乃"礼义"也：

君子者，治之原也。(《荀子·君道》)

君者，民之原也，原清则流清，原浊则流浊……君者，仪也；民
者，景也；仪正而景正。君者，槃也；民者，水也，槃圆而水圆。
(《荀子·君道》)

天地生君子，君子理天地，君子者，天地之参也，万物之总也，
民之父母也。(《荀子·王制》)

不可否认，在伦常秩序下，"上"制约"下"，君王制约臣民，历史似乎
是由帝王所创造的，一部宗法社会史，也就成了帝王史了。荀子虽然说过
"民若水"，"水则载舟，水则覆舟"，可却从来没真正看到人民在历史发展中
的真正作用。

有人认为，荀子"法后王"的观念与"古今一度""虽久同理"的循环论
存在着巨大的矛盾，却是没有看到其伦理史观的实质，两者之间恰巧是非常一
致，非常吻合的，全植根于一个基础上。正是"法后王"强化伦理社会的努
力，才有以伦理为中心的历史循环圈的产生，往复循环，伦理社会便得以
强化。

荀子摆脱了自然史观，最后确立了伦理史观。而在形式上，仍旧离不开一
个循环的模式。有人以循环史观把两者合而为一，却是只见外在的形式而不知
实质罢了。

八、"商韩"：东方的马基雅维利及阴谋政治

在先秦诸子百家的历史观里，首先意识到社会结构对历史发展所起的重大
作用，而不是空谈所谓道德教化作用的，自然首推韩非了。不过，他的这一套
与老子的"君人南面之术"是有师承关系的。但是，并不是有人所说的，韩

非是反道德、反传统的革新者，以利害关系置于首位，把伦理社会温情脉脉的道德面纱撕了个粉碎。事实上，他重社会结构，恰巧重的是整个社会的伦理秩序无条件的强化，以社会结构的"礼"代替人们内心的仁义道德。荀、孟主张对不肖之君可以"易位"，是因为君不曾格物、致知、修身，以内心道德为标准，而韩非则主张臣对君的绝对服从方为"礼"，哪怕这是"不肖之君"，这样，他便极大地强化了君主专制，强化了君主至高无上的地位。

韩非在其《韩非子·忠孝》中就阐明道：

> 臣事君，子事父，妻事夫……此天下之常道也，明主贤臣而弗易
> 也，则人主虽不肖，臣不敢侵也。

这比孔子的"君君、臣臣、父父、子子"在维护宗法社会的伦理秩序上，有过之而无不及。孔子还强调君得有个君样，名副其实，韩非可谓蛮横不讲理，说君就是君，没有什么个"君样"，无所谓肖与不肖。所以，维护君的绝对统治，也同样是绝对的、无条件的。

韩非的这一伦理史观，也就是建立在他的社会结构学上，力图证明伦理与历史的一致性。君主处于伦理的中心，无论怎么做都是合乎道德的，因此，可以不惜搞阴谋、耍诡计，不是什么仁义作为历史的动力，而是阴谋诡计、人性之恶，才是历史发展的根本原因。他这一套，与马基雅维利的"霸术"可谓异曲同工、不谋而合，堪称东方的马基雅维利。

他提出君可以不肖，正是建立在这种"霸术"的理论上——用韩非自己的话来说，就是"抱法、行术、处势"，即把法、术、势三者结合起来：

> 抱法处势则治，背法去势则乱。（《韩非子·难势》）
> 君无术则弊于上，臣无法则乱于下，此不可一无，皆帝王之具
> 也。（《韩非子·定法》）

他的"君人南面之术"完全是一套阴谋的权术。正因为人性本来是恶的，君主绝不可相信下人："人主之患，在于信人，信人则制于人"（《韩非子·备内》），"贞信之士不盈于十"（《韩非子·五蠹》），包括大臣在内，连后妃、儿女、父兄均不可信，都属于"八奸"之列。

> 万乘之患，大臣太重；千乘之患，左右太信，此人主之所公患
> 也。（《韩非子·孤愤》）

所以，要维护君主至高无上的权力，就一定要"防奸""察奸""除阴奸"。纵然是功臣，也绝不可让其有真正的实权，必要时便可以诛杀。不重其功，而看重其对人主之患。历代功成之后，"飞鸟尽，良弓藏；狡兔死，走狗

烹"。韩信倒是说得太明白了。

他甚至提倡特务政治：

> 明主者，使天下不得不为己视，使天下不得不为己听，故身在深宫之中而明照四海之内。（《韩非子·奸劫弑臣》）
>
> 明主观人，不使人观己。（《韩非子·观行》）

君主就是这般处势抱术的，事成则君主有功，事败全由下臣所承担：

> 明君无为于上，群臣竦惧乎下。
>
> 有功则君有其贤，有过则臣任其罪。（《韩非子·主道》）

这样的事实，几千年来，我们实在是见得不能再多了。在《韩非子·外储说右下》篇中，韩非更是强调，只要君主擅长于权术，哪怕生活腐化佚乐，也照样能创其帝王之功业。也就是说，个人的道德修养是微不足道的，甚至愈坏的君主，就愈能成气候。他这么说，倒不是没有道理的，在伦理秩序的制约下，君主要阴谋诡计，下面绝对服从，比下面以道德为准而提出非议、不予服从，是要好统治得多。"外王"重于"内圣"，这便是韩非的伦理史观的实质。排除个人品德因素去看历史的成败，这已多多少少接近历史主义了。

"法"者，"宪令著于官府，刑罚必于民心，赏存乎慎法，而罚加乎奸令者也"（《韩非子·定法》）。"术者，因任而授官，循名而责实，操杀生之柄，谓群臣之能者也"（《韩非子·定法》），而行法用术，则靠君主的权势。君臣不能共权，"明主之所导制其臣者，二柄而已矣。二柄者，刑、德也。何谓刑、德，庆赏之谓德"（《韩非子·二柄》），这"二柄"便是权势，有了权势，便可以用术、行法了，就可以建功立业。他还以桀为例，说桀之所以能统治天下，并不在于有崇高的品格与才干，而是因为他的地位、权势，即"势重"。而尧，作为桀这样的暴君的对立面的圣人，如果只是一般庶民，就是三户人家他也管不好。这并非尧没有德、才，而是因为他没有地位与权力，即"去势"。

当然，这样的"势"，也只能建立在强化的伦理秩序上面。换个地方，就不见得行了。

韩非重"法、术、势"的结合，也是与他认为"当今争于气力"的历史观念紧紧相连的。

早在前期法家当中，就有"上世、中世、下世"的历史之分。商鞅在《商君书·开塞》中说："上世亲亲而爱私，中世上贤而悦仁，下世贵贵而尊官。"

所谓"亲亲"的"上世"，同老庄说的"至德"之世差不多，"民知有母而不知其父，其道亲亲而爱私"（《商君书·开塞》）。"上贤"的"中世"，则是以道德观念来维持社会秩序，"上贤者，以道相出也"（《商君书·开塞》），所以才"悦仁"。但无论上世、中世都离不开人的私欲。"民务胜而力征，务胜则争"，"民众而无制，久而相出为道，则有乱"（《商君书·开塞》）。乱，才出了下世的圣人，到了"贵贵而尊官"的时期。商鞅描绘了整个社会当时的情景，也可以说，意识到了私有财产、家庭与国家的起源：

> 故圣人承之，作为土地、货财、男女之分。分定而无制，不可，故立禁。禁立而莫之司，不可，故立官，官设而莫之一，不可，故立君。（《商君书·开塞》）

因此，前上、中世是"刑政不用而治，甲兵不起而王"，下世"故黄帝作为君臣上下之义，父子兄弟之礼、夫妇妃匹之合，内行刀锯，外用甲兵"。不可能要求他们看到经济发展的作用，其实生产规模还很小，历史的显性因子尚非经济生产。但商鞅认为历史是变化的，"世事变而行道异"（《商君书·开塞》），"圣人不法古，不修今。法古则后于时，修今则塞于势。周不法商，夏不法虞，三代异势，而皆可以王。故兴王有道，而持之异理"。"前世不同教，何古之法？帝王不相复，何礼之循？"主张因时而异，治国得适应形势的发展。

商鞅说"治世不一道，便国不必法古。汤武之王也，不循古而兴；殷复之灭也，不易礼而亡"（《商君书·更法》）。到了韩非，更有所发展。韩非则潇潇洒洒地说了一大篇：

> 上古之世，人民少而禽兽众，人民不胜禽兽虫蛇；有圣人作，构木为巢以避群害，而民悦之，使王天下，号之曰有巢氏。民食果蓏蚌蛤，腥臊恶臭而伤腹胃，民多疾病；有圣人作，钻燧取火，以化腥臊，而民说之，使王天下，号之燧人氏。中古之世，天下大水，而鲧禹决渎。近古之世，桀纣暴乱，而汤武征伐。今有构木钻燧于夏后氏之世者，必为鲧禹笑矣。有决渎于殷周之世者，必为汤武笑矣。然则今有美尧、舜、禹、汤、武之道于当今之世者，必为新圣笑矣。是以圣人不期修古、不法常可，论世之事，因为之备。（《韩非子·五蠹》）

他看到了历史前进的必然趋势，否定儒、道两家"是古非今"的态度，指出所谓"道德"退化与个人无关，乃"是以古之易财，非仁也，财多也。今之争夺，非鄙也，财寡也。轻辞天子，非高也，势薄也。争土橐，非下也，权重也"（《韩非子·五蠹》）。所以，他得出结论：

> 上古竞于道德，中世逐于智谋，当今争于气力。（《韩非子·
> 五蠹》）

> 古人亟于德，中世逐于智，当今争于力。（《韩非子·八说》）

凭"争于力"的观点，他极力反对儒家"不患贫而患于不均"：

> 语治者多曰：与贫穷地，以实无资。今夫与人相若也，无丰年旁
> 入之利，而独以完给者，非力则俭也。与人相若也，无饥饿疾疫祸罪
> 之殃，独以贫穷者，非侈则惰也。侈而惰者贫，因力而俭者富。今上
> 征敛于富人以布施于贫家，是夺力俭而与侈惰也。而欲索民之疾作而
> 节用，不可得也。（《韩非子·显学》）

社会就这样，才能发展。

所以，韩非的"法治"，似乎与儒家的"礼治"是对立的，但实质上却是互补的。孔子的"宽猛相济"的"礼治"，不也包含有这一"法治"的内容吗？所谓的"儒法斗争"从来就不是什么两条路线斗争史，荀子本就是儒家，儒法本就是一家，在维护宗法社会的伦理秩序、大一统的统治上，他们无非是一柄双刃剑的各自一刃罢了。

我们必须看清这种"法治"的实质，切不可与今天真正的法治相混淆，以致再造成一个历史的幻梦。今天之法，是保护人民利益的，而过去的法，则只有惩罚，"罪及三族"的一面，只能是"刑"而已。到头来，还是离不开"刑不上大夫，礼不下庶人"的根本宗旨。这仍旧是"礼治"而非真正的法治。

九、屈原：历史的错位，本质上是艺术家的政治家

作为一位真正的艺术家，屈原对自由的追求，对美的景仰总是要超过道德及功利的约束的。他永远不可能在作品中绝对接受其所在时代的道德规范和功利目的。也正是这种追求与约束之间巨大的悲剧，才得以造就出划时代的史诗般的作品来。没有历史与伦理的二律背反这一悲剧因子，就不可能有真正的伟大的艺术作品的诞生。托尔斯泰的《复活》中的忏悔意识，是属于伦理道德方面的，但玛丝洛娃最后的归宿，恰巧是对这一忏悔意识根本上的否定。聂赫留朵夫是无法跟得上历史的……回过头来，我们来看屈原的《楚辞》，主要是《离骚》，发掘当中的历史意识与哲学思想，也就同样看到了他对异化的愤嫉——发自于人的本性的对自由的冀求与对美的信仰，是如何与他所受的"礼治"思想教育产生巨大的、悲剧性的矛盾，从而倍感凄寂与孤独，不为世

人所理解。从这个意义上，把屈原归于儒家、道家、法家或阴阳家，都是可笑的。他就是他，一个本质上是艺术家而非政治家的屈原。同样，鲁迅所说的："我们自古以来，就有埋头苦干的人，有拼命硬干的人，有为民请命的人，有舍身求法的人……虽是等于为帝王将相作家谱的所谓'正史'，也往往掩不住他们的光耀，这就是中国的脊梁"（《且介亭文集·中国人失掉自信力了吗？》），也绝非是为儒家的仁义道德唱颂歌。

这里，我用了"本质上是艺术家"一语，倒不是因为我刚好写了一位"本质上是艺术家"的一位政治家悲剧性的传记，而是我觉得，艺术的本质是顺乎自然、发乎感性，是情感的，反抗历史地造成的异化力量对人的束缚、扭曲，而与搞政治去矫情伪性，像荀韩一般冷酷是格格不入的。一个艺术家搞政治，则必然失败，因为他做不出后者的理智、冷静的算计。这并不是目光短浅，缺乏理性，而是两者的根本依据是截然不同的。文学艺术依据的是更高层次的审美原则，而政治讲的是功利，哪怕是长远的功利。

屈原对于异化，则鞭挞至了天堂——连天上也与人间一样，充满了钩心斗角、尔虞我诈，以至于美丑不辨，涸浊不分。在《离骚》里，他赴诉无门，一直上了天门：

> 吾令帝阍开关兮，倚阊阖而望予。
> 时暧暧其将罢兮，结幽兰而延伫。
> 世溷浊而不分兮，好蔽美而嫉妒。

在这样的天国里，哪还会有一个"无私阿"的上帝呢？

正是这种对"叩阍"的描写，凝结了屈原的整个的反抗精神，对整个宗法社会的怀疑与挑战，这才是《离骚》流传至今的根本原因，而不是他在其中的"礼治"幻梦。

在《天问》里，他这种反传统、反天命的精神表现得更为集中：

> 舜服厥弟，终然为害；
> 何肆犬豕，而厥身不危败？

舜如此关心他的弟象，到头来还是为害，而象放纵其猪狗之心，却不危败呢？可见"福善祸淫"，早已就不灵验了。

> 眩弟并淫，危害厥兄，何变化以作诈，后嗣而逢长？

逼嫂害兄、心怀叵测者，却子孙满堂，道德又有什么用呢？

上帝从来是不公正的，信什么"天命"呢？屈原问天，终于不信"九重天"里还住着一个上帝了！上帝竟可以受贿，彭祖"斟雉"，就可以"受寿永多"。后稷出生惊动了他，他便把后稷毒害了……这家伙又贪吃又贪财、又狠毒又无才干，哪能有什么尊严？岂能至高无上？

对上帝的挑战，也就是对现实的挑战，对异化了的社会挑战。我们历史地看待屈原的作品，就不难剥去其"礼治"的幻梦及道德教化的约束，从中看到其现实主义的伟大力量。

他的"礼治"幼梦在作品中是深刻的悲剧，他称道尧、舜、禹、汤、文、武，至死在《怀沙》里仍写"重华不可遻兮，孰知余之从容"，力图把自己说成是一个"道德自我完善"的楷模，注定要以身殉君主，"虽九死其犹未悔"，可他却又不得不从现实中看到，别说君主，就是上帝及天堂，都是溷浊不分、美丑不辨，嫉妒、谗谄，完全异化了，那么，忠孝又有什么用呢？

在《离骚》的博大深沉、神秘莫测、驰骋天地之外，令人想到庄子的《逍遥游》，颇有"独与天地来往"的精神自由，可惜这只是外在的形式，他最后仍未跳出忠君的思想。因有这深刻的矛盾才有《离骚》。他在历史、哲学、艺术上与孔孟格格不入，却在政治上又与他们划不清"界限"。这也许便是一个艺术家与政治家的矛盾吧。文人从政，如履薄冰，后人这一警句，用在屈原身上，也不为过。作为政治家的悲剧，他是太有艺术家气质了，而作为艺术家的悲剧，他则是误入了官场之中。但对于一个民族文学史，却也是一个大幸，他留下了这样一部充满冲突、对抗的传世之作。作为艺术家，他有着鲜明的个性，而作为政治家，他又失去了人的独立意识，他发自内心的情感冲动，终究完全淹没在道德伦理的说教中。这是他个人的大幸，亦是他诗作的大幸了！

离开了历史与伦理的冲突，只从伦理上去否定他或只从历史上去否定他，则是忘记了艺术的真谛！而一位艺术家的历史观，毕竟是积极的、进步的，压倒了政治家"礼治"的理想，也就是说，美高于德，审美高于伦理，在这点上，他比孔子的以善为美、以善取消了美的伦理观、文以载道的政治思想要高明得多、深刻得多。用儒家学说去解释他，也是一种错位。连崇尚儒家的刘勰也说《楚辞》"异乎经典"之处甚众。荀子当时说"负石赴河"，亦"非礼义之中"。但它的价值，不恰巧正在这"异乎经典"之处吗？在"非礼义之中"吗？

如果说，社会是"第二自然"，超出自然而有其独立发展的道路，那么，不与历史作正比发展的文学，也同样是"第二历史"。以文学的发展去观照历史，观照社会，我们是可以发现在一般历史研究中不能发现的东西。历史是人类异化的始末，那么，文学却是人类反异化的始末，同样有其二律背反。庄子、屈子的作品深刻之处，也就在此了。

十、董仲舒：道德的神化与"三统之变"

本来，孔子在先秦诸子百家之中，不过是衮衮诸公中的一位，终身不得其志，到处出尽了洋相。所以，他对于死后的殊荣，则是不曾料及的。"子不语：怪、力、乱、神。"敬鬼神而远之，却万万没料到，自己竟也被定为"千古一尊"的神，教后人顶礼膜拜，历史给这位大教育家开了个大大的玩笑。他叫别人不要这么做，可后人却偏要对他这么做。他不信神，可别人把他当了神，而且愈当愈大，"屈于一时，伸于百代"，他成了众多统治者的师表。

正如前所述的，道德或礼，从来是保守的、落后的、传统的。一切即将覆灭的阶级，其最后的、也是无可奈何、最无力的呻吟或挣扎，便是诉诸道德，要求人们继续对其效忠，不要有不忠不义的悖逆之举。而这时，孔子所鼓吹的"礼治"，便最投合他们的心理需要，他们抓住这根救命稻草就不想撒手，以致最后一同沉没。

把孔子最早推向神的位置，也就是把道德伦理神化，置伦理于历史之上，首功当推汉代的董仲舒。在伦理史观的峰巅上，孔子成了素王，董仲舒的"废黜百家、独尊儒术"也就在中国历史上留下了深深的创痕，迄今不可治愈。

然而，正是董仲舒这一主张的确立，也标志着伦理社会由盛及衰，伦理史观已不足以制约时代，生气勃勃的秦汉伦理社会，已趋于保守与没落，所以才不得不改造和利用孔子的道德伦理思想来维持自身的存在。

董仲舒的政治活动岁月，正处于汉代由盛及衰的峰峦之上。汉武帝建功立业，兴水利、逐匈奴，倒是一片朝气蓬勃的景象。后来却自叹无法力挽狂澜，晚年下了一道悔过的诏书，说他的"雄才大略"已无法实施。他完成了"大一统"的中央集权的国家大业，却也到了极限，走向了反面。

董仲舒对汉武帝以"天人三策"，就是为了应对这盛极而衰的专制统治的。也就是说，在当时不仅在社会结构上得"定于一尊"，加强伦理秩序，而在人们的思想上，也务必"定于一尊"，加强对人民的思想统治。所以，必须"废黜百家，独尊儒术"，因为儒术——礼治，对统治者很是投契，董仲舒说：

> 春秋大一统者，天地之常经，古今之通谊也。今师异道，人异论，百家殊方，指意不同，是以上亡以持一统；法制数变，下不知所守。臣愚以为诸不在六艺之科，孔子之术者，皆绝其道，勿使并进。邪辟之说灭息，然后统纪可一而法度可明，民知所从矣。（《汉书·董仲舒传》）

当时的董仲舒，为儒家争得了正统地位，个人在政治上却并不得意。而百家之学仍然存在并在发展。其主张得以实现，当在其后。他毕竟拿出了个纲领，思想先行了！

在历史观上，为强化伦理道德的绝对统治，他继承了孔子的"君君、臣臣、父父、子子"的正名学说，融合了韩非的"臣事君、子事父、妻事夫，三者顺则天下治，三者逆则天下乱"的三纲思想，提出了"王道之三纲，可求于天"（《春秋繁露·基义》）的著名论断，把伦理秩序加以了绝对化及神化。

他是这么说的：

> 君臣、父子、夫妇之义，皆取诸阴阳之道。君为阳、臣为阴；父为阳、子为阴；夫为阳，妻为阴。
>
> 天之亲阳而疏阴，任德而不任刑也。是故仁义制度之数，尽取之天。天为君而复露之，地为臣而持载之；阳为夫而生之，阴为妇而助之……王道之三纲，可求于天。（《春秋繁露·基义》）

人间的伦理秩序，便是天定的秩序，君为臣纲、父为子纲、夫为妻纲的"三纲"是不可移易的。

> 道之大原出于天，天不变，道亦不变。（《汉书·董仲舒传》）
>
> 若夫大纲，人伦、道理、政治、教化、习俗、文义，尽如故，亦何改哉？故王者有改制之名，无易道之实。（《春秋繁露·楚庄王》）

为完成他的理论，他可谓绞尽脑汁了。应该说，为维护大一统的统治，他是不遗余力的，以致不惜借用天的力量。

他在《举贤良对策》中作了总结：

> 天令之谓命，命非圣人不行：质朴之谓性，性非教化不成；人欲之谓情，情非制度不节。是故，王者上谨承天意，以顺命也；下务明教化之民，以成性也；正法度之宜，别上下之序，以防欲也。修此之者而大本举矣。

于是，历史的变化是自人事而感应于天，违反了三纲便是得罪了天，"反天之道，无成者"（《春秋繁露·天道无二》），于是，历史、人伦与天，三者统一了起来：

> 观天人相与之际，甚可畏也！国家将有失道之败，而天乃出灾害以谴告之；不知自省，又出怪异以警惧之；尚不知变，而伤败乃至。以此见天心之仁爱人君而欲止其乱也，自非大亡道之世者，天尽欲扶

持而全安之。(《汉书·董仲舒传》)

历史的前进，也就在于"有道伐无道，此天理也，所从来久矣"(《春秋繁露·尧舜不擅移汤武不专杀》)，所以，无论是进是退，"大原出于天"，最后还是好的不变，万古不变！

从"天人合一"到"天人感应"一直到"王者法天""王道配天"，董仲舒只是把儒家的伦理史观，作了神学的解释与印证，借天以吓唬民众以遵守伦常秩序，用心良苦，换句话来说，在伦理史观下，他的理论与孔子的一套，也并无歧异之处。

在人性的问题上，他也作了新的综合与发挥，提出了"性三品"说。

孔孟是主善的，认为善是历史的动力，人性本是善的。荀子却认为人性是恶，但可以"化性起伪"，改造为善，从而推动历史前进。韩非来得更彻底，认为人性是恶的，而唯有恶，才能左右得了历史。凡此种种，把中国历史观中关于人性问题单独抽出，足可以与其他什么"民本思想"之类独立成篇了。

董仲舒则把人性分为上、中、下三篇，这也是一种伦理秩序。他说："性之名非生与？如其生之自然之资，谓之性。性者，质也。"那么，这种天生的资质是善是恶呢？他又说：

> 天两有阴阳之施，身亦两有贪、仁之性。(《春秋繁露·深察名号》)

所以，由于天地有阴阳，人也有善恶，人性也得服从伦理秩序。

就这样，他分出了"三品"："圣人之性""斗筲之性""中民之性"。即"圣人之性，不可以名性；斗筲之性，又不可以名性。名性者，中民之性"(《春秋繁露·实性》)。

所以，圣人之性，是天生的善；斗筲之性，则是天生的恶，均是不可改变的。这颇有孔子"惟有智与下愚不移"的味道。而"中民之性"，可以经过教化成为善，可以叫作性。这又有点荀子的"化性起伪"的意思了。

且看他是如何自圆其说的吧。

他并不同意孟子的性善论，而且说得振振有词：

> 吾质之命性者异孟子。孟子下质于禽兽之所为，故曰性已善；吾上质于圣人之所善，故谓性未善。(《春秋繁露·深察名号》)

这里倒有点相对论的影子。但是，人们不难看出，他无非在人性善恶的层次上，比孔孟更进一步完成了伦理史观。他认为，性是资质，善乃教化，二者相待而成，却不曾同一。"性比于禾，善比于米。""禾虽出米而禾未可谓米也，性虽出善而性未可谓善也"（《春秋繁露·实性》）。所以：

> 性者，天质之朴也。善者，王教之化也。无其质，则王教不能
> 化；无其教，则质朴不能善。（《春秋繁露·实性》）

因此，"圣人之道"为"天命"，"王者之教"为"善性"，而"人欲"必节制，也就是恶了。于是，自人性善至人性恶的"三品"中，彼此是不可逾越的，它们有等级之分。他就这样把社会外在的纲常秩序化作了人性内在的善恶等级，"王承天意、以成民之性为任者"，天生是教育人的，而"民之号取之瞑也"（《春秋繁露·深察名号》），老百姓均是浑浑噩噩冥顽不灵的，"譬如瞑之待觉，教之然后善"（《春秋繁露·深察名号》）。就这样，圣人天生是历史的创造者，而"深察名号"则是"治天下之端"，这仍是孔子的"正名"说，以"名"来定是非，判顺逆。

性"三品"说可谓董仲舒的新创造，而历史发展的"三统""三正"之说，则更是他在"三纲五常"定位不变、"天道无二"、始终如常的理论上建立起来，用以解释历史上的朝代兴亡更迭的。过去，统治者用"以德配天"来解决这一问题，后来，又有了邹衍的"五德终始"之说。且看董仲舒如何立新说吧。

他也主张以"德"来解释朝代更迭："天之命无常，惟德是命"（《白虎通义·三代改制质文》），赞成"五行莫贵于土""五色莫贵于黄"（《白虎通义·五行对》），认为汉以"土德"受命。但他并没就此止步，说相继的朝代都要"徙居处""更称号""改正朔""易服色"，自成一"统"，以应天命：

> 今天大显己物，袭所代而率与同，则不显不明，非天志，故必徙
> 居处、更称号、改正朔、易服色者，无他焉，不敢不顺天志而明自显
> 也。（《白虎通义·楚庄王》）

他以夏为例，夏代以寅月为正月，其时"天统气始通化物，物见萌达，其色黑"。于是夏朝的朝服、车马、旗帜、祭祀，均尚黑，为"黑统"。商朝以丑月为正月，其时"天统气始蜕化物，物始芽，其色白"，于是商的一切均尚白，为"白统"。周朝以子月为正月，其时"天统气始施化物，物始动，其色赤"。所以周的一切就尚赤，为"赤统"。

这样，"三统之变"，便是黑统、白统、赤统的更迭。但他又加以演绎：

> 有不易者，有两而复者，有三而复者，有四而复者，有五而复
> 者，有九而复者。

"两而复"，是一代尚文，一代尚质。"三而复"，则"商质者主天，复文

者主地，春秋者主人"。"四而复"，便是"主天法商而王""主地法夏而王""主天法质而王""主地法文而王"。"四法如四时然，终而复始"（《白虎通义·三代改制质文》）。"五而复""九而复"，就是封五帝、九皇后以维持其对祖先的祭祀——说到底，他无非是把循环演绎得更复杂一点，但万变仍不离其宗。"古之天下，亦今之天下；今之天下，亦古之天下"（《汉书·董仲舒传》）。所以，"圣者法天，贤者法圣，此其大数也。得大数而治，失大数而乱，此治乱之分也"。"《春秋》之道，奉天而法古"（《白虎通义·玉杯》）。

直到东汉，由汉章帝刘炟亲自主持的白虎观会议上，董仲舒的这种政治伦理思想得到了系统的发挥，他们编纂为《白虎通义》，提出了"三纲""六纪"的伦理教条，三纲其义已明，"六经"则是"诸父、兄弟、族人、诸舅、师长、朋友"，还有妇女"三从"：

> 三纲法天地人，六纪法六合。君臣法天，取象日月屈伸，功归天也，父子法地，取象五行转相生也，夫妇法人，取象人合阴阳，有施化端也。（《白虎通义·三纲六纪》）
>
> 女者，如也，从如人也，在家从父母，虽嫁从夫，夫殁从子也。
>
> 夫有恶行，妻不得去者，地无去天之意也。（《白虎通义·嫁娶》）

"三统""三正"则更为详备：

> 正朔有三，何本？天有三统，谓三微之月也：明王者当奉顺而成之，故受命各统一正也，敬始重本也。朔者，苏也，革也，言万物革更于是，故统焉。（《白虎通义·三正》）
>
> 三正之相承，若顺连环也。（《白虎通义·三正》）

其"三微"，系"阳气始施黄泉，万物动微而未著也"。说的是季节转换中以哪一月为正月。

由"三正"又来了"三教"：

> 王者设之教何？承衰收弊，欲民反正道也。三正之有失，故立三教以相指受。夏人之王教以忠，其失野。救野之失莫如敬、殷人之王教以敬，其失鬼。救鬼之失莫如文。周人之王教以文，其失薄。救薄之失莫如忠。继周尚黑制，与夏同。三者如顺连环，周则复始，穷则反本。（《白虎通义·三教》）

于是，这种"三统之变"的历史循环论，便发展得更加完备与细密了。宗法社会的统治者，大可不必担忧其"道"失去正传了！

十一、《淮南子》《史记》《论衡》：
浪漫主义—现实主义——历史的哲理思考

在中国古代的文化史上，我们很难把一些人说成是单纯的史学家、哲学家或文学家。文、史、哲不分家，是中国古代文化的一个特征。不过，从个人的内在气质而言，三者还是可以划分的。如果说，司马迁看上去是个史学家，有《史记》为证，但从《史记》本身精美的文笔、出神入化的描绘等鲜明的文学性而言，我们却又不能不承认，他较之史学家，更像一位具有宏阔的史诗气质的文学家，因此，我们不能单凭他的"宣言"来评价他的历史观，而要看他在作品中自然流露出来，甚至连他本人也不曾意识到的历史观点。当然，我们不是说他没有"史识"，他的确从平凡的史料中发掘出了不少深刻的、新颖的思想来，这已有定论了。但这要上升到哲学的高度却还不够。

同样，王充的《论衡》，作为一部"疾虚妄"的批判性的著作，固然有史论、文论，因而史学史、文学史皆不能不提及，可是仔细研究，它所具有的哲理性比其文学性、历史性更强，王充作为一个哲学家而言，更有其卓尔不群的意义。所以，发掘这位哲学家的历史观，就更接近于历史哲学的高度——虽然当时尚不可能有历史哲学产生。

在这一小节里，我们不想重复与伦理史观的几个典型论点相近的若干思想家的历史观，不希望把这部作品变成教科书、面面俱到——这留待以后足以称之为历史哲学家的学者们去完成吧，当然这更是一项更为宏伟的工程，需要花更多的心血。我们只期待提供一条线索，构造一个雏形，在历史哲学前进的大道上垫一块小小的基石，这就心满意足了。

同汉武帝"罢黜百家，独尊儒术"相颉颃的另一条路线上，我们感到刘安的《淮南子》（非他一人所著，但代表他的思想倾向）的历史观有必要一提。

《淮南子》如同《庄子》等著作一样，惯用历史传说以及神话故事来阐述其哲理，同时保存下了许多远古历史及文学的片段。如今流传甚广的神话故事，尤其得助于《淮南子》。刘安很喜欢《离骚》，曾著《离骚传》，其文人气质之强，可想而知。所以，《淮南子》在追叙远古神话方面，颇有浪漫主义色彩，与庄子相通。诸如女娲补天、后羿射日等神话故事，皆是《淮南子》留下来的，它亦反映了人类同自然作斗争的伟大想象。

它认为人类的历史，也同样有一个混沌未分、纯朴未散的"黄金时代"，亦即同老庄的"至德之世"。人们同焉皆生，而不知其所以生，"机械诈伪，莫藏于心"(《淮南子·本经训》)。即便到了黄帝时期，人类有了男女、上下之分，却还是：

> 百官正而无私，上下调而无尤，法令明而不暗，辅佐公而不阿；田者不侵畔，渔者不争隈，道不拾遗，市不豫贾，城郭不关，邑无盗贼；鄙旅之人，相让以财；狗彘吐菽粟于路，而无忿争之心。(《淮南子·览冥训》)

然而，这种"至德"的盛况很快便消失了，"栖迟至于昆吾、夏后之世、嗜欲连于物，聪明诱于外，而性命失其得"。"施及周宝，浇淳散朴，杂道以伪，俭德以行、而巧故萌生"(《淮南子·俶真训》)。人欲横流，分化加剧，道德沦丧了。贵族、人主醉生梦死，百姓则"冻饿饥疾寒，死者相枕席也"(《淮南子·本经训》)。"故高下之相倾也，短修之相形也，亦明"(《淮南子·齐俗训》)。

它隐约察觉到物质生产在历史发展背后的作用：

> 人众财寡，事力劳而养不足，于是忿争生，是以贵仁；仁鄙不齐，比周朋党，设诈谞、怀机械巧故之心，而性失矣，是以贵义；阴阳之情，莫不有血气之感，男女群居杂处而无别，是以贵礼；性命之情，淫相而胁，以不得已，则不和，是以贵乐。是故仁、义、礼、乐者，可以救败，而非通治之至也。(《淮南子·本经训》)

此可谓惊世骇俗之言，画出了阶级分化从而产生所谓道德的情景。至此，与老庄的历史观仍一脉相承。

它赞成技术的进步，认为这与历史发展相适应，因为"民迫其难则求其便，困其患则造其备，人各以其所知，去其所害，就其所利"(《淮南子·汜论训》)。所以才从穴居、巢居到建造宫殿，由"剡耜而耕，磨蜃而耨"到使用农具，由两手空空到"铸金锻铁以为兵刃"。

它认为"治国有常，而利民为本；政教有经，而令行为上；苟利于民，不必法古；苟周于事，不必循旧"。"故变古未可非，而循俗未足多也"(《淮南子·汜论训》)。从而提出了"与化推移"的历史进化论观点，"是故世异则事变，时移则俗易，故圣人论世而立法，随时而举事"，"是故不法其已成之法，而法其所以为法。所以为法者，与化推移者也"(《淮南子·齐俗训》)。

在人性论上，它却认为性中有自己原本的"天理"：

> 人生而静，天之性也；感而后动，性之害也；物至而神应，知之动也；知与物接，而好憎生焉，好憎形成，而知诱于外，不能反己，

而天理灭矣。(《淮南子·原道训》)

但在"反己"的先天本性之余，他亦未否定后天对于人性的影响：

故日月欲明，浮云盖之；河水欲清，沙石秽之；人性欲平，嗜欲害之。惟圣人能遗物而反己。(《淮南子·齐俗训》)

可惜，他只认为唯圣人可返璞归真。

他看到"嗜欲"与"天理"的矛盾，却不主张禁欲，认为得"适情辞余，无所诱惑""以恬养性，以漠处神"。并感悟道：

解车休马，罢酒彻乐，而心忽然若有所丧，怅然若有所亡也。是何则？不以内乐外，而以外乐内，乐作而喜，曲终而悲，悲喜相转生，精神乱营，不得须臾平。(《淮南子·原道训》)

所以，因性养性，不禁欲，却也得节欲，法制"因民之所好，而为之节文"，教化亦"因其所喜以劝善，因其所恶以禁奸"。"故因其性则天下听从，拂其性则法悬而不用"(《淮南子·泰族训》)。这倒是真知灼见了。

这里多多少少已听得出"顺乎自然"的回声了，因此，对于治国，《淮南子》主张的不是"礼治"，而是"漠然无为而无不为"，"澹然无治也而无不治也"。"所谓无为者，不先物为也；所谓无不为者，因物之所为；所谓无治者，不易自然也；所谓无不治者，因物之相然也"(《淮南子·原道训》)。这与如今所说的，按照经济的规律发展经济，按照文学的规律发展文学，按照客观的自然规律去办事，已有不少相通之处了。它反对把个人的意志强加于社会，指出儒家的"礼治"是舍本求末，"是故知神明，然后知道德之不足为也；知道德，然后知仁义之不足行也；知仁义，然后知礼乐之不足修也。今背其本而求其末，释其要而索之于详，未可与言至也"(《淮南子·本经训》)。所谓"本""要"，则是因民性，无为而治。"故世治则小人守政，而利不能诱也；世乱则君子为奸，而法弗能禁也"(《淮南子·齐俗训》)。"乱世之法，高为量而罪不及，重为任而罚不胜，危为禁而诛不敢，民困于三责，则饰智而诈上，犯邪而干免。故虽峭法严刑，不能禁其奸。何者？力不足也。故谚曰：鸟穷则啄、兽穷则触、人穷则诈，此之谓也"(《淮南子·齐俗训》)。

《淮南子》在史观上的高明之处，便是指出了所谓道德与法均是手段、是工具，而不是"本"。本则在于民性、民力，在于社会物质的丰富或贫乏。这里，由自然史观出发，多多少少闪现出了一点唯物主义的光辉。

我们不可能要求古代思想家具有今人的唯物史观，其时，生产与科学并不发达，并未足以引起人们对其历史作用的足够注意，换句话来说，经济的力量在当时并未作为社会的显性因子而出现，所以，这个时候能或多或少留意到这一方面，便已难能可贵了。

司马迁在《史记》中，也曾这般试图从经济生活上去揭示社会发展的动因，反对当时的谶纬神学的阴阳灾异之说，在中国古代的历史思想史上，这不得不说是一个重要的阶梯。

司马迁对已有文字记载的三千年历史画面，作出前人未有的概括与总结，尤其是对汉初的古代社会，勇敢地作出"实录"，体现出一位史学家及文学家的非凡胆识。他的史学眼光是犀利而又广阔的，无论是朝代的兴废与更替，各民族的演变与发展，还是历史人物的各自面目、思想潮流的兴起与毁灭，他都以卓越的艺术形象表达了出来，并揭示出了深刻的内涵。其历史价值与文学价值均是无与伦比的。他的《史记》堪称中国的一部伟大史诗。

与司马迁意见相左的班固，也不能不叹服："其文直，其事核，不虚美，不隐恶，故谓之实录。"后人顾炎武在《日知录》中更说："古人作史有不待论断而序事中即见其指者，惟太史公能之。"（《日知录》卷二十六）

所以，一部《史记》，其历史思想的丰富厚实，两千年以来，仍未见发掘得尽，日读日新，这也正如庄子靠形象及寓言说话一样，对历史事实的真切描绘，所能揭示的思想是难以穷尽的。

也正是那个老同他唱对台戏的班固，颇有眼力地揭示出了其历史观的要点：

> 其（迁）是非颇缪于圣人，论大道则先黄老而后六经，序游侠则退处士而进奸雄，逆货殖则崇势利而羞贱贫，此其所蔽也。（《汉书·司马迁传》）

是"蔽"呢，还是"明"呢？我们说，班固所指之"蔽"，正是司马迁过人之"明"！正是他"是非颇缪于圣人"，才使《史记》有着异乎寻常的光辉历史价值。

在《史记·自序》中，司马迁说：

> 维三代之礼，所损益各殊务，然要以近性情，通王道，故礼因人质为之节文，略协古今之变作《礼书第一》。

但不可把他的宣言"维三代之礼"看得太认真了。在那个"独尊儒术"的时代，不作这样的宣言是不行的，所以仍有要看完整部《史记》的思想倾向。

首先，司马迁极为严谨地把附会至人类史上的"神意"清除出去。他没把庄子、屈子、淮南子等书中的神话列入《史记》，连升天铸鼎的黄帝也还原为人了，直书"黄帝死，葬桥山"。他记录的历史只是人的活动，他进一步否定了"天命"及因果报应。在《项羽本纪》中，引了项羽说的"天亡我"之后，指出，项羽"五年卒亡其国，身死东城，尚不觉悟而不自责，过矣。乃引'天亡我，非用兵之罪也'，岂不谬哉"。在《秦始皇本纪》中，对"五德终始"论还予以了斥责。在记述了秦自认"水德"之后，便议论道："（秦）刚毅戾深，事皆决于法，刻削毋恩和义，然后合五德之数，于是急法，久者不赦"，所以才导致二世而亡。

他一方面接受"三统之说"的影响，没能跳出历史循环论的影响，在《高祖本纪》中说："夏之政忠，忠之敝，小人以野，故殷人承之以敬。敬之敝，小人以鬼，故周人承之以文。文以敝，小人以僿，故救僿莫若以忠。三王之德若循环，周而复始。"但是，从整部《史记》来看，司马迁并未全盘加以接受"三统之变"，《史记》中不曾反映或完整反映"三统"与"四法"交错到十二世完成一次历史大循环之说。例如，一般"三统说"，把秦排斥在"统"的序列之外，司马迁则对此加以了驳斥：

> 学者牵于所闻，见秦在帝位日浅，不察其终始，因举而笑之，不
> 敢道，此与以耳食无异，悲夫！（《史记·六国年表·序》）

所以，司马迁是有其历史主义观念的，对历史的演变、人事的成毁是从历史事实出发，而绝不去套"五德终始"及"三统之变"的"圣人"之论，这样，他便较一般史学家更能探索到历史现象产生的种种原因及一定的规律，并有不少真知灼见。其"网罗天下放失旧闻，考其行事，综其终始，稽其成败兴坏之纪……""原始察终，见盛观衰。……天人之际，承敝通变""观其所以得尊宠及所以废辱，亦当世得失之林也，何必旧闻？于是谨其终始，表其文"等，均是这种从历史条件出发考察人事的历史主义观点。所以，他在《十二诸侯年表》中讥嘲儒家的观点："儒者断其义，驰说者骋其词，不务综其终始。"

由于他这种史学态度，在《史记》中，便初步探讨了人们的政治地位与经济的关系、思想行为与物质利益的关系，从而把物质生产的历史当作不以人的意志为转移的自然史。他在《货殖列传》中，关于物质生产的问题有着天才的论述：

> 待农而食之，虞（矿）而出之，工而成之，商而通之，此宁有
> 政教发征期会哉？人各任其能，竭其力，以得所欲。故物，贱之征
> 贵，各劝其业，乐其事，若水之趋下，日夜无休时，不召而自来，不
> 求而民出之，岂非道之所符，而自然之验耶。

所以，司马迁认为，"富者，人之性情，所不学而俱欲者也"，"天下熙

熙，皆为利来，天下攘攘，皆为利往。夫千乘之王，万家之侯，百宝之君，尚犹患贫，而况匹夫编户之民乎！"。他把一个专搞生产的白圭，与大政治家、大军事家平列，说："吾（白圭）治生产，犹伊尹、吕尚之谋，孙、吴用兵，商鞅行法是也。"

《货殖列传》作为《史记》压轴之作，可见司马迁对经济生活影响历史进程的作用是很重视的，并试图从中找出规律，立起史识。他说："夫神农以前吾不知已。至若《诗》《书》所述虞夏以来，耳目欲极声色之好，口欲穷刍豢之味，身安逸乐，而心夸矜势能之荣使，俗之渐民久矣。虽户说以眇论，终不能化。"

他进一步洞察到由于生产关系而产生的剥削与被剥削的关系："凡编户之民，富相什，则卑下之，伯，则畏惮之，千则役，万则仆；物之理也。"经济条件就这么决定了人们的社会地位，并作出了道德评价："本富（劳动致富）为上，末富（经商）次之，奸富最下。""鄙人有言曰：'何知仁义，已飨其利者为有德。'……由此观之，'窃钩者诛，窃国者侯，侯之门仁义存'，非虚言也。"（《游侠列传》）

司马迁大胆地揭露出当时社会的矛盾，指出法律是一种治人的工具，并非理性的产物。甚至让酷吏自己宣称："三尺（法律）安出哉？前主所事，著为律，后主所是，疏为令，当时为是，何古之法乎？"尤其在揭露汉儒叔孙通定礼的故事中，更骂得淋漓尽致，认为神圣的法律不过是巧取豪夺罢了。

由此，他进一步暴露了汉代"内法外儒"的道德实质，一种是"朋党宗强比周，设财役贫，豪暴侵凌孤弱，恣欲自快"，这是有权有势的人的道德，另一种是老百姓的道德，"布衣之徒，设取予然诺，千里诵义，为死不顾世……故士穷窘而得委命，此岂非人之所谓贤豪间者耶？诚使乡曲之侠，与季次、原宪比权量力，效功于当世，不同日而论矣。……虽时扞当世之文罔，然其私义廉洁退让，有足称者。名不虚立，士不虚附"（《游侠列传》）。

从上述道德与法的观点出发，他挣开了封建正统观念的束缚，敢于歌颂农民起义，他说："桀纣失其道而汤武作，周失其道而春秋作，秦失其政而陈涉发迹。"《自序》把陈涉起义与汤武圣王开创商周二代等量齐观。他还在《秦楚之际月表序》中，客观地写上："初作难，发于陈涉；虐戾灭秦，自项氏；平定海内，卒践帝祚，成于汉家。"

在考察"古今之变"时，司马迁有时侧重于形势与兵力，有时侧重于人心向背与人谋得失，并且常把这些与经济原因联系起来。如叙述商鞅变法，"秦人富强"，"魏用李克，尽地力，为强君"，等等。

总而言之，司马迁的《史记》中，包含有极为深邃、博大的历史思想，这里几笔带过，是很不够的。现实主义的力量，使得他的历史观远比其宣言要进步得多，其"成一家之言"的表白，也正证明他并不甘心于当一名平平常常的历史学家。由于历史与时代的限制，他不可能越出历史循环论及英雄史观的局限，其认为"物盛则衰，时极而转，一质一文，终始之变"（《史记·平准书》）的观念，贯穿全书，固然有辩证法的因素，但仍离不了"大数"，讲循环，讲周而复始，但他还是看到了"变"，看到了历史的进步，不落入儒者的历史倒退论中，这在他来说，已很不容易了。他毕竟被统治者视为异端，则可见他在史学上有远见卓识，有"乱国政"，否则，他就不会要将《史记》"藏之名山，传之其人"，以求得后世的赏识。

在他稍后的班固著的《汉书》，则完全以汉代的封建正统思想为准，"旁贯《五经》、上下洽通""纬《六经》，缀道纲"，大谈阴阳灾异、天人感应，在史观上没有什么创见，其价值就远不如《史记》了。

在史观上与司马迁相衔接的，还得说说扬雄和桓谭，而后才能到王充。

扬雄模糊地感觉到历史的发展有一定的规律可循，所以提出了"天不人不因，人不天不成"的重大命题。"天"便是客观的历史趋势，人，即人为。"汉屈群策，群策屈群力，楚憞群策，而自屈其力。屈人者克，自屈者负，天曷故焉！"（《法言·重黎》）所以，项羽说"天亡我"是没道理的。

扬雄认为朝代的兴亡、更替，在于"时激、地保、人事"三个原因。时激，则指斗争的形势，"始皇方斧，将相方刀；六国方木，将相方圆，激也"（《法言·重黎》）。地保，则指地理环境。人事，便是政治了，"孝公以下，强兵力农，以蚕食六国，事也"。

所以，"圣人之法"，也有盛衰变化，不可古今一律，须革新鼎故，"以往圣之法治将来，譬犹胶柱而调瑟"（《法言·先知》）。

他认为"人之性也善恶混，修其善则为善人，修其恶则为恶人。……气也者，所以适善恶之马也欤！"（《法言·修身》）这仍落入董仲舒的性三品说之中。所以，治国还离不了孟子的所谓"王道"与"仁政"之说。

王充说："汉作书者多，司马子长，扬子云，河、汉也；其余泾、渭也。"他对扬雄的评价是颇高的。

而后还有桓谭，这位被汉武帝斥之为"非圣无法"者，王充则大为推崇："论世间事，辩照然否，虚妄之言，伪饰之辞，莫不证定。彼子长、子云说论之徒，君山为甲"（《论衡·超奇》）。

可惜，桓谭的《新论》，而今只剩得只言片语了。他的历史观，也只能归纳几点。

他主情"弗治治之"的政治，"三皇以道治，五帝用德化，三王由仁义，五霸用权智"。这与老子的观点差不多。他总结了秦二世而亡的教训: "秦始皇见周室之失统, 丧权于诸侯, 自以当保有九州。见万民碌碌, 犹群羊聚猪, 皆可以竿而驱之……故遂以败也" (《新论·五霸》), 猛烈抨击王莽的严刑苛法。

他希望为政者识大体, "举网以纲, 千目皆张; 振裘持领, 万毛自整; 治大国者, 亦当如此"。同时指出人才的历史作用: "得十良马, 不如得一伯乐……多得善物, 不如少得能知物" (《群书治要》), "尧能则天者, 贵其能臣舜、禹二圣" (《新论·辨惑》)。

被章太炎称之为"汉代一人"的王充, 所著的《论衡》, 是一部称得上为哲学著作的皇皇大作。他看到当时流行的谶纬神学和庸俗经学遗患不浅, 全是一派"虚妄之言", 决心"疾虚妄"、反传统, 以至《问孔》《刺孟》, 为后世留下了一部"异端邪说"式的经典, 被卫道士们骂成"千古罪人"。但它纵然一度被禁, 却流播千载, 为后人提供了反传统的有力武器。所以, 太炎先生称王充为"汉代一人", 绝不为过。他在中国哲学史上, 留有光辉的一页。他的思想体系, 对天人关系等问题逼近于唯物主义的论证, 在自然史观——人类史观上有着极为重大的意义。本来, 自然史观中, 亦包含有唯物史观的因素, 当然也可以向别的史观演化。其发展方向本也是多元的。我们说过, 人类历史的每个片段均是全息摄影, 唯物史观并不是一天之内产生出来的, 它得有个萌芽、发展、成熟的过程。不到一定时候, 它是不会被确立下来或被"发现"的。

被今人誉为战斗的无神论者、早期唯物主义思想家的王充, 在历史观上还是有他的贡献的。虽然很多人论证过, 在自然观上, 朴素的唯物论是站得住的, 而在历史观上, 往往很难把唯物论贯彻到底。也就是说, 下半截身子是站立在唯物论的土壤上, 上半截身子就云里雾里了。所以, 王充的历史观也有着很大的局限性。

他是把"天道自然"的观点应用到历史发展的过程之中。认为治乱、兴废、盛衰, 都是客观的必然趋势:

　　　　王命之当兴也, 犹春气之当为夏也; 其当亡也, 犹秋气之当为冬也。(《论衡·异虚》)

　　　　夫朝之当亡, 犹人当死……人死命终, 死不复生, 亡不复存。(《论衡·异虚》)

他的确看到, 社会的治乱是不以圣人的意志为转移的。可是, 决定兴亡、盛衰、治乱的又是什么呢? 在这点上, 他作了很多努力, 也猜测到了物质生活对政治的制约关系，但却不可能得到正确的结论：

> 国之存亡，在期之长短，不在于政之得失。(《论衡·异虚》)
>
> 昌必有衰，兴必有废，兴昌非德所能成，然则衰废非德所能败也；昌衰、兴废，皆天时也。(《论衡·治期》)
>
> 人皆知富饶居安乐者命禄厚，而不知国安治化行者历数吉也。故世治非贤圣之功、衰乱非无道之致。国当衰乱，圣贤不能盛；时当治，恶人不能乱。世之治乱，在时不在政；国之安危，在数不在教。贤不贤之君，明不明之政，无能损益。(《论衡·治期》)

如果把"时""数""历"等当作客观规律来看，王充这些见解还是发人深省的。但王充却由此陷入到了"命定"论中。

纵然如此，他仍排斥了儒家所神化了的、受命于天的所谓圣人、王者、名世者——这对于伦理史观的正宗来说仍是"异端"。

他对三纲五常是持否定态度的，他提出天地一体，则打掉了"天尊地卑"的封建秩序的理论基础，并提出了他的伦理观点：

> 让生于有余，争起于不足，谷足食多，礼义之心生。……为善恶之行，不在人质性，在于岁之饥寒，由此言之，礼义之行，在谷足也。(《论衡·治期》)

他没有否定礼义之心，却认为这不是以纲常秩序为准则的道德所决定的，而是由贫富所决定的，也就是说，他承认了个人的切身利益是道德的基础。自然，这一伦理观与历史观是紧密相连的——他看到了社会的物质生活状况对历史的作用：

> 夫世之所以为乱者，不以盗贼众多，兵革并起，民弃礼义，负畔其上乎？若此者，田谷食乏绝，不能忍饥寒。……传曰："仓廪实，民知礼义；衣食足，民知荣辱。"让生于有余，争起于不足。谷足食多，礼义之心生；礼乎义重，平安之基立矣。(《论衡·治期》)

人民物质生活的多寡，则决定了社会的治乱与发展——这一见地，还是深刻的。由此，他批驳了孔子的"去食存信"论，指出："夫去信存食，虽不欲信，信自生矣。去食存信，虽欲为信，信不立矣。"(《论衡·问孔》)

由食与信，进而论德与刑："治国之道，所养有二：一曰养德，二曰养力。养德者，养名高之人，以示能敬贤；养力者，养气力之士，以明能用兵。此所谓文武张设，德力且足者也。"(《论衡·非韩》)

王充的历史观是肯定发展、肯定进步的，他指斥了儒家"高古下今""尊古卑今""褒古贬今""贵所闻而贱所见"及"五帝三王致天下太平，汉兴以来，未有太平"等一系列谬论，说"夫太平以治定为效，百姓以安乐为符"，"汉盛于周"，其理由如下：

> 周时仅治五千里内，汉氏廓土收荒服之外。……古之戎狄，今为中国；古之裸人，今被朝服；古之露首，今冠章甫，古之跣跗，今履高舄。以盘石为沃田，以桀暴为良民，夷坎坷为平均，化不宾为齐民，非太平而何？（《论衡·宣汉》）

他认为汉"在百代之上"，文化繁荣，继承了百世的丰富遗产；由于民族融合，"四海为一，天下安宁"：

> 汉何以不如周？独谓周多圣人，治致太平？儒者称圣泰隆，使圣卓而无迹；称治亦泰盛，使太平绝无续也！（《论衡·宣汉》）

然而，由于自然史观的影响，在历史进化上，他仍没跳出循环论：

> 夫上世治者，圣人也；下世治者，亦圣人也。圣人之德，前后不殊，则其治世，古今不异。
>
> 上世之天，下世之天也，天不变易，气不更改。……帝王治世，百代同道。（《论衡·齐世》）
>
> 文质之复，三教之重，正朔相缘，损益相因，圣贤所共知也。……以今而见古，从此而知来。千岁之前，万世之后，无以异也。（《论衡·实知》）

这又与董仲舒的"天不变，道亦不变"的观点殊途同归了。

从司马迁到王充，到头来也没挣脱出"三统循环""文质交替"的传统观念的束缚。这里揭示出了朴素的唯物主义的致命弱点——这就是在他们的历史观里，是不可能将唯物主义贯彻到底的，他们的史观不可能，也不曾上升到唯物史观的高度。

但是，我们也无权越过他们的时代局限，以非历史主义的观点来横加指责、妄断是非。也正是因为司马迁、王充等人的有力批判，西汉以来儒家的正宗地位、伦理史观，虽在表面上仍有其统治地位，可在实质上已动摇根本。所以，到了魏晋时代，玄学盛行，嵇康等能提出"越名教而任自然"的主张，使前期儒家几欲全军覆灭，人格本体论占了上风，开创了一个新的历史时期。

十二、"天放"的时代：
"越名教而任自然"与"无君论"

魏晋南北朝，是中国文化发展史上一个独特的、闪烁有绚丽的光辉的时期，几乎可以与先秦诸子百家争鸣媲美。

那是一个动乱不安的时代，也是一个思想自由解放的时代。

在文学上，它被一代巨匠鲁迅称为"文学的自觉时代"，建安文学、正始文学，尤其以文学理论为盛，出现了《文心雕龙》《诗品》两部巨著。诗歌和民歌的成就，更不让位于先秦，为唐代的诗歌奇峰奠定了坚实的基础，纵然有嵇康等人被杀，但思想解放的大潮却不可阻遏。

史学上，梁启超在《中国历史研究法·过去中国之史界》中说："两晋六朝，百家荒秽，而治史者独盛，在晋尤著。"可见，当时史籍盛极一时，风起云涌。"才堪著述，学综文史"者数不胜数。其原因，则是汉代严厉控制史家修史的局面被打破，又有着司马迁等史家巨著的影响，加上动乱年代王朝迭起，"历史"丰富，均需彰其开国的功德，鉴其亡国的教训。但是，从根本上说，仍是思想解放的成果。

哲学上，这一时期也开了一代新风。汉武帝将儒学"定于一尊"的绝对统治地位业已崩溃，并且遭到了严厉的批判，被神化的"名教"声誉扫地，这是哲学发展的一个重要阶段。魏晋年轻的哲学家王弼，入木三分地指出名教的虚伪，说其"崇仁义，愈致斯伪"，"巧愈精思，伪愈多变，攻之弥甚，避之弥勒"（《老子微旨略例》）。被"罢黜"的百家又重新活跃起来，许多几乎已泯灭或消沉下去的学派再度崛起。曹操、诸葛亮则宣称崇尚法术，有"魏之初霸，术兼名法"之说。刘陶善论纵横，王衍亦如是。连墨家也为人所善，管宁亦"韬韫儒墨"……

试想想在我们"五四"前后的短暂时期内，军阀混战中，思想界也是如此活跃，仅老百姓自己办的报刊就上千种，纵然有李大钊等人被杀，但这仍给中国带来了思想解放的先声。混乱相对带来了失控，自然的法则便起作用了。顺其自然，是中国古代哲人极有价值的遗训，魏晋时期的混乱，给玄学提供了衍生的机会，人们厌恶了人为的争斗，求救于自然的清平和谐。汉末的思想家仲长统索性把历史描绘为"乱—小乱—大乱"的过程，推倒了天命循环论，提出了历史的悲剧论。在他的《理乱篇》末处，他揭示了"变而弥猜，下而加酷"的乱世面目：

> 昔春秋之时，周氏之乱世也。逮乎战国，则又甚矣。秦政乘并兼

之势，放虎狼之心，屠裂天下，吞食生人，暴虐不已，以招楚汉用兵之苦，甚于战国之时也。汉二百年而遭王莽之乱，计其残夷灭亡之数，又复倍乎秦项矣。以及今日，名都空而不居，百里绝而无民者，不可胜数，此则又甚于亡新之时也，悲夫！不及五百年大难三起，中闲之乱，尚不数焉，变而弥猜，下而加酷，推此以往，可及于尽矣！嗟夫，不知来世圣人救此道将何用也，又不知天若穷此之数欲何至耶！

无可奈何之际，人们唯有蜕化超俗了，所以他著诗云：

> 至人能变，达士拔俗。……六合之内，恣心所欲，人事可遗，何为局促？大道虽夷，见几者寡，任意无非，适物无可，古来绕绕，委曲如琐，百虑何为，至要在我。寄愁天上，埋忧地下，叛散五经，灭弃风雅。百家杂碎，请用从火，抗志山西，游心海左。元气为舟，微风为柂，敖翔太清，纵意容冶。（《后汉书·本传》）

他就这般"飞鸟遗迹，蝉蜕亡壳"，导向了魏晋玄学的境界——"古来绕绕，委曲如琐，百虑何为，至要在我"，这已是内在的人格的觉醒了。到了魏晋，在"敌对王朝的心理的反对命题的作用"下，伦理史观一蹶不振，人格本体论便占了上风，由老庄而玄学，由玄学而佛教，中国文化史上出现了一次奇迹的"激活"。

在汉末，伦理史观被推向了极端，从而走到了反面，被神化的"三纲五常"的秩序给人民造成了极大的创伤，政治生活一团漆黑，士大夫们入仕无门，六十岁还在当太学生，汉末民谣对这种伦常秩序予以了有力的抨击：

> 举秀才，不知书；察孝廉，父别居；寒素清白浊如泥，高第良将怯如鸡。

三纲五常、名教之类的虚伪性、丑恶性，到汉末已统统暴露无遗。人们对一切的一切，即过去所信奉的伦理道德、谶纬宿命、烦琐经术等标准、价值及规范，都产生了动摇与怀疑，儒家的入世精神成了空洞的说教及可笑的布道，从而夕阳西下、气息奄奄，人们开始对其采取讥嘲的态度。这时，个人的命运，个人的生荣死哀，便显得突出了，于是出现了一种个性的自觉，追求自我的解放，《世说新语》中桓温问殷仲堪："卿何如我？殷云，我与我周旋久，宁作我。"走向对人自身的肯定，对伦理史观那种以群体淹没个人、以共性取消个性的理论，进行了一次勇敢的、空前的反叛。

伦理史观便就此寿终正寝了，它在汉武帝时期有过鼎盛的日子，却不可避免地走向覆灭。自然，作为历史的遗传因子，它只是一时作为隐性的成分，深深地潜伏在了我们的文化传统之中，持续地影响着历史的进程。而且，在由伦理史观向本体论的历史观演化之际，后者开始仍深深留有前者的痕迹。所以，一开始讲的便是"名教本于自然"。

《晋书·王衍传》中便宣称：

> 魏正始中，何晏、王弼等祖述老庄立论，以为天地万物皆以"无"为本。"无"也者，开物成务，无往而不存者也。阴阳恃以化生，万物恃以成形，贤者恃以成德，不肖者恃以免身，故"无"之为用，无爵而贵矣。

也就是说，就其社会发展而言，"无"是左右历史变化的无形的本体，掌握了它便可以"成务""成德"。对此，何晏认为其"能道天下之志"，即古往今来的演化之本体乃是"无"，是自然，是道（"自然者，道也。道本无名……夫唯无名，故可得遍以天下之名名之。"《列子注》），而"圣人"所立的"名教"，是"以自然用"，乃是"无"这一本体表现的功用。

所以，早期玄学仍不敢与"名教"决裂，王弼的历史观中，在阐述老子的"无为而治"时，仍主张："夫众不能治众，治众者至寡者也。""夫少者，多之所贵也；寡者，众之所宗也。"（《周易略例·明象》）

也就是说，得有一个至高无上的"圣人"来统治，来创造历史，所以，他亦说："贤愚有别，尊卑有序"——名教与自然便是这般统一了。圣人赋予秩序与条理："譬犹以君御民，执一统众之道也。"（《论语释疑》）"真散则百行出，殊类生，若器也。圣人因其分散，故为之立长官。以善为师，不善为资，移风易俗，复使归于一也。"（《老子》二十八章注）

王弼把"无"比作"品物之宗主"，"品制万变，宗主存焉"（《周易略例·明象》）。可见，他的本体"无"仍与伦理纲常相吻合，其历史观更是从"圣人体无"中引出来。

> 圣人体无，无又不可以训，故言必及有。（《世说新语·文学篇》）
>
> 故灭其私而无其身，则四海莫不瞻，远近莫不至。
>
> 离其清净，行其躁欲，弃其谦后，任其威权，则物扰而民僻，威不能复制民，民不堪其威，则上下大溃矣！天诛将至，故曰民不畏威则大威到。（《老子》七十二章注）

当然，他说的是"无为"的圣人之治，所以，在这个"无"的本体论上，则有可能导致顺乎自然规律、顺乎历史发展规律的做法，虽然他们并不知这规律是什么。

裴顾与郭象是同时代人，在论证名教与自然在理论上的一致上，可谓不遗余力。裴顾以"当朝名士"的身份，大讲"名教中自有乐地，何必乃尔"，认为自然不离名教，"众理并而无害，故贵贱形焉；失得由乎所接，故吉凶兆焉"。把伦理秩序说成了自然秩序。他针对王弼等"贵无"论者说："贱有则必外形，外形则必遗制，遗制则必忽防，忽防则必忘礼，礼制弗存，则无以为政矣。"认为"贵无"们放浪形骸，破坏礼教与法制，必定会把政治弄得一团糟，所以，他特写了《崇有》《贵无》二论来"矫虚诞之弊"，指出"老子"以无为辞，而旨在全"有"强调重视名法礼教，才能"绥理群众"，"理既有之众"。

郭象以《庄子注》，把"贵无"与"崇有"、自然与名教统一了起来，提出了他的"独化"论，论证了"名教"即是"自然"，"物之自造"即是"天然无为"，所以，一切"尊卑上下之序"，本来就是合乎"天理自然"的：

> 臣妾之才而不安臣妾之任，则失矣。故如君臣上下，手足内外，乃天理自然，岂真人之所为哉？……凡得真性，用其自为者，虽复皂隶，犹不顾毁誉而自安其业；故知与不知，皆自若也。（《庄子注·齐物论注》）

> 千人聚，不以一人为主，不乱则散。故多贤不可以多君，无贤不可以无君，此天人之道，必至之宜。（《庄子注·人间世注》）

> 夫时之所贤者为君，才不应世者为臣。（《庄子注·齐物论注》）

所以，伦常秩序是"天理自然"的，由君主创造历史及顺乎自然是一致的，"故圣人常游外以冥内，无心以顺有，故虽终日挥形而神气无变，俯仰万机而淡然自若"。（《庄子注·大宗师注》）为此，他煞费苦心，然而，这正是纲常伦理日益崩溃给予他的恐惧，所以才祈求：

> 贤愚袭情而贵贱履位，君臣上下，莫匪尔极，而天下无患矣。（《庄子注·在宥注》）

然而，这对于他只是一个虚幻的冥想罢了。历史的发展，并不以他的意志为转移。自然，总归要冲破人为的"名教"，而本体论从根本上也是对伦理史观的一个否定。它强调的是以"无"为本，理所当然地排斥一切权威与有为的统治。

我们不妨来看看几位魏晋的文学家——作为文学家，其对历史的敏感、对现实的愤懑，也许比一般人要强一些。

先是阮籍，《晋书·阮籍传》中说他："容貌瑰杰，志气宏放，傲然独得，任性不羁，而喜怒不形于色。或闭户视书，累月不出；或登临山水，终日忘归。博览群籍，尤好老庄。嗜酒能啸，善弹琴。当其得意，忽忘形骸。时人多谓之痴。"他是位诗人、文学家，个性怪诞，"礼法之士疾之若仇"……

他像老庄一样，怀念那个人类尚未被异化的"太素之朴"未散的时代。在《大人先生传》中，则鲜明地谈到他的历史观："明者不以智胜，暗者不以愚败，弱者不以迫畏，强者不以力尽。盖无君而庶物定，无臣而万事理。"

好一个无君无臣！

他猛烈地抨击名教礼法："豺虎贪虐，群物无辜，以害为利，殒性忘躯。""君立而虐兴，臣设而贼生。坐制礼法，束缚下民，欺愚诳拙，藏智自神。"

他的"无"便是"至人"之旨："至人无宅，天地为客；至人无主，天地为所；至人无事，天地为故。"这闪耀出个性解放的光彩！

他的好友，与他共被称为"竹林七贤"之一的嵇康，则更是"非汤武而薄周孔"，还"轻贱唐虞而笑大禹"，成了"名教罪人"，最后死于"名教"的刀下。他是位出色的诗人、散文家，也是位杰出的哲学家。

他不像王弼那样调和名教与自然的关系，而是尖锐地揭露了名教的虚伪，用辛辣的文笔揭露了"名教之士"们狡诈奸猾的嘴脸：

> 季世陵迟，继体承资，凭尊恃势，不友不师。宰割天下，以奉其私。故君位益侈，臣路生心。竭智谋国，不容灰沉。昔为天下，今为一身，下疾其上，君猜位其君丧乱弘多，国乃陨颠。（《嵇康集·太师箴》）

历史的进程，就是这般让礼法名教给弄糟了。发表名教便就是束缚人性、违反自然的，是人类社会一切伪善、奸诈、阴狠的集大成，名教绝不合于自然，而是"自然之情"被破坏的结果，是"大道陵迟"的末世产物：

> 及至人不存，大道陵迟，乃始作文墨，以传其意，区别群物，使有类族。造立仁义，以婴其心，制为名分，以检其外。劝学讲文，以神养教；故六经纷措，百家繁炽，开荣利之途，故奔骛而不觉。（《嵇康集·难自然好学论》）

"名教之士"鼓吹"《六经》为太阳，不学为长夜"，其实是为的升官入仕，"服膺其言，以为荣华"，对此，嵇康更毫不留情地加以鞭挞，骂得痛快淋漓，并进一步加以揭露：

> 《六经》以抑引为主，人性以从欲为欢。抑引则违其愿，从欲则得自然。然则自然之得，不由抑引之《六经》；全性之本，不须犯情

之礼律。故仁义务于理伪，非养真之要术；廉让生于争夺，非自然之所出也。(《嵇康集·难自然好学论》)

就人的本性而言，这是与名教格格不入的：

> 夫民之性，好安而恶危，好逸而恶劳。故不扰则其愿得，不逼则其志从。

所以，以人的本性，就会：

> 以明堂为丙舍，以讽诵为鬼语，以六经为芜秽，以仁义为臭腐，睹文籍则目瞧，修揖让则变伛，袭章服则转筋，谭礼典则齿龋。
> (《嵇康集·难自然好学论》)

那么，历史的出路何在？人类该如何选择自身前进的道路呢？

在此，嵇康提出了一个千古仍振聋发聩的口号——"越名教而任自然"！

人们尽可以说它只是"空谈"，缺乏积极的社会内容，但是，它毕竟是一个具有划时代意义的响亮的口号，是对业已视为"天经地义"的礼法名教的一个有力的挑战，是中国古代追求自由解放的人的呐喊！

稍后一点的鲍敬言，在历史观上更旗帜鲜明地提出了无君的思想，他是继阮籍、嵇康之后，又一次对宗法社会的伟大的反叛。

儒家的伦理史观，把天尊地卑视为人的参照系统，为"人吃人"的宗法社会提供理论根据。鲍敬言则针锋相对地指出：

> 夫天地之位，二气范物，乐阳则云飞，好阴则川处，承柔刚以率性，随四八而化生，各附所安，本无尊卑。(《抱朴子·诘鲍篇》)

他认为宗法社会的等级关系是人为而非天意：

> 夫强者凌弱，则弱者服之矣；智者诈愚，则愚者事之矣。服之，故君臣之道起焉；事之，故力寡之民制焉。然则隶属役御，由乎争强弱且校愚智，彼苍天果无事也。(《抱朴子·诘鲍篇》)

他在这里否定了"民"生来则由"君"役使的论调，"穿本完之鼻，绊天放之脚，盖非万物并生之意"。

他充分地揭露了"人君"之害：

> 王赫斯怒，陈师鞠族，推无仇之民，攻无罪之国；僵尸则动以万计，流血则漂橹丹野，无道之君，无世不有，肆其虐乱，天下无邦，忠良见害于内，黎民暴骨于外，岂徒小小争夺之患邪。

所以，人君是祸，有人君必有祸害。犹如"辟滔天之源，激不测之流"，而"塞之以撮壤，障之以指掌"，亦无济于事。唯有彻底否定人君的存在，人类的历史才可发展。

在此，鲍敬言托之"曩古"，拿出了他历史发展的模式，表达了一个"无君无臣"的思想。

> 身无在公之役，家无输调之费，不竞不营，无荣无辱……则不相兼并，如是，安得聚敛以夺民财。

也就是说，无君无臣，"不聚金""不敛民"，没有徭役赋税及兼并豪夺。

> 士众不聚，则不相攻伐……势利不萌，祸乱不作，干戈不用，城池不设；家刑之教，民莫之犯，如是安得严刑以为坑阱。

这就是一个没有战争，"本无军族""不战不戎"的社会。

"纯白在胸，机心不生，含脯而熙，鼓腹而游，其言不华，其行不饰。"其意即是不要礼法名教、三坟五典等束缚人个性的思想枷锁。

> 安土乐业，顺天分地，内足衣食之用，外无势利之争。穿井而饮，耕田而食，日出而作，日入而息，泛然不系，恢尔自得……万物玄同，相忘于道；疫疠不流，民获者终。

这又是陶渊明的千古绝唱《桃花源记》的另一种写法了。

陶渊明出生在鲍敬言之后，当然有可能读到鲍敬言的《无君论》。他的《桃花源记》及诗歌，不少脱胎于老庄的著作，也包含不少鲍敬言的思想，"相命肆农耕，日入从所憩"，"春蚕收长丝，秋熟廉王税"。均可从上文找到影子。

魏晋玄学中，有不少神秘主义的东西，但在历史观上，由于其以"无"为本的本体论，必然导致对传统的一次全面的、大胆的反叛，它摧毁了伦理史观的统治地位。"无君论"，有人说是玄学本体论之外的异端思想，其实并不尽然。我们从阮籍说的"无君无臣"、嵇康的"轻贱唐虞而笑大禹"这一脉络上看，鲍敬言也无非是玄学内部一个"思想新颖"的异端而已，是玄学内部不同于王弼—郭象路线的另一条路线的延伸与发展。

对玄学采取绝对否定或全盘肯定的态度均是不对的。它不过是中国思想发展史上一个必然的轨迹。本体论的历史观，是对伦理史观的否定，也是史观上的一大进步。这里说的，仅仅是这一历史观的起点。

十三、佛学西来："无历史"观的冲击

也正是玄学盛行之际，来自印度的佛教经中亚细亚及绕道苏门答腊、马来半岛，自越南而传入了中国，水陆二路并进。一般认为，佛教是在东汉年间传入中国的，在魏晋南北朝之际骤然间兴旺发达起来。东汉曾规定汉人不得出家，"世人学士、多讥毁之"（《牟子理惑论》），但魏晋以来则失控，佛教由此迅速地由默默无闻而变得声誉鹊起，在唐代达到了鼎盛。

如果说春秋战国是中原文化大融合之际，达到了先秦时期我国第一个文化高峰，那么，自魏晋至隋唐，则是亚洲文化的一个大融合，中国文化与印度文化产生了第一次碰撞、融合，由此造就了我国古代文化的又一个高峰，在历史上又一次出现了"激活"的效应。

任何一种外来文化要在新的地方立足，它就必须找到它在此地的对应点，引起人们的共振与共鸣，否则便会被绝对排斥在外。东汉末年，由于儒学独尊，佛教受到种种限制，得不到社会重视，儒学的入世精神，又恰恰与佛家的出世完全对立，所以"儒林之所说，未闻修佛道以为贵"（《牟子理惑论》），佛学始终湮没无闻。

有人说，佛教本身具有一种潜在力，其传播与渗透的是超民族、超阶级的，这未免说得神乎其神了。就拿中国来说，佛教的迅速传播，不外乎两点原因，一是魏晋的现实，二是玄学的兴起。前者是现实的基础，连年战乱，民不聊生，人们在尘世没有一点希望之光，于是便祈求来世的光明。"政刑谬乱""民不堪命""人人厌苦、家家思乱"，老百姓再也不相信统治思想中粉饰现实、自我欺骗的一套东西了。佛教承认现实世界就是一个"苦海"，所以多多少少先讲了几句真话，不能不在人民中引起同感，它便有了立足之地。后者则从文化的角度而言，玄学也讲究出世，讲究超脱现实，许多传译佛学的僧侣，则利用中国人习惯的玄学的概念来译解佛学的理论，由文字"格义"到思想会通，先依附于玄学，再进而与玄学合流。也就是先披上中国文化的"外衣"，再取而代之——事实上并不曾这样，而是被改造为中国化的佛教。

由于上述两点的共振与对应，两个不同文化便出现了异质同构的现象，在中国这片古老的土地上激活出了一朵中外文化交融的奇葩。

正如我在前面所讲的，佛教传入中国，绝不等于西方的中世纪的神学统治，造成上千年的蒙昧与黑暗。对于中国，在森严的伦理等级制度、宗法关系的统治下，佛教的传入进一步促进了个性解放的进程，对中国历史的前进起到了相当积极的作用。

在当时，正是佛教发扬了高度的文化精神，促进了社会经济及诸方面的发展，它往往与代表进步的势力结合在一起，同整个社会的反动力量抗衡。我们不难看到，尤其是作为魏晋南北朝至隋唐的进步的文学家、思想家，多多少少都与佛教有联系，仅举几例便可以了，陶渊明、王维，一直到李白，以及柳宗元和刘禹锡。

由于佛教的传入，中国大量地吸收了外来文化。玄奘的译作，是空前绝后的壮举。所以，玄奘被称之为"有史以来翻译家中的第一人"，绝非溢美之词。

日本史家中有人认为，佛教的流入，给中国带来了一种个性解放的思潮，是不无道理的。黑格尔对中国纵然有种种偏见，下边的话也颇有见地：

> 中国所特有的"实体的精神"，仅仅发展世俗国家生活的一种统一，这既然使个人降于一种永久依赖的地位，同时宗教也始终在一种依赖的状态下存在。它缺少自由的因素；因为它的对象是一般的"自然原则"——"天"——"万物"。但这种精神在本身外存在的真理便是理想的"统一"；不受"自然"和有限存在的限制的高超地位——回到灵魂内的意识。这种因素本来包含在佛教中，传播到了中国：使中国人觉察了他们生活状况的非精神性和拘束他们意识的那种限制。（黑格尔：《历史哲学》，第166～167页，上海书店，2001）

毫无疑义，由于佛教主张，家庭以及世俗社会——换句话说，伦理秩序是形成烦恼与痛苦的原因及环境，所以，僧侣必是"出世"的，是出家人，超出于世俗的政权的统治之外——即无视宗法社会的三纲五常，同鲍敬言的言论一样，无君无父，不受任何世俗的礼法、道德、名教所约束。这样，作为个体，便从群体中解放了出来，虽然最后仍归于"天国"的"普渡众生"的群体中，但第一步毕竟与伦理史观相分离了。

况且僧人见了帝王、父母等任何人都不须跪拜，不称名谓，反过来，他们还可以受到父母般的礼拜。这在伦理观上来说，是一种大的反叛，他们只承认释迦牟尼，只拜佛不拜人。这样，就撕破了伦理史观下"君主、上父"的神圣面纱，打破了上尊下卑的权威，与纲常名教相冲突，势必触犯了专制统治，也割裂了宗法血缘的联系。

佛教讲来世成佛，自然对此世的种种道德训诫、伦理束缚不屑一顾，礼崩乐坏，则势在必行。佛教主张出世，与儒家讲入世、重现实更不相容。而儒家讲礼法、等级、秩序等，则是为了维护统治者的利益及地位，佛教却完全与此分道扬镳，否认并打乱了这一切限制。

依照玄学——佛学的本体论，从历史观上来看，社会无非是"末"，并不重要，其意旨在于"本"——社会背后的"本"。玄学的本体是"无"，佛学的是"空"或"佛性"。

而中国的佛教认为，人人都有佛性，"一切众生，皆有佛性"。这样，人与人便在内心的佛性上获得了平等。纵然早期中国佛教曾试图从宗教神学的角度上论证九品，为社会等级提供神秘主义的依据。但这毕竟是未摆脱伦理史观的一个过渡，最终仍得承认这一平等。平等了，便有了自由与独立。

对于黑格尔，印度的历史是一种错觉，印度的一盘散沙，绝不等于政治上的进步，但是把这样一种政治状况作为中国的参照系统，也不能不是对中国大一统的伦常秩序的一个冲击。因此，不妨以自己的见解去理解黑格尔下面的论断：

> 说到印度人的政治生活，我们首先必须考虑的，就是这个国家和中国对比下所显示出的进步。在中国，普天之下，一切居民都处于平等地位；因此，一切政治都集中在中枢皇帝身上，各个臣民无从取得独立和主观的自由。这种"统一"进展到了第二阶段，便是"区分"，在"统一"的、无所不包的权力下维持它的独立。一种有机的生命第一需要"一个灵魂"，第二才须分化区别，而且各在它的特殊性里发展为一个安全的系统；但是它们的活动使它们再组成上述的一个灵魂。中国便缺少这种分立的自由。它的缺点就是不同的种种没有能够取得独立性。（黑格尔：《历史哲学》，第142～143页，上海书店，2001）

其实，印度森严的等级也仍是存在的，只是不存在一种中央集权的局面罢了。所以，中国有最完备的国史，史学地位相当之高，印度对历史则完全忽略。

我们不能不看到，佛教关心的只是个人的修行，来世进入天国，得到"解脱"，进入"涅槃"，所以对历史、对治国平天下并没有什么兴趣，因此，它只有一种"无历史"的历史观，也就是说，仍以"无"为历史的本体。我们探讨史观的这一发展阶段，不可能从其教义上去寻章摘句，这样是徒劳无益的，而只能在它对历史产生的影响上去做一些研究、比较，得出自己的结论来。

我们从佛教流入中国之际最早的人物说起吧。

晋代的道安，家世为儒生，12岁出家。他最早主张就佛经解释佛经，一改以玄儒两家学说比附佛经的方法——即"格义"。可以说，是佛教在中国开始独立发展的开山人物。但在道安的学说中，人们仍可以嗅出玄、儒两家思想的气息。他说了不少"无"的话，成了本无宗的真正代表人物："安公明本无者，一切诸法，本性空寂，故云本无。"但人性之恶，他亦深知："贪淫图者，荒色悖蒸，不别尊卑，浑心耽酒，习以成狂。亡国倾身，莫不由己。"所以才鼓吹："无为，故无形而不因；无欲，故无事而不适。无形而不因，故能开物；无事而不适，故能成务。"这里，我们又听到了玄学的回声。

到了慧远，他在听道安讲《般若经》后，"豁然而悟，乃叹曰：儒道九流，皆糠秕耳"，成了道安的高足。他综合了大、小乘，又"不废俗书"，有着广泛的社会影响，把他所隐居的庐山，变成了南中国佛教的重镇。

然而，他对伦理纲常，并不曾否定，反而力图做出神秘主义的论证：

> 夫善恶之兴，由其所渐，渐之以极，则有九品之论。凡在九品，非其现报之所摄。然则现报绝夫常类，可知类非九品，则非三报之所摄。何者？若利害交于目前，而顿相倾夺，神机自运，不待虑而发。发不待虑，则报不旋踵而应，此现报之一隅，绝夫九品者也。（《三报论》）

所以，儒家谈报应"以一生为限，不明其外"，佛家则通观多世，能"越名教，绝九流"。于是，三报也成了九品的依据。

慧远的"三报"是这样的：

> 经说业有三报：一曰现报，二曰生报，三曰后报。现报者，善恶始于此身，即此身受。生报者，来生便受，后报者，或经二生、三生、百生、千生然后乃受。受之无主，必由于心。心无定司，感事而应，应有迟速，故报有先后。先后虽异，咸随所遇而为对。对有强弱，故轻重不同。斯乃自然之赏罚，三报之大略也！（《三报论》）

由"三报"则可以推出社会等级，与名教并无矛盾。而且儒家"治国安邦"，道法更能"道洽六亲，泽流天下"，更是高明。

但是，佛教传的规矩，背亲出家，不敬王者，分明又与"名教"相抵触。慧远则在《沙门不敬王者论》中巧辩道：

> 六合之外，存而不论者，非不可论，论之者乖；六合之内，论而不辨者，非不可辨，辨之或疑；春秋经世先王之志，辨而不议者，非不可议，议之者或乱。（见《庄子·齐物论》）此三者，皆即其身耳目之所不至，以为关键，而不关视听之外者也。因此而求圣人之意，则内外之道，可合而明矣。常以为道法之与名教，如来之与尧、孔，发

致虽殊，潜相影响，出处诚异，终其则同。

在《答桓玄书》中又说："内乖天属之重而不违其孝，外缺奉主之恭而不失其敬。"

"存而不论"及"论而不辩"，乃至"辩而不议"，不能不说这正是慧远乖巧之处。但是，佛教的教规，最终还是要冲决名教，任他这般乖巧也无济于事。

僧肇则另有高论：

> "夫人之所谓动者，以昔物不至今，故曰动而非静。我之所谓静者，亦以昔物不至今，故曰静而非动。"所以，"于今未尝有，以明物不来；于向未尝无，故知物不去。复而求今，今亦不往。是谓昔物自在昔，不从今以至昔。今物自在今，不从昔以至今。"相反，"今若至古，古应有今；古若至今，今应有古，今而无古，以知不来；古而无今，以知不去。若古不至今，今亦不至古，事各性住于一世，有何物而可去来？"故"言往不必往，古今常存，以其不动，称去不必去，谓不从今至古，以其不来。不来，故不驰骋于古今；不动，故各性任于一世"。"谈真有不迁之称，导俗有流动之说。虽复千途异唱，会归同致矣。"（《涅槃无名论》）

这种"古今"论，亦可谓之其历史观了。

他割断了历史，也就是消除了历史对今天的影响，这还是立足于"无"之本上。

佛教对"历史"不感兴趣，这同印度的"无历史"不无关系。而历史，对于我们中华民族则是非同小可的，因为我们是"祖先崇拜"的民族，前人说的话便是金科玉律。儒家"法先王"的观念尤其为烈，正是靠了历史，帝王们才得以正名，大一统的天下才得以维系。

这种"无历史"观的冲击，实质上便是对伦理史观的一个否定，它斩断了历史的联系，也斩断了伦理纲常的秩序，同时，也割断了礼法名教的延续。

正是这种以"无"为本体的历史观，使人们凭借这一宗教，或多或少地挣脱了宗法社会、血缘关系的种种约束与限制，相对自由与解放了——我们看看隋唐时代的诗歌、绘画，无一不体现这种自由解放的精神，李白的"天生我材必有用，千金散尽还复来"，敦煌壁画的"飞天"以及以丰腴为美的女子画像，均豁达、昂扬、无拘无束。

正是这种"无"，激发了人们对历史的怀疑精神，祖宗尚不可法，五经更不可用，一切均"顺乎自然"，按人的天性自由发展，后期禅宗一直发展到

"呵佛骂祖"，否定一切权威，与这是有联系的。临济宗的宗师义玄则公开宣称：

> 你欲得如法见解，但莫受人惑。向里向外，逢着便杀，逢佛杀佛，逢祖杀祖，逢罗汉杀罗汉，逢父母杀父母，逢亲眷杀亲眷，始得解脱。（《古尊宿语录》卷四）

当然，这是一种"人境俱夺"的认识原则。不管怎样，这种无祖宗、无君无臣，没有任何纲常秩序的思想，使得长期受三纲五常束缚的人民呼吸到了新鲜空气，在当时则起到了一定的推动作用。

连唐太宗在治国之际，也相当优礼僧人，虽然他在《贬肖瑀手诏》中宣称：

> 至于佛教，非意所遵，虽有国之常经，固弊俗之虚术。何则？求其道者未验福于将来，修其教者翻受辜于既往。……报施之征，何其缪也。（《资治通鉴》一九二卷）

但他在治国的原则上，却是顺乎自然，"抚民以静"，尊重佛教的自由发展——建寺、营斋、礼敬玄奘、亲撰《圣教序》等，不遗余力，以极为开阔的胸怀，容纳外来文化。也就是说，他深受道家、佛家本体论的影响。

唐代，佛、道二教先后被立为国教。唐代"贞观之治""开元盛世"，不能不说是治国有方。而唐代成为中国古代社会繁荣的峰巅，不仅在文学、史学上出现反传统的空前兴盛，工艺、绘画、音乐更是一派夷风，经济发达、政治清明、秩序安定，这已不必在此赘述了。有人把这一切说成是中国的"中世纪"，岂不是贻笑大方吗？光凭一门宗教传入中国，就足以把盛唐归入中世纪了吗？何况这一宗教还起了相当重要的推动作用呢。

关于外来文化（以佛教为主）在中国古代起到的激活作用，应当有专文论及，这里尚来不及过细加以研究、分析了。

有人只是简单地把佛教的历史观归纳为轮回转世、因果报应——也就是另一种历史循环论了。

就拿玄奘的因果论来说，就并不是那么机械，而充满辩证精神。《"成唯识论"》二卷中说：

> 如是能熏与所识，俱生俱灭，熏习义成。令所熏中，种子生长。如熏苣蕂，故名熏习。能熏识等（即现行果）从种生时（指前种因）即能为因（指现行又为因），复熏成种（后种又为果）。三法展转（指从种生能熏识，复能为因，复熏成种），因果同时。如炷（喻前

种）生焰（喻现行、果）生焦炷（喻后种）。亦如芦束，更互相依，
因果俱时，理不倾动。

这里就有四种因果关系的划分——原因生原因、原因生结果、结果生结
果、结果生原因。有其同一性、相对性及轮换性。正如黑格尔说的："如果我
们执着因果关系的本身，则我们便得不到这种关系的真理或真相。而只看见有
限的因果，而因果关系的有限性即在于固执着因与果的区别。但这两者并不仅
有区别，而乃复是同一的。"（《小逻辑》）

所谓报应，马克思在《印度起义》中也说了："人类历史上存在着某种类
似报应的东西，按照历史上报应的规律，制造报应的工具的，并不是被压迫
者，而是压迫者本身。"

在禅宗"见性成佛"中，人的平等自然较之等级森严的伦理纲常要有号
召力得多，其"本性是佛，离性无别佛"，则是把人性等同于佛性。就这样，
把主体之心与"本体"的无相为冥合，"直下无心，本体自现"……其在佛教
上作中国式的改革，把遥远的"天国"拉回了尘世，"顿悟成佛"，仍旧以现
实的"随遇而安"为准则——这又宣布了在中国一度有过积极作用的佛教走
向没落、消极了。

禅宗的兴起，也便是佛教的危机的反映，更是盛唐走向末世的反映，一时
的激活，毕竟不可以长期敌住中国历史上儒教传统的修复、再生及强化。这是
后话了。

下面我们就当时的史学家、文学家们的历史观再加以剖析。

十四、刘知几、柳宗元、刘禹锡：
历史研究中的反传统精神

从著名的史学家刘知几到柳宗元、刘禹锡，这是认识激活中的唐代的文、
史、哲三家历史观的一条重要脉络。唐初八史——指纪传体前代"正史"：
《梁书》《陈书》《北齐书》《周书》《隋书》以及《晋书》《南史》《北史》之
余，其史学家亟待有一个理论上的总结，这时，刘知几的史学观便应运而生
了。刘知几私撰《史通》，这已是一个大胆的行为，也反映了在佛、道两家影
响下的史学界当时的情景。所以，他的历史观点，尤有突出的意义，是对伦理
史观一次有力的、全面的批判。

刘知几最为鲜明的是"疑古""惑经"的反传统精神。

在伦理史观指导下，儒家编了一大套尧舜禅让、伯益让君、伯让国、文王
事殷、汤武征诛、周公大义灭亲的典故，用以美化、强化三纲五常的秩序，对

此，刘知几一概加以怀疑，加以批驳："观近有奸雄奋发，自号勤王，或废父而立其子，或黜兄而奉其弟。始则示相推戴，终亦成其篡夺，求诸历代，往往而有。"所以，"必以古方今、千载一揆，斯则尧之授舜，其事难明。谓之让国，传虚语耳"（《史通·疑古》）。

他直批孔子，说孔子讲"汤放桀于南巢，惟有惭德"是虚，"孔父截剪浮词，裁成雅语，去其鄙事，直云惭德！"孔子篡改历史可见矣。

这里不一一列举刘知几"疑古"的内容，总之，他一针见血指出孔子修《春秋》，非但做不到"善恶必书"，而是处处"为贤者讳""为尊者讳""为亲者讳"，并拿出了一个又一个的铁证。他毫不留情地撕开了伦理史观下古代史所蒙上的面纱。

因此，在天人关系上，刘知几是主张"天人相分"的，天象与人象无关，绝无"天命"。他指出：

> 夫论成败者，固当以人事为主，必推命而言，则其理悖矣。
>
> 推命而论兴灭，委运而忘褒贬。以之垂诫，其不惑乎！（《史通·杂说》上）
>
> 班（固）氏著志，抵牾者多；在于《五行》，芜累尤甚。（《汉书·五行志错误》）
>
> 每有叙一灾，推一怪，董（仲舒）、京（房）之说，前后相反；（刘）向、（刘）歆之解，父子不同。逐乃双载其文，两存厥理、言无准的，事益烦费。（《史通·书志》）

固然，他讲的"人事"，还是指帝王将相个人的"智能"等，但比孔孟以来的"天命非人理所移"及董仲舒的"天人感应"，还是进步得多。

除"天人相分"外，他对伦理史观的"是古非今"论，也旗帜鲜明地加以了鞭挞。

他认为历史是在变化中的："世异则事异，事异则备异"，不应"以先王之道持今世之人"（《史通·模拟》）。"三王各异礼，五帝不同乐"，历史变了，史学也该变，"天地久长，风欲无恒"，否则，无异于"守株待兔"。其次，他认为由于时代更迭，社会发展必有新的特点，今不一定不如古，古也可以不如今。"后之视今，亦犹今之视昔"（《史通·言语》）。他也有"上古"（或"远古"）、"中古"（或"中世"）、"近古"（或"近代"）之分，并提出"古今不同，势使之然"（《史通·烦省》），认为历史的前进，是一种客观的、不以"天命"或个人意志为转移的"势"在起作用。这观点，前承魏征的"相对通变"，后承杜佑的"古今既异，形势亦殊"，直到柳宗元、刘禹锡的历史进化思想，可谓一脉相承。

无论如何，他比伦理史观表现出了很大的进步性，这不能不说受了唐代整个文化走向的影响，是值得加以认真研究的。

到了柳宗元，他在《封建论》中，就人类历史的发展，提出了"非圣人之意，势也"的著名论断。他依据这一观点指出"封国土、建诸侯"的分封制的产生，是客观形势发展的必然：

> 彼其初与万物皆生，草木榛榛，鹿豕狉狉，人不能搏噬，而且无毛羽，莫克自奉自卫。荀卿有言，必将假物以为用者也。夫假物者必争，争而不已，必就其能断曲直者而听命焉。其智而明者，所伏必众；告之以直而不改，必痛之而后畏；由是君长刑政生焉。……自天子至于里胥，其德在人者，死必求其嗣而奉之。故封建，非圣人意也，势也。
>
> 彼封建者，更古圣王尧、舜、禹、汤、文、武而莫能去之，盖非不欲去之也，势不可也。

在这里，柳宗元重"势"的历史观，从历史进化的角度上否定了董仲舒的"三统""三正"的循环论，也否定了圣人史观（均作为伦理史观的一部分），并进一步觉察到历史发展的"势"与个人意志之间的矛盾，这并不是以善得善、以私得私的："秦之所以革之者，其为制，公之大者也；其情私，私其一己之威也，私其尽臣畜于我也。然而公天下之端自秦始"（《封建论》）。

以"私"而促成了"公天下"之势，或曰以恶为历史发展的杠杆，这里已多多少少触及了历史发展的辩证法。他反对伦理秩序，指出《左传》中把"贱妨贵、远间亲、新间旧"视为"逆"是不对的，应以贤愚为标准，不应以贵贱、远近、新旧为标准：

> 呜呼！是三者，择君置臣之道，天下理乱之大本也。为书者执斯言，著一定之论，以遗后代。上智之人固不惑于是矣，自中人而降，守是为大，据而以至败乱者，固不乏焉。

这也是对所谓"圣经贤传"祸国思想的驳斥。

与柳宗元相交甚厚的刘禹锡，在历史观上也是明"天人之分"的，并进一步提出"天与人交相胜"的重要观点。他说："人能胜乎天者，法也。"（《天论》上）他承认历史政治的变革：

> 盖丰荒异政，系乎时也；夷夏殊法，牵乎俗也。因时在乎善相，因俗在乎便安，虽俗方阜安，犹荡析也。

则有以其弛张雄雌，惟变所适。古之贤而治者，称谓各异，非至党有二也，顾遭时不同尔。（《辩迹论》）

他用药作譬喻："善哉医乎！用毒以攻疹，用和以安神。易则两踬，明矣！"（《鉴药》）

他指出，为政得既有宣言又有实效："民黠政颇，须理而后劝，斯实先声后也。民离政乱，须感而后化，斯声先实后也。立实以致声，则难在经始；由声以循实，则难在克终。操其柄者能审是理，俾先后终始之不失，斯诱民孔易也。"（《训氓》）

他是颇为清醒、颇有头脑的。他深深地知道，社会昌盛，百姓恩怨不在于天，唯有社会动乱，人们才怨天的："生乎治者人道明，咸知其所自，故德与怨不归乎天。生乎乱者人道昧，不可知，故由人者举归乎天。非天预乎人尔！"（《天论》上）

正如前面已说到了的，当时进步的思想家，无一不与佛教有点关系，柳宗元、刘禹锡亦如此。倒是反佛者最甚的韩愈，却是以"孔孟之道"的继承者与捍卫者自居，大讲"道统论"，要维护那个"尊尊""亲亲"的伦理秩序，鼓吹"圣人"史观，大开历史倒车。关于他，我们就摆到后面一章去说，因为那是宋明理学的先声。我们也不细叙柳、刘二人与佛教的关系了，无非是两点，一是借其否定儒教的权威，二是对现实不满，采取消极的"乐山水而嗜闲安"。况且佛教对中国人的思辨水平起到了很大的促进作用呢。

公正、客观地看待佛教对中国历史的"激活"作用，这绝不是妄言虚语。

十五、古代社会末世："道济天下之溺"的韩愈及其弟子

进入晚唐，被外来文化"激活"的欣欣向荣的气象已不复存在，各种消极因素纷纷滋长，整个中国古代社会由鼎盛而走向了没落。政治动乱、国家分裂、篡权弑君、纲纪败坏、战火不熄，几乎近百年间，分出了不少国家，更迭了好些朝代——这便是以"乱"著称的五代十国。君臣、父子的宗法伦理关系遭到了严重的破坏。赢弱的宋王朝建立后，其国家政治状况已远不如汉、唐了。为了巩固大一统的局面，维护其王朝的稳定，宋王朝不得不乞怜于伦理纲常秩序的重建，以加强思想上的控制。

于是，中国社会进入了被称之为"务实"的"后儒"社会。

显而易见，君臣、父子伦理关系已不足以控制整个社会了，何况玄、佛两家的本体论，已对这种关系予以了极大的冲击，几欲陷于崩溃。所以，伦理史

观或道德哲学，不足以适应这么一个"务实"的后儒社会。要进一步强化皇权专制主义的中央集权统治，就得对只注重伦理实践的前期儒学或伦理史观加以改造与熔铸，使其上升到理性的高度。

于是，实用理性史观或实用理性——历史哲学，便在这一背景下产生了。

有人说，自先秦以来，中国就存在这种实用理性主义思想，这话不假。《老子》一书，满可以视为"君人南面之术"。但是，把实用理性引入历史哲学之中，这毕竟是"后儒社会"的事了。在"罢黜百家，独尊儒术"的伦理社会中，以孝为先，恐怕更重的是伦理秩序与历史的关联，而到了宋代，已感到这种伦理秩序不足以维系皇权统治，实用理性才正式占了上风。

儒家，历来是重于伦理实践而疏于哲学上的论证的，也就是说，它缺乏一个理性的提炼或升华。董仲舒的"王道之三纲，可求于天"等都没有理性的内容，更谈不上精巧的哲学思辨。作为实用理性初期阶段的宋代道学，则是以儒家的纲常伦理为核心，以精致的哲学思辨为理论基础而建立起来的，它立足于伦理实践内容，吸收了佛、玄（或老庄）的思想营养，开始形成一个完整的理论体系。

正是这一实用理性，对儒、释、道三家进行了全面的改造及认真的扬弃，它吸收了释、道的哲学思辨，却把不可捉摸、不可言传的"空无"之道，变成了统摄人伦物理的"实有"之道，使伦理纲常有了强烈的思辨色彩；它又把所谓礼义名教抬高为先天存在的"天理"、宗法道德上升为天性，促使人"格物穷理"，作为理性求知的内容，甚至宗教修持"止观""定慧"都变成了"主敬""立诚"的伦理实践。所以，对君主的"忠"便从此越过了"孝"而居首位，君主统治的实用性便强化了——"君人南面之术"，这才得以体系化、理论化。

请看《宋史·道学传》所说：

> "道家"之名，古无是也。三代盛时，天子以是"道"为政教，大臣百官有司以是"道"为职业，党庠、校序师弟子以是"道"为讲习，四方百姓日用是"道"而不知。是故盈覆载之间，无一民一物不被是"道"之泽，以遂其性于斯时也。

"政教""职业""讲习"与"日用"，涵盖了整个社会生活，其实用理性色彩之浓，令人侧目。

自宋代以来，国家机器之强化，中央集权的高度划一，宗法制度的严酷，均是汉唐所无法比较的，这是一个没落的社会无可奈何的自缚。恰恰是道学，把"皇极之建，彝伦之叙"哲理化，提高成"根乎人心，而塞乎天地"的神圣法则，则是为这种"自缚"提供思想绳索，由此发展到宋明理学，则愈演愈烈了。

所以，实用理性史观更是强调"今不如昔"，主张"奉天法古"，鼓吹封建等级，认为是帝王、圣人创造历史，寄望于循环往复，"存天理，灭人欲"，"气运从来一盛了又一衰，一衰了又一盛，只管恁地循环去"。但这一史观，比伦理史观更有理性，更完整与系统，可以说是对伦理史观的否定之否定，是伦理史观与本体论史观的合题。这种实用理性史观，与文艺复兴时期的理性史观又有很大区别，是中国特有的产物。

被称之为"文起八代之衰，而道济天下之溺"（苏轼《潮州韩文公庙碑》）的历史人物的韩愈，可谓是实用理性史观的先驱。他在文学史上的成就姑且不论，其仿照佛教的祖统，编造出儒家的道统，从而使儒家思想的发展系统化、谱系化，实际上是从两个方面——把自然法则伦理化、又把封建伦理神秘化——首先完成了实用理性史观的雏形。当然，他的复古主义主张，在唐代是没法实现的，所以他屡屡在科名和仕途上受挫。可他也与孔子一样，身后却极度殊荣，在唐之后，其"道统论"便发扬光大起来了。

这是一种令人深思的历史现象。孔子、韩愈一脉的儒家理论，始终是作为"末世"的救世良方，但它却永远也不可能使一个死亡的社会重新获得生机，至多使其能苟延残喘，气息奄奄地维护下去，自宋以后这近千年的"道统"，正是这样一种末世的维系，以致招来外侮，险欲沦为殖民地。所谓"超稳态系统"到头来是一种沉滞、倒退——在别人前进时你步履维艰，这便是一种倒退，或者似小脚女人蹒跚而行，也仍是一种倒退。

我们先看看韩愈的"道统论"吧，看它是如何"济天下之溺"的。

韩愈的"道"，实质是抽象化了的封建伦理道德规范。他在《原人》篇中说：

> 天道乱，而日月星辰不得其行。地道乱，而草木山川不得其平。
> 人道乱，而夷狄禽兽不得其情。天者，日月星辰之主也。地者，草木
> 山川之主也。人者，夷狄禽兽之主也。主而暴之，不得其为主之道
> 矣。是故圣人一视而同仁，笃近而举远。

所以，作为"道"在历史上的体现者"圣人"，就该"先天下违之谓法天，道济天下之谓应道"（《贺册尊号表》），将其应天道、尚自然的法天思想与尽人道、行仁义的济世思想相结合，以"为主之道"的自觉精神去重整、重建封建的伦理纲常。

他把"道"的核心归结为"仁义"：

博爱之谓仁，行而宜之之谓义，由是而之焉之谓道，足乎己无待于外之谓德。仁与义为定名，道与德为虚位。……凡吾所谓道德之者，合仁与义言之也。（《原道》）

说来说去，这个"道"，实际上便是"孔孟之道"了。所以，这"道"才源远流长，"尧以是，传之舜；舜以是，传之禹；禹以是，传之汤；汤以是，传之文武；文武以是，传之周公、孔子。孔子传之孟轲，轲之死，不得其传焉"（《送浮屠文畅师序》）。道统就此中断，现在就看他韩愈来接了，当仁不让，舍我其谁？正如他自己表白的："天……如使兹人有知乎，非吾其谁哉！其行'道'，其为书，其化今，其传后，必有在矣"（《重答情尔书》）。"使其道由愈而粗传，虽灭死万万无恨"（《与孟尚书书》）。

因此，他反复强调孔孟的历史思想：

《传》曰："古之欲明明德于天下者，先治其国；欲治其国者，先齐其家；欲齐其家者，先修其身；欲修其身者，先正其心；欲正其心者，先诚其意。"然则古之所谓正心而诚意者，将以有为也。（《原道》）

由此可论及人性，他也有个"性三品说"，但比董仲舒的"性三品说"要"完善"得多，也复杂得多。他是这么说的：

性也者，与生俱生也。……性之品有上中下三。上焉者，善焉而已矣；中焉者，可导而上下也；下焉者，恶焉而已矣。其所以为性者五：曰仁、曰礼、曰信、曰义、曰智。上焉者之于五也，主于一而行于四；中焉者之于五也，一不少有焉，则少反焉，其于四也混；下焉者之于五也，反于一而悖于四。（《原性》）

然则性之上下者，其终不可移乎？曰：上之性，就学而愈明；下之性，畏威而寡罪；是故上者可教，而下者可制也。其品则孔子谓不移也。（《原性》）

他把仁、义、礼、智、信五德加入了性的内容之中，从而认为传统的性善论、性恶论、性善恶论不足以说服人，远不如他的"性三品论"能圆满解答关于人性的问题。"夫始善而进恶，与始恶而进善，与始也混而今也善恶；皆举其中而遗其上下者也，得其一而失其二者也"（《原性》）。

由性而情，韩愈则提出了"情三品说"，他说："情也者，接于物而生也"（《原性》）。如同性有五德的内容一样，情则有喜、怒、哀、惧、爱、恶、欲七类，"上焉者之于七也，动而处其中；中焉者之于七也，有所甚，有所亡，然而求合其中者也；下焉者之于七也，亡与甚，直情而行者也。"——"情三品"就这么出来了，自然，它又是由性规定的："情之于性，视其品。"

因此，历史只能由上性、上情之圣人来创造，圣人才是人道的模范，圣人才能遵循道统，行仁义，必须由圣人创制立法：

> 古之时，人之害多矣。有圣人者立，然后教之以相生养之道。为之君，为之师，驱其虫蛇禽兽而处之中土；寒，然后为之衣；饥，然后为之食；木处而颠，土处而病也，然后为之宫室，为之工以赡其器用，为之贾以通其有无；为之医药以济其夭死，为之葬埋祭祀以长其恩爱；为之礼以次其先后，为之乐以宣其壹郁；为之政以率其怠倦，为之刑以锄其强梗。相欺也，为之符玺斗斛权衡以信之；相夺也，为之城郭甲兵以守之。害至而为之备，患生而为之防。……如古之无圣人，人之类灭久矣。（《原道》）

> 道莫大乎仁义，教莫正乎礼、乐、刑政。（《送浮屠文送畅师序》）

> 君者，出令者也；臣者，行君之令而致之民者也：民者、出粟、米、麻、丝，作器皿、通货财，以事其上者也！君不出令，则失其所以为君，臣不行君之令而致之民，民不出粟米、麻、丝，作器皿、通货财，以事其上，则诛。

何等威风——圣人创造历史，百姓则必须俯首帖耳！难怪他死后才得意，被升为"礼部尚书"，还得到一个"文"字的谥号，成了韩文公。

他的弟子李翱，更进一步主张人性"皆善"，宣传去情复性，在《复性书》中说：

> 人之所以为圣人者，性也；人之所以惑其性者，情也。……情既昏，性斯匿矣。非性之过也……水之浑也，其流不清；火之烟也，其光不明；非水火清明之过。沙不浑，流斯清矣；烟不郁，光斯明矣。情不作，性斯充矣。

他的"性""情"，与凡人是对立的。这为宋明理学"存天理，去人欲"作了先导。在其历史政治观点上，也仍是纲常伦理的一套：

> 列天地、立君臣、亲父子、别夫妇，明长友、浃朋友，《六经》之旨矣！（《答朱载言书》）

说到底，他认为，那个时期，还是圣人、君主来创造历史、主宰世界。虽然韩愈、李翱反复强调纲常伦理的重大历史作用，并且试图以"仁义"

的具体内容来充实"道德"的抽象范畴，但是，他们却不曾在当时流行的玄学、佛学中汲取可以利用的哲学思辨的精髓，对纲常伦理作出理性的论证，所以，它还未能完成实用理性史观，后来者，如朱熹则指出：

> 盖韩文公之学，见于《原道》者，虽有以识夫大用之流行，而于本然之全体，则疑其有所未睹。（《与孟尚书书》）

于是，在韩愈之后，"后儒社会"的思想家们，经过艰苦的理论探索，才得以形成实用理性史观——而这，则是中国史观上的一个重要发展阶段，绵延达千年之久。

十六、"皇帝王霸"与"元会运世"

被称之为"宋初三先生"的胡瑗、孙复和石介，是宋代理学的前锋，开理学风气之先。但三人在理论上的建树不多，《宋史》仍把他们归于"儒林传"内。胡瑗师承孔子的教育思想及孟子的性善论，讲"体用"，六经为体，人性善为体，"用"则是依"体"诸道德原则齐家治国。孙复不遗余力推崇道统论，大捧董仲舒：

> 推明孔子，抑黜百家……斯可谓尽心圣人之道也。暴秦之后，圣道晦而复明者，仲舒之力也。（《睢阳子集补》）

他极为重视三纲五常的道德规范，连天道也加上道德伦理的印章，使人伦上通天道，所以他对宋元前的纲纪败坏大加抨击：

> 夫仁礼乐，治世之本也，王道所由兴，人伦所由正。……儒者之辱，始于战国；杨墨乱之于前，申韩杂之于后，汉魏而下则又甚焉。佛老之徒滥于中国，彼以死生祸福虚无报应为事……去君臣之礼，绝父子之戚，灭夫妇之义。（《睢阳子集补》）

石介在历史观上则加以了详尽的论述，认为，只因有了圣人，人类才由野蛮进入了文明。而文明则是纲常伦理的确立：

> 厥初生人，无君臣、无父子、无夫妇、无男女、无衣服、无饮食、无田土、无宫室、无师友、无尊卑、无昏冠、无丧祭，同于禽兽之道也。伏羲氏、神农氏、黄帝氏、陶唐氏、有虞氏、夏后氏、商人、周人作，然后有君臣、有父子、有夫妇、有男女、有衣服、有饮食、有田土、有宫室、有师友、有尊卑、有昏冠、有丧祭。噫，圣人之作皆有制也，非特救一时之乱，必将垂万世之法。（《徂徕先生集》

卷六《复古制》）

他喋喋不休，重复儒家的陈词滥调：

> 周秦之下，乱世纷纷，何为而则然也？原其来有由矣，由乱古之制也。

> 夫古圣人为之制，所以制天下也，垂万世而不可易，易则乱矣。后世不能由之，而又易之以非制，有不乱乎？夫乱如是，何为则乱可止也？曰：不反其始，其乱不止。（《徂徕先生集》卷五《原乱》）

作为理学的萌芽，"宋初三先生"的功劳被说成是"上承洙泗，下启闽洛"，则不无道理。

但理学或道学的真正奠基者应推周敦颐和邵雍。正是自他们开始，以精致的思辨哲学的形式，把皇权专制主义、三纲五常的伦理秩序说成是永恒的"天理"，是世界的根源与宇宙的本体，从而为中央集权的宗法国家所实用，以至成为钦定的官方哲学。实用理性史观就是这样被确立下来的。

周敦颐在《太极图说》中说，宇宙之初，乃是"自无极而为太极"。无极则指无形无象的最高本体，这是老子"有生于无"的翻版。后文则是"太极动而生阴，动极而静，静而生阴，静其复动。一动一静，互为其根"。这里不多讲其宇宙本体论，只看他如何由这出发，归于"主静立人极"的伦理观上。

周敦颐认为，正是"无极之真"——"太极"，注入人的灵魂，就成为人的本性。"唯人也，得其秀而最灵"。但是，"天下之众，本在一人"（《通书·顺化》）。正是这人，掌握了"仁义之道"，就能使"天道行而万物顺，圣德修而万物化。大顺大化，不见其迹，莫知其然之谓神"（《通书·顺化》）。所以，圣人是替天行道的：

> 天以阳生万物，以阴成万物。生，仁也；成，义也。故圣人在上，以仁育万物，以义正万民。（《通书·顺化》）

纲常伦理就这般"妙合而凝"了：

> 阴阳理而后和。君君、臣臣、父父、子子、兄兄、弟弟、夫夫、妇妇，万物各得其理然后和。（《通书·礼乐》）

治国平天下就得如此：

> 乐者，本乎政也。政善民安，则天下之心和。故圣人作乐以宣畅其和心，达于天地，天地之气感而大和焉。地和，则万物顺，故神祇格，鸟兽驯。（《通书·乐中》）

可"政善民安"，却得"隶之以刑"：

　　圣人之法天，以政养万民，肃之以形，民之盛也，欲动情胜，利害相攻。不止则贼灭无伦焉。故得刑以治。（《通书·刑》）

　　天下，势而已矣。势，轻、重也。极重不可反。识其重而亟反之，可也。反之，力也。识不早，也不易也。力而不竞，天也。不识不力，人也。天乎？人也。何尤！（《易通·势》）

与周敦颐几乎同年的邵雍，在历史观上，则进一步建立了他的模式。他的"皇帝王霸"的历史观，与其"元会运世"的宇宙观是完全一致的，比邹衍的"五德始终"及董仲舒的"三统之变"的历史观要精密得多。

邵雍有他的一套"神生数，数生象，象生器"的先天象数学体系，这得益于他对数学的钻研。有人还认为二十四节气定历的原理也是他提出来的。可惜他在历史观上却陷入了循环论中。

邵雍从象数学"弥纶天地，出入造化，进退古今，表里人物"的目的出发，在《皇极经世书》中，按照他所创的元会运世的时间观念，把历史史实一一排列并加以评述。为自然和人类从盛至衰的历史循环编制出一整套详尽的年谱及规律，竟"以至尊无上的姿态"宣告，这些年谱及规律，可使自然和人类的历史"虽亿万千年亦可以理知之也"（《观物内篇》）。

其自然历史的元会运世如下："元之元一，元之会十二，元之运三百六十，元之世四千三百二十。"（《观物内篇》）

这是以十年十二个月、一月三十日、一日十二时辰、一时辰三十分的数字来规定一元的时间和变化的。"一元"则代表自然史的一次生灭。首先，"天开于子"，在第一会中生天；"地辟于丑"，在第二会中生地。末了，"人生于寅"。到了"巳会"，则为唐尧盛世，"午会"，便为夏商周到唐宋的盛极而衰的时期。到"戌会"，万物皆灭；"亥会"，便天地同亡。

而人类历史，则照样分为皇、帝、王、霸四个阶段。

　　皇之皇以道行道之事也。皇之帝以道行德之事也。皇之王以道行功之事也。皇之伯（霸）以道行力之事也。（《观物内篇》之十）

所以，三皇之世，"民亦以道归之，故尚自然"。五帝之世，"民亦以德归之，故尚让"。三王之世，"民亦以功归之，故尚政"。五伯之世，"民亦以力归之，故尚争"（《观物内篇》）。

由此可见，他是以所谓"道、德、功、力"的伦理观念来划分"皇、帝、王、霸"的。而且，他还用春、夏、秋、冬、日、月、星、辰来譬喻历史上的不同时代：

　　三皇春也，五帝夏也，三王秋也，五伯冬也。七国冬之余冽也。
汉王而不足，晋伯而有余。三国伯之雄奇者也。十六国伯之丛者也。
南五代伯之借乘也。北五代伯之传舍也。隋，晋之子也；唐，汉之弟
也。隋季诸郡之伯，江汉之余波也。唐季诸镇之伯，日月之余光也。
后五代之伯，日未出之星也。（《观物内篇》）

按他的说法，历史便是退化的，历史演变到五代，已是一片漆黑了，得等
待新的"日出"了。因为依他所说："所谓皇帝王霸者，非独谓三皇、五帝、
三王、五霸而已。但用无为则皇也，用恩信则帝也，用公正则王也，用智力则
霸也。霸以下则夷狄，夷狄则是禽兽也。"（《观物内篇》）宋代边患不已，在
他看来，也应该是外族入主中原——可谓不幸而言中了。

当然，在理论上，他仍深信"帝"之道是可以复原的，在同一篇中，
他说：

　　古者谓三十年为一世，岂徒然哉。俟化之必洽，教之必浃，民之
情始可以一变矣。苟有命世之人，继世而兴焉，则虽民如夷狄，三变
而帝道可举。（《观物内篇》）

然而，他只看到"命世之人"的历史作用，所以又感到悲观失望，慨
叹道：

　　惜乎时无百年之世，世无百年之人。比其有代，则贤之与不肖何
止于相半也。时之难，不其难乎。人之难，不其然乎。

　　治世少，乱世多，君子少，小人多。

他与儒家差不多，仍以纲常伦理能否维持来作为治乱因革的标准：

　　至于三代之世治，未有不治人伦之为道也；三代之世，乱未有不
乱人伦之为道也。后世之慕三代之治世者，未有不正人伦者也；后世
之慕三代之乱世者，未有不乱人伦者也。（《观物内篇》之九）

这便是"后儒社会"与儒家正统的"血肉联系"，是人伦、是仁义，"仁"
与"不仁"，则成了王朝兴废、历史演变的关键。下面几段话，充满了"仁
政"思想及义利之辨：

　　民好生恶死之心非异也。自古杀人之多，未有如秦之甚，天下安
有不厌之乎。夫杀人之多，不必以刃，谓天下之人，无生路可移也。
（《观物内篇》之八）

　　夫好生者，生之德也；好杀者，死之徒也，用之好生也，以义。
汉之好生也亦以义。秦之好杀也以利，楚之好杀也亦以利。……人之

情又奚择于周秦汉楚哉，择于善恶而已。(《观物内篇》之六)

邵雍鉴于王朝兴废的教训，感到空谈是无法"回天"的，并由此力主"务实"，这是与儒家传统有所不同了，他说：

夫天下将治，人必尚行也，天下将乱，人必尚言也。尚行则笃实之风行焉。(《观物内篇》之七)

由此，他提出了"权"与"变"的观点：

"夫变也者，是天生万物之谓也；权也者，圣人生万民之谓也。"因为，"三皇同圣而异化，五帝同贤而异教，三王同才而异功，五伯同术而异率。""道、德、功、力者，存乎体者也。化、教、劝、率者，存乎用者也。体用之间，有变存焉。"(《观物内篇》之四)

纵然他苦心独运，竭力殚思，自宋而来的"颓波"，却绝非他所能力挽，他也只能无可奈何地哀叹：

自三代而下，汉唐为盛，未始不由治而兴，由乱而亡，况其不盛于汉唐乎！其兴也，又未始不由君道盛，父道盛，夫道盛，君子之道盛，中国之道盛。其亡也，又未始不由臣道盛，子道盛，妻道盛，小人之道盛，夷狄之道盛。噫！二道对行，何故治世少而乱世多耶？君子少而小人多耶？曰：岂不如阳一而阴二乎！(《观物内篇》之九)

其实，明眼人一下就能看明白，他所坚持的历史观、皇权专制，在此时已在中国走下坡路了。只是由于道学或理学，才使其作为"植物人"而勉强生存下来，但近千年的"后儒社会"，从此没了生气，为害不浅。

十七、程朱理学："三代之治"的复古怀旧心态

程颢、程颐，即"二程"，是理学的主要代表人物，故人们把他们和朱熹联系在一起，将他们的理论合称为"程朱理学"。二程师事周敦颐，也继承其父亲程珦，极力反对王安石变法，"数月之间，章数十上"，程颢把新变斥之为霸道，谓"治天下者，必先立其志。正志先立，则邪说不能移，异端不能惑，故力进于道而莫之御也。苟以霸者之心而求王道之成，是衔石以为王也"。

为了拯救日见颓败的统治，他们提出了著名的"天理说"——周敦颐将"太极"作为世界的本体，邵雍将"太极"归之于"心"："心为太极"，或道："道为太极"。他们则把"心"及"道"归之于"天理"，程颢颇为得意地说：

> 吾学虽有所授受，天理二字却是自家体贴出来。（《二程全书·外书》）

从而将"天理"作为其理学的基本范畴，为程朱理学这一官方哲学奠定了基础。

> 天理云者，这一个道理，更有甚穷已？不为尧存，不为桀亡。人得之者，故大行不加，穷居不损。这上头怎生说得存亡加减。是它元无少欠，百理俱备。（《二程全书·遗书》）

那么，这"理"又是什么呢？程颢说：

> 为君尽君道，为臣尽臣道，过此则无理。（《二程全书·遗书》）
> 父子君臣，天下之定理，无所逃于天地之间。（《二程全书·遗书》）

说来说去，这便是伦理纲常罢了。但这不是过去儒家简单的说教，而是有着"格物致知"的逻辑过程的。"格物"即"穷理"："格犹穷也，物犹理也，犹曰：穷其理而已矣。"而理在自然则为不可抗拒的"命"，理在社会便是行为准则之"义"，理在人便为先验之性，理寓于身便是主宰之心。"在天为命，在义为理，在人为性，主于身为心，其实一也"（《二程全书·遗书》）。因此，服从封建的伦理纲常，无论从外及内，均是天经地义的。所以，程颢提出了"性即理也"之性，这是合乎"天理"的。"自性而行皆善也，圣人因其善也，则为仁义礼智信以名之"（《二程全书·遗书》）。而另一种则是"气禀之性"，"气有清浊，禀其清者为贤，禀其浊者为愚"。"有自幼而善，自幼而恶，是气禀有然也"（《二程全书·遗书》）。所以，性又有善恶、贤愚之分。

于是，"人之为不善，欲诱之也。诱之而弗知，则至于天理灭而不知返"。"人心莫不有知，惟蔽于人欲，则亡天德"（《二程全书·遗书》）。

《二程全书·遗书》终于提出其理学的重要命题：

> 灭人欲而存天理。
> 灭私欲则天理明矣。

程颢的"存天理""灭人欲"的观点，是最能适应于当时统治者的，这也正是实用理性史观的核心内容。"礼者，理也"，这个"礼"来自"天理"，他说："礼只是一个序，乐只是一个和。"遵守伦理秩序，为政便和了。否则，"便乖，乖便不和"（《二程全书·遗书》）。

合乎天理的秩序——礼，是万古不易的：

> 圣人创法，皆本诸人情，极乎物理。虽二帝三王不无随时因革踵事增损之制。然至乎为治之大原，牧民之要道，则前圣后圣岂不同条而共贯哉！（《论十事札子》）

由此，得"尊祖重本"：

> 今无宗子法，故朝廷无世臣。若立宗子法，则人知尊祖重本。人既重本，则朝廷之势自尊。（《二程全书·遗书》）

祖宗之法，则万万不可变更：

> 居今之时，不安今之法今，非义也。若论为治，不为则已，如复为之，须于今之法度内处得其当，方为合义。若须更改而后为，则何义之有！（《二程全书·遗书》）

程颐在《易说·系辞》中又反复强调：

> 圣人作《易》，以准则天地之道。《易》之义，天地之道也，"故能弥纶天地之道"。弥，遍也。纶，理也。在事为伦，治丝为纶。弥纶，遍理也。遍理天下之道，而复仰观天文，俯察地理，验之著见之迹，故能"知幽明之故"。在理为幽，成象为明。"知幽明之故"，知理与物之所以然也。原，究其始；要，考其终，则可以见死生之理。

他就这般知天地、历史"幽明之故"的，所以，在发挥《周易·艮》卦时，把"艮者，止也"说成是人类历史中，"父止于慈，子止于孝，君止于仁，臣止于敬，万物庶事莫不各有其所，得其所则安，失其所则悖。圣人所以能使天下顺治，非能为物作则也。唯止之各于其所而已"。"上下之分，尊卑之义，理之当也，礼之本也"（《伊川易传》）。

只是"天地之间皆有对"，这秩序总是得不到遵守，"君子小人之气常停，不可都生君子。但六分君子则治，六分小人则乱，七分君子则大治，七分小人则大乱"（《遗书》）。

最后，他仍旧回到了邹衍的"五德始终"的循环论上，认为这是"运"："五德之运，却有这道理，凡子皆有此五般""唐是土德，少河患""本朝火德，多水灾，盖亦有此理"（《遗书》）。

这便是二程的历史理论，"天理"统摄了一切，正是"天理"克服了"人欲"，才有君子之治，明上下之分，各安其位，否则，必天下大乱。儒家的伦理史观，在此便得到了升华。天理即等级，即伦理道德，而且是绝对不可动摇的、独一无二的。

继承程颢、程颐的理学，并有重大发展的，自然当推"程朱理学"之

"朱"了，这便是朱熹。这是我国古代社会末期的一位博学的、影响深远的著名理学家，对经学、史学、文学诸方面有广泛的研究及涉猎，著述甚丰。他的哲学，无论从深度与广度上，均居于二程之上，可以说是对理学思想一次全面的、系统的，也是极富于创造性的总结，所以，他被视为宋明理学的集大成者，成为理学的代表人物。他的哲学，也为官方所钦定，用来统治人们的思想整整七百年，他完成了整个理学体系。在中国古代社会一始一末，孔子与朱熹，可谓两相辉映，一脉始终。

作为朱熹的历史观，便是从二程的"天理""人欲"的基础上出发，强调划清"天理人欲之辨"，用"无所逃于天地之间"的伦理纲常法则去"洗脑"，从而统治一切。

他推进了二程的"二性说"——天理之性与气禀之性。天理之性或天地之性，按理来说应是人人一样的，因为它是先天的，但是，"气禀偏，则理亦欠缺了"，所以，人的天理之性也就有了多少不同。他说：

> 人性虽同，禀气不能无偏重。有得木气重者，则恻隐之心常多，而羞恶、辞逊、是非之心为其所塞而不发；有得金气重者，则羞恶之心常多，而恻隐、辞逊、是非之心为其所塞而不发。水火亦然。惟阴阳合德，五性全备，然后中正而为圣人也。（《语类》）

所以，气禀的"昏明""清浊"则决定了圣凡、智愚的区别，气禀的"多少""厚薄"则决定了贵贱贫富的秩序。"这个又是二气五行交际运动之际有清浊，人适逢其会，所以如此。如算命推五星阴阳交际之气，当其好者则质美，逢其恶者则不肖，又非人之气所能与也。""天地哪里说，我特地要生个圣贤出来，也只是气数到那里，恰相凑着，所以生出圣贤，及至生出，则若天之有意焉耳！"

他提出了"理一分殊"之说：

> 不可认是一理了，只滚做一看。这时各自有等级差别。
> 各得其利，便是和，若君处臣位，臣处君位，安得和乎？
> 尊卑大小，截然不可犯，似若不和之甚，然能使之各得其宜，则其和也，孰大于是。（《语类》）

朱熹认为，人既有"天理之性"又有"气禀之性"，所以人既有"道心"，又有"人心"，即既有"天理"，又有人欲，"有个天理，便有个人欲。盖缘这个天理须有个安顿处，才安顿得不恰好，便有个人欲出来"（《语类》）。但往往"人心惟危，道心惟微"，"人欲"要遮蔽掉"天理"，可谓"理当恁的"？无可奈何：

　　人莫不有是形，故虽上智不能无人心；亦莫不有是性，故虽下愚
不能无道心。二者杂于方寸之间而不知所以治，则危者愈危，微者愈
微，而天理之公卒无以胜夫人欲之私矣。（《中庸章句序》）

　　由此，朱熹极力主张"革欲复理"。他认为，这是有可能做到的。因为
"性者，心之理，情者，性之动，心者，性情之主"（《语类》）。所以，心对于
人的理性思维、情欲是有能动作用的。光从耳目之欲出发，即"人心"；而从
"仁义礼智"的"天理"出发，便是"道心"了。由于每个人都具有这两重
性，若能"格物致知"，就可以使愈来愈危的"人心"由"危"转"安"，愈
来愈"微"的"道心"由"微"转"著"，最后做到"道心常为一身之主，
而人心每听命焉"（《中庸章句序》）。

　　然而，由于"天理"总敌不过"人欲"，世道便每况愈下，两汉不如三
代，唐又不如汉。汉高祖"私意分数犹未甚炽，然已不可谓之无"；唐太宗
嘛，就更"无一念之不出于人欲"。所以，历史正在倒退：

　　千五百年之间正是如此，所以只是架漏牵补过了时日。其间虽或
不无小康，而尧舜三王周公孔子所传之道，未尝一日得行于天地之
间也。

　　不过，他看到了无可挽回的颓势，日愈深重的危机，却仍相信：

　　若论道之常存，却又初非人所能预，只是此个自是亘古至今常在
不灭之物，虽千五百年被人作坏，终殄灭他不得耳！（《文集·答陈
同甫》）

　　正因为"周孔之道"万古长存，历史上的是非，则应诉之于"天理之正，
人心之安"。也就是说，历史是通过"格物致知"而取得感发的一种学问。得
从致知的高度，即"天理"的高度来认识历史，他说：

　　岁周于上而天道明矣，统正于下而人道定矣，大纲概举而鉴戒昭
矣，众目毕张而几微著矣。是则凡为致知格物之学者，亦将慨然有感
于斯。（《资治通鉴纲目序例》）

　　这是在说，"天理"乃历史的唯一准则，朱熹便提出了"陶铸历史，会归
于一理之纯粹"的史观。把"天理"加于历史之中。

　　这"天理"，仍旧是纲常伦理，"臣子无说君父不是的道德"。然而这常常
为"人欲"所坏，几乎无法实现。他感慨万千："要之天下制度无全利而无害
的道理"，"措置天下事直是难，救得这一弊，少间就这救之之心又生那一
弊"。这是拆了东墙补西墙，疲于奔命。

"无可奈何花落去"，在他心目中，"王道"失传，"道统"中断，"两千年之间，有眼皆盲"，人人都在"利欲胶漆盆中"滚来滚去，越陷越深（《文集·答陈同甫》）。夏、商、周三代帝王心中皆"天理流行"，历史一片光明；乃"王道盛世"，三代之后，所有帝王心中都"未免乎利欲之私"，历史一片黑暗，是"霸道"衰世。所以，随"理欲之辨"，也得在历史观上来个"王霸之辨"，要"尊王贱霸"才行。

自然，他深信"王道"不会绝种，作为其先验的原则无非是"敛藏"着，只要抓住"大根本""切要处"，就可以使"王道""发用""流行"。

> 所谓大根本者，固无出于人主之心术，而所谓切要处，则必大本既立然后可以推而见也。（《文集·答张敬夫》）

这么说，帝王的心术，便成了历史发展的根本动力了，天理——人主之心术，就这般巧妙地契合起来。

他竟不惜赤膊上阵，要帝王"号令既明、刑罚亦不可弛"；"某当谓以严为本，而以宽济之"。因为"今人说宽政，多是事事不管，某谓坏了这宽字"；"与其不遵以梗吾治，何若惩其一以戒百？与其核实检察于其终，何若严其始而使之无犯？做大事岂可以小不忍为心"。这一来，他鼓吹的"王道""德治"又不知哪去了！

天下"一治一乱"，而且愈来愈坏，朱熹只得归于"只是理如此"！因此"气运从来一盛了又一衰，一衰了又一盛，只管恁地循环去，无有衰而不盛者"（《语类》）。至于他所处的宋代，"看今前古治乱，哪里是一时做得。少是四五十年，多是一二百年酝酿，方得如此"（《语类》）。言下"遂俯首太息"。

他的历史观与他的"定位不移"的伦理中心的循环论是完全一致的："纲常万年，磨灭不得"（《语类》）。"三纲五常，礼之大体，三代相继，皆因之而不能变"（《论语章句·为政》）。唯有依靠"圣人"，才能依此"天理"而匡正历史：

> 一有聪明睿智能尽其性者出于其间，则天必命之以为亿兆之君师，使之治而教之，以复其性，此伏羲神农黄帝尧舜所以继天立极。（《大学章句序》）

毫无疑义，这是深得中央集权的专制主义欢迎，为统治者所实用的。

在朱熹那里，天理给伦理化了，伦理给哲学化了，其学说，深受宋、元、明、清历代统治者的推崇，在巩固极权专政、维护伦理纲常秩序上起到了重大作用，很有实用价值。所以，清朝的康熙则称他的学说为："集大成而绪千百年绝传之学，开愚蒙而立亿万世一定之规。"（《朱子书全序》）

13 世纪以来，朱熹的学说一直被视为儒家的"正统"，其《四书集注》则成了士大夫们必读的教科书。黄榦说：

> 道之正统，待人而后传。自周以来，任传道之责者不过数人，而能使斯道章章较著者，一二人而止耳。由孔子而后，曾子、子思继其微，至孟子而始著，由孟子而后，周、程、张子继其绝，至熹而始著。（《行状》）

这一论断，当时"识者以为知言"。

正因为他的学说为统治者——末世统治者所实用，并作为"官学"，他的地位也愈来愈高，这样，这一学说对于历史的滞后作用，便日见严重。这是一种蒙昧主义的历史观。如果我们要探索这近千年来的中国历史停滞不前的思想原因的话，要以朱熹为药引，则是抓中了。

十八、陆王心学：历史皆由"心"出

在理学发展史中，有心学一派，其开创者是陆九渊，通称"陆王心学"，则是指他与王阳明二人的学说。陆与朱熹同时代，两人之间曾展开过激烈的辩论，但他们哲学思想的目的与归宿，却没什么两样，彼此均可相容。黄宗羲曾戏曰："假令当日鹅湖之会（两人第一次辩论），朱陆辩难之时，忽有苍头仆子历阶升堂，捽陆子而殴之曰：'我以助朱子也。'将谓朱子喜乎不喜乎？定知朱子必且挞而逐之矣。"（《象山学案》按语）因为，"二先生同植纲常，同扶名教，同宗孔孟，即使意见终于不合，亦不过仁者见仁，智者见智，所谓学焉而得其性之所近，原无有背于圣人，矧夫晚年又志同道合乎？"（《象山学案》按语）

朱熹的观点是，理是实的，不是虚的，这便是人伦道德之理，天地万物之公共道理，万古不易。陆九渊也不差上下："吾所明之理，乃天下之正理，实理，常理，公理"（《象山全集·与陶赞仲》）。"道者，天下万世之公理，而斯人之所共由者也，君有君道，臣有臣道，父有父道，子有子道，莫不有道。惟圣人惟能备道，故为君尽君道，为臣尽臣道，为父尽父道，为子尽子道，无所处而不尽其道。常人固不能备道，亦岂能尽亡其道？"（《论语说》）他的"理"，伦理成分多一些，不似朱熹的"理"，还包括自然规律："宇宙之间，一理而已。……其张之为三纲，其纪之为五常。"

陆九渊为此不主张程朱的天人绝对对立，认为，"天理人欲之言，亦自不是至论。若天是理，人是欲，则天人不同矣"（《语录》）。因为这违背了他整个哲学的前提"心即理"。

在他的哲学中，"心"是一种伦理性的实体："仁义者，人之本心也"（《与赵监》）。"四端者，人之本心也，天之所以与我者，即此心也"（《与李宰》）。

有了"心"，践履道德、平治天下的实际能力便也自然而然地表现了出来：

> 事父孝故事天明，事母孝故事地察，是学已到田地，自然如此，非是欲去明此察此也。明于庶物，察于人伦亦然。（《语录》）

但是，在否定"人欲"，要"存心""寡欲"这点上，他又与朱熹殊途同归了：

> 夫所以害吾心者何也？欲也。欲之多，则心之存者必寡，欲之寡，则心之存者必多。故君子不患夫心之不存，而患夫欲之不寡。欲去则心自存矣。（《养心莫善于寡欲》）
>
> 今已私未克之人，如在陷阱，如在荆棘，如在泥涂，如在囹圄械系之中。
>
> 大概人之通病，在于居茅茨则慕栋宇，衣敝衣则慕华好，食粗粝慕甘肥。（《语录》）

这些，与朱熹的"去人欲存天理"已没任何区别了。

由此可以引出他的历史观来，他说：

> 圣人之道洋洋乎发育万物，峻极于天，优优大哉，天之所以为天者是道也，故曰唯天为大。天降衷于人，人受中以生，是道固在人矣。（《与冯传之》）

因此，君是"天"所立的，"作为君师，唯其承助上帝"（《宜章县学记》）。"人君代天理物，历数在躬，财成辅相参赞燮理之任，于是乎在"（《大学春秋讲义》）。典章，法制皆天立："五典乃天叙，五礼乃天秩，五服所彰乃天命，五刑所用乃天讨"（《与赵泳道》）。

老百姓则必须规规矩矩地服从这种伦理纲常的"天秩"，唯有这样，才能：

> 身或不寿，此心实寿，家或不富，此心实富，纵有患难，心实康宁。或为国死事，杀身成仁，亦为考终命。实论五福，但当论人一心。此心若正，无不是福，此心若邪，无不是祸。（《荆门军上元设厅皇极讲义》）

这里颇有禅宗"指心即佛"的意味了。

由于"人心不古",世风日下,他感叹历史在倒退,他认为:"古者风俗醇厚,人虽有虚底精神,自然消了,后世风俗不如古,故被此一段精神为害,难与语道。"由于"古者势与道合",所以"贤者"能在位;"后世势与道离",不肖者便篡位了。夏、商、周三代,是理学家们的理想盛世,陆九渊也不例外,"秦不曾坏了道脉,至汉而大坏。盖秦之失甚明,至汉则迹似情非,故正理愈坏"(《语录》)。

因此,宋代王安石变法,由于没正"人心",便去变"法度","不造其本而从事其末,末不可得而治矣"(《荆国王文公祠堂记》)。他仍寄望恢复"三代之政",大搞复古主义,可也小心翼翼,认为只能"驯致"不可"立致":

> 合抱之木,萌蘖之生长也。大夏之暑,大冬之推移也。三代之政岂终不可复哉?顾当为之以渐而不可骤耳。(《删定官轮对答子》)

"心学"往前发展,便是以"心"来体现一切社会行为,以"心"为历史。陆九渊的"六经注我",并不是讲的历史研究中的主体精神,而是把整部历史当作了"心之精神"。

由此,到了"心学"集大成者,完成心学体系的王守仁那里,便推出了"心外无物""心外无理"的观点,强调用封建伦理道德的自觉修养去规范一切行动,由"心"去创造历史了。他这是继承了陆九渊"心即理"的思想:"虚灵不昧,众理具而万事出。心外无理,心外无事"(《王文成公全书·传习录》)。其伦理实践全在乎于心,他说:

> 且如事父不成去父上求个孝的理,事君不成去君上求个忠的理,交友、治民不成去友上、民上求个信与仁的理,都只在此心。心即理也,此心无私欲之蔽,即是天理,不须外面添一分。以此纯乎天理之心,发之事父便是孝,发之事君便是忠,发之交友、治民便是信与仁,只在此心去人欲,存天理上用功便是。(《王文成公全书·传习录》)

他提出了著名的"致良知"论。即人皆有先验的是非之心的"良知":

> 良知只是个是非之心,是非只是个好恶,只好恶就尽了是非,只是非就尽了万事万变。(《王文成公全书·传习录》)

> 自圣人以至于愚人,自一人之心,以达于四海之远,自千古之前,以至于万代之后,无有不同,是良知也者,是所谓"天下之大本"也。(《王文成公全书·书朱守乾卷》)

良知是道德行为的主体，也统摄了千古万代的历史。难怪他留下一段奇文，认为一日之间，人们神气清浊、情绪好坏，亦可使世界发生历史性的剧变：

> 夜气清明时，无视无听，无思无作，淡然平怀，就是羲皇世界。平旦时，神清气朗，雍雍穆穆，就是尧舜世界。日中以前，礼仪交会，气象秩然，就是三代世界。日中以后，神气渐昏，往来杂扰，就是春秋战国世界。渐渐昏夜，万物寝息，景象寂寥，就是人消物尽世界。（《王文成公全书·传习录》）

在他看来，历史皆由"心"而出。

由"心"，则可导出历史循环论，导出历史的倒退论，难怪他百般以"心"为其伦理实践，"天地万物，俱在我的良知的发用流行中，何尝又有一物超于良知之外，能作得障碍"（《王文成公全书·传习录》）。

总之，他较朱熹的"去人欲，存天理"要缜密得多，"静时念念去人欲存天理，动时念念去人欲存天理"。时刻提防。因为"山中贼"易破，而"心中贼"难防矣。

他把宗法社会的伦理道德观念说成是一切人心中固有的先验原则，给了这种伦理观在心中的秩序，更让人为其束缚、钳制，好为中央集权的专制主义服务。所以，他成了镇压农民起义和少数民族暴动的功臣——以其剿抚结合、德刑兼施的"破心中贼"的思想，并且亲自从事教育的实践活动。

五学——心学，在实用理性史观上，是有其重要的阶段性的。作为理学中的一流派，与程朱可谓互为补充、互为促进，从而走向一个新的峰点。

十九、末世浊流中的小小浪花

在理学被捧为正宗时，孔夫子一再加冕晋爵，相继为帝王封为"褒成尼宣公""先师尼父""至圣文宣王""圣人可享帝王之礼""大成至圣先师"……他本人是不信神的，子不语怪力神，可是他自己却被后人抬到了神的位置，甚至比神更无所不在。在中国，孔子之所以成为"神"，实质上代表了历史的意志、观念、传统、习惯，他就成了一个民族积淀下的集体潜意识。信神者，只服从神的权威。然而，在我们这个国度里，连无神论者，也不自觉地在服从这位并非神的潜在意志——可以说，他不单纯是孔子这么一个"人"了，而是成了一个象征，一种无形的历史的力量。

当孔子被抬得愈高，他那威慑人的"鬼气"就愈盛。理学杀人，这是启蒙主义者的呐喊。正是理学，才赋予孔子亡灵以杀人的力量，对孔子来说，可谓冤哉枉也。不正是二程提出的"饿死事小，失节事大"吗？难怪儒学后来也与有神论的佛教、道教，并称为儒教了。

理学，是后儒社会的统治思想，其史观也代表了整整一个时代。我们研究这一阶段的史观，当然是以它为代表。事实上，那个时代的其他流派，如新学，毕竟很微弱，转眼即逝，并给扼杀了。略有异端思想，均潜伏起来，不比汉、唐时期的理直气壮。而且，从根本上来说，它们与理学的史观并没有多大区别，无一不拜倒在孔门脚下，无不称圣人之治、三代之治，无不为帝王统治提供实用的理性之策略。纵然他们主张"天道可变"，可也是在"执常"的老观念上。所以，在这一小节里，我们只大略剖析一下这些流派的史观，以避遗漏之嫌。

司马光曾把王安石的"新学"或变法思想归结为三句话："天命不足畏，祖宗不足法，流俗不足恤。"（《温国文正司马公文集》卷七三）这只是旧党对王安石的看法，他们认为这般给王安石定罪足可以置之于死地。可见当时是不可以触动"天命""祖宗"的。

其实，他说的"尚变者，天道者"（《王临川文集·河图洛书义》），却立足于"有本以保常而后可立也"。仍在于维护宗法社会专制统治，变与常是两者兼顾、互相统一的。

所以，他更看重"礼乐刑政"的作用，认为圣人在上治理万物，创造历史，必须制定"四术"——四种统治百姓的方法："四术者，礼乐刑政是也，所以成万物者也。"（《文集·老子注》）人类的文明，是"圣人""制作"的；要治理好国家，首先得立善法："善君子之为政，立善法于天下，则天下治。"（《文集·周公》）而善法，便就是"礼乐刑政"了，仍是孔子那一套："礼者，天下之中经，乐者，天下之中和。礼乐者，先王所以养人之神，正人气而归正性也。是故大礼之极，简而无文；大乐之极，易而希声。"（《文集·礼乐论》）所以，他认为，为政任德、任察、任刑不可偏废："任德则有不可化者，任察则有不可周者，任刑则有不可服者。"圣人要做到"仁足以使民不忍欺，智足以使民不能欺，政足以使民不敢欺"（《文集·三不欺》）。

他一般"尊王贱霸"，"仁义礼信，天下之达道，而王霸之所同也。夫王之与霸，其所以用者则同，其所以名者则异"。因为王者认为，"礼义仁信"是己所当为，不是以此邀名誉的，而霸者本心并不要"礼义仁信"，却要挂羊头卖狗肉，"霸者之心为利，而假王者之道以示其所欲"（《文集·王霸》）。

张载是道学中的一派，更没有跳出理学的圈子，虽然有人说他创立了"气学"与理学相对，但在历史观上，他不仅要恢复"封建制"还要复活"宗法制"，他认为："管慑天下人心，收宗族，厚风俗，使人不忘本，须是明谱系世族与立宗子法。"（《经学理窟·宗法》）这完全回返到"周礼"上。他主张"天地之性"——"天理"，即"三纲五常"："天之生物便有尊卑大小之象，人顺之而已，此所以为礼也。学者有专以礼出于人，而不知礼本天之自然"（《经学理窟·礼乐》）。他极力主张"反归其天理"，"仁之难成久矣，人人失其所好。盖人人有利欲之心，与学正相背驰。故学者要寡欲"（《经学理窟·学大原》）。"古之学者便立天理"（《经学理窟·义理》）。

所以，张载死后，亦被送进了孔庙。

叶适在人性论上，也是个性善论者，他相信人的心灵深处有一个至善的"常心""道心"，得加以性善的说教，"以一人而觉一世之所迷"。人性是天赋的，"人性之至善未尝不隐然见于搏噬绘夺之中"，如"天有常道""地有常事"一样，人也有这样的"常心"。

同样，从古至今治理国家亦有一个"相承而不可废"的常道。他说："治天下有常道，下不过为民，上不过为君，君民不过欲交得其所愿，人无异性，则古今无异时，其所以治之者一而已矣。"（《叶适集·进卷·苏绰》）

陈亮则有"今不如古，世风日下"的哀叹。他认为，"汉唐之君，本领本不洪大开廓，故能以其国与天地并立，而人物赖以生息"（《甲辰答朱元晦》）。但汉唐却不如三代，"三代做得尽者也，汉唐做不到尽者也"（《与朱元晦·又书》）。在天理、人欲问题上，他与朱熹不同，认为二者是不可分的，人欲适度，就是天理。不过，这"适度"与"节欲""寡欲"并没多大区别。末了，他仍免不了陷入"天道六十年一变"（《上孝宗皇帝第一书》）的历史循环论中。

之后的王廷相，也许要"离经叛道"一些，他主张人性有善有恶，善少恶多："自世之人观之，善者常一二，不善者常千百；行事合道者常一二，不合道者常千百……故谓人心皆善者，非圣人大观真实之论，而宋儒极力论赞以号召乎天下，惑矣！"（《雅述》上篇）他从气质出发，论及"性之善者莫有过于圣人，而其性亦惟具于气质之中。但其气之所禀，清明淳粹，与众人异，故其性之所成，纯善而无恶耳，又何有所超出也哉？圣人之性既不离乎气质，众人可知矣。气有清浊粹驳，则性安得无善恶之杂？"（《答薛君采论性书》），这与程朱理学中的"圣人"论，可谓异曲同工。

他承认历史的演变："道无定在，故圣人因时。尧舜以禅授，汤武以征伐，太甲成王以继序。道无穷尽，故圣人有不能。尧舜之事，有羲轩未能行者，三代之事，有尧舜未能行者。"（《慎言·作怪》）

但从根本点上，他仍属实用理性史观者。他说："仁义礼乐，维世之纲；

风教君师，作人之本。君师植风教者也，风教达礼乐者也；礼乐敷仁义者也。"（《慎言·御民》）认为仁义礼乐、风欲教化，是支配历史的力量，而君主与圣人，则是抓风俗教化的，所以，历史也便是他们所创造的。他还说："愚谬安足成乱，故乱天下者，才智之雄也。"（《慎言·御民》）把乱世的罪责加在了"才智之雄"的头上。所以，他也有他的乌托邦思想：

> 物各得其所之谓不同。大同者，化之极也。百姓日用而不知，是谓安常。安常者，神之至也。（《慎言·御民》）

在自然观上，上述有些人也不乏有进步的思想，然而，到了历史观上，哪怕是认为历史是演变的、渐进的，都免不了为旧的思想观念所束缚，仍是"三纲五常""三代之治"的一套，拿不出多少新的东西来。可见自宋之后，儒家的统治是何等登峰造极，"独尊儒术"的董仲舒的主张，在此时才真正得到实现。

二十、王夫之：在古代史观的终点上

王夫之，可以说是在宋明理学的终结点上，也是实用理性史观的一位代表人物。按史学界的观点，他"宗师横渠（即张载），修正程朱，反对陆王"，而此三者均是理学内部的不同派别，因此，人们也认为，他是宋明理学的又一个阶段的代表，是对宋明理学的一次全面的总结。人称他"自潜修以来，启瓮牖，秉孤灯，读十三经、二十一史，及张、朱遗书，玩索研究，虽饥寒交迫，生死当前而不变。迄于暮年，体羸多病，腕不胜砚，指不胜笔，犹时置楮墨于卧榻之旁，力疾而纂注。颜于堂曰：'六经责我开生面，七尺从天乞活埋'"（五敬《姜斋公行述》）。他也说自己能"入其垒，袭其辐，暴其恃，而见其瑕"（《船山遗书》三十九）。因此，留下了浩如烟海的史著，在中国哲学发展史上，有着重要的地位。他的历史观，也很值得加以研究。正因为他学识渊博、思路广阔，对理学及以往的学说，都从理论的高度上作了批判与总结。

然而，由于历史的局限，平心而论，并不是某些人所鼓吹的，他是启蒙主义的第一人，起到了承前启后的重大作用。我们认为，他仅仅是、也只能是中国古代哲学的最后一人，是宋明理学的批判者与总结者。

关于这点，我们在绪论中已略有交代，这时不妨再引上一个证据——这就是王夫之对当时西方科学技术的态度：

> 浑天家言天地如鸡卵，地处天中，犹卵黄，黄虽重浊，白虽轻清，而白能涵黄，使不坠于一隅耳。非谓地之果肖卵黄而圆如弹九

也。利玛窦至中国而闻其说，执滞而不得其语外之意，遂谓地形之果
为弹丸，因以其小慧附会之，而为地球之象。……如目击而掌玩之，
规两仪为一丸，何其陋也！（《思问录·外篇》）

他竟把地圆之说，说成并非西方所有，而是利玛窦到中国后误解了浑天之
说而编造出来的。一方面，王夫之的民族主义精神之强，使他产生了这种
"惟我独是"的判断；另一方面，正如中国古代传统，以"修身齐家治国平天
下"为唯一的学问，把才智全用到这上面来了，瞧不起"绝学"——科学技
术，所以把西方的科技也统统斥之为"小慧"，不足挂齿。所以，西方用我们
发明的火药制成炮弹轰开了我们的国门，而士大夫们仍在空谈治国之"本"、
仁义道德。

所以，认真看待王夫之的历史观，则不可以不顾及他当时的整个历史态
度，切不可断章取义，轻易就把他推上了"历史哲学"的宝座。

我们这么说，也并不是要贬抑他。由于他是个极有造诣的学者，对宇宙万物
均有其独到的见解，所以，对历史也能深悉其故，意识到它的一定进程，没有简
单因袭前人的观点。在他那丰富的著述中，亦包含有一定的对历史的新的见解。

他从哲学的"天下惟器""道者器之道"的观点出发，对人类历史作出了
如下描绘：

> 洪荒无揖让之道，唐虞无吊伐之道，汉唐无今日之道，则今日无
> 他年之道者多矣。未有弓矢无射道，未有车马而无御道，未有牢醴璧
> 币钟磬管弦而无礼乐之道，则未有子而无父道，未有弟而无兄道，道
> 之可有而且无者多矣。故无其器则无其道，诚然之言也，而人物未之
> 察耳。（《周易外传·系辞上》）

这里认为历史是个发展过程，"道"是随"器"发展起来的，也就是说精
神文明是随物质文明发展起来的。

所以，历史发展，则是"古今因革"的，是前进的，虽然有曲折与回流。

> 三代沿上古之封建，国小而君多……而暴君横取，无异于今川、
> 广之土司，吸龁其部民，使鹄面鸠形，衣百结而食草木。（《读通鉴
> 论》卷二十一）

所以，"圣人治器"，则先从物质文明入手：

> 故古之圣人，能治器而不能治道，治器者则谓之道，道得则谓之
> 德，器成则谓之行，器用之广则谓之变通，器效之著则谓之事业。
> （《周易外传·系辞上》）

这里，没逃得出"圣人治史"的陈旧观念，但在"治器"上，已多多少少看出了意味着历史进步的物质基础作用。其时，宋明以来，科学技术已有了一定的发展，明中叶有过一度的开放：西学输入，重编历书，译入的书不下百数十种，徐光启因受其影响，著有《农政全书》，方以智、顾亭林等在其学问领域内，也引入了科学方法。后来，明朝又封闭起来，但民间的渠道并未断绝。

然而，王夫之为何把"治器"看得很重，却仍把科学技术斥为"小慧"呢？按他的逻辑，科技不也属"治器"一类么？这里，固然有他极端的民族主义思想——"华夷文野论"，更重要的是，他看重的仍是"文以载道"，是"圣人治器"而不是"夷狄治器"。

因此，他绝没有同时代的黄宗羲、方以智站得高，看得远，他仍死死恪守在儒家的古墓中，看待历史的发展，是在圣人之功，而非"治器"的本身。他刚刚能及"治器"上头，便又退守回去了。

他写过一篇《君相可以造命论》（《姜斋文集》），一方面断言君相"不能自造其命"，另一方面又断言君相可以"造民物之命"，即可以创造国家人民的历史命运，与上述思想是完全一致的。

他把历史发展的契机全寄望于几位圣人身上，他认为历史是进化的，可原因却在圣人上，所以，他是这般反对邵雍的"元会运世"的历史循环论的：

> 子曰："斯民也，三代之所以直道而行也。"春秋之民，无以异于三代之始。帝王经理之余，孔子垂训之后，民固不乏败类，而视唐、虞、三代帝王初兴政教未孚之日，其愈也多矣。……伦已明，礼已定，法已正之余，民且愿得一日之平康，以复其性情之便，固非唐虞以前，茹毛饮血，茫然于人道者比也。……邵子分古为道德功力之四会。帝王何促？而霸统何长？霸之后又将奚若耶？泥古过高而菲薄方今，以蔑生人之性，其说行而刑名威力之术进矣。君子奚取焉。（《读通鉴论》卷二十）

然而，他也有其循环史论：

> 或曰：天地之数，或三或五，或五或六；百年而小变，千五百年而大变。由轩辕迄桀千五百年，禅让之消，放伐变之；由成汤迄汉千五百年，封建之消，离合变之；由汉迄祥兴千五百年，离合之消，纯杂变之。（《黄书·离合》）

可见，他认为历史的演变中是有"定数"的。这种"定数"可以说成是"天命""天理"，也可以逼近历史发展的客观规律。很难说王夫之"逼近"的程度有多少，不过，他研究了历史发展中的"理"与"势"的问题，提出了他的"理势合一"的历史发展观点：

> 势者事之所因，事者势之所就。故离事无理，离理无势。势之难易，理之顺逆为之也。理顺斯势顺矣，理逆斯势逆矣。(《尚书引义》卷四)

历史中的"理"与其必然趋势应是统一的，趋势便是"理"的表现。他反复强调这种统一：

> 凡言势者皆顺而不逆之谓也，从高趋卑，从大趋小，不容违阻之谓也，夫然又安往而非理乎？知理势不可以两截沟分。
>
> 其始之有理，即于气上见理，迨已得理，则自然成势，又只在势之必然处见理。势之顺者即理之当然者也。(《大全说》卷九)

那么，这个"理"又是什么呢？在他看来，仍是传统的"天"。

> 天之命，有理而无心者也。
>
> 生有生之理，死有死之理，治有治之理，乱有乱之理。存有存之理，亡有亡之理。天者，理也。其命，理之流行者也。……违生之理，浅者以病，深者以死，人不自知而自取之，而自昧之。……天何心哉？夫国家之治乱存亡，亦如此而已矣。(《读通鉴论》卷二十四)

有人硬要把这"天"解释为历史的客观规律，取片言只语为论据，其实，不妨看看他在《宋论》卷一中关于宋太祖的论述：

> ……是则宋之君天下也，皆天所旦夕陟降于宋祖之心而启迪之者也。故曰命不易也。兵不血刃而三方夷，刑不姑试而悍将服，无旧学之甘盘而文教兴，染惊杀之余风而宽仁布，是岂所望于兵权乍拥一长莫著之都点检哉？启之，牖之，鼓之，舞之，俾其耳目心思之牖，如披云雾而见青霄都，孰为为之耶？非殷勤佑启于形听之表者日勤上帝之提撕而遽能然耶？佑之者天也，承其佑者人也。于天之佑可以见天心，于人之承可以知天德矣。……然则宋既受命之余，天且若发童蒙，若启甲坼，萦回于宋祖之心……

不管怎样，这"天"，始终带有东方的神秘色彩，不可以完全解释为客观规律。

当然，在历史事实中，他略为清醒地看到，历史的发展并不以人的意志为转移，如秦始皇："秦以私天下之心而罢侯置守，而天假其私以行其大公。"

汉武帝，则是"武帝之始闻善马而远求耳……然因是贵筑昆明，垂及于今，而为冠带之国，此岂武帝张骞之意计所及哉？故曰天牖之也"（《读通鉴论》之一、三）。所以，得"推其所以然之由，辨其不尽然之实。均于善而醇疵分，均于恶而轻重别，因其时，度其势，察其心，穷其效"（《读通鉴论》之一、三）。这倒有几分历史主义思想了。

所以，他有时又把"天"，说成是"民心之大同"或"人之所以同然"：

> 可以行之千年而不易，人也，即天也，"天视自我民视"者也。拂于理则违于天，必革之而后安。……以理律天，而不知在天即为理，以天制人，而不知人之所同然者即为天。（《读通鉴论》之七）
>
> 天无特立之体，即其神化以为体；民之视听明威，皆天之神也。故民心之大同者，理在是，天即在是，而吉凶应之。（《读通鉴论》之十九）

那么，圣人就得"有视听而有聪明，有聪明而有好恶，有好恶而有德怨，情所必逮，事所必兴矣，莫不有理存焉。故民之德怨，理所察也，谨所恶以亶聪明者所必察也"（《尚书引义》卷四）。

这样，他把"圣人之见"，当作了"神化之主"，以"援天以观民"限制了其"人之所同然者即为天"——在他来说，圣人与民，是定位不易的，封建等级也是不可颠倒的，"人伦之序，天秩之矣"（《续左氏传博议》）。

三纲五常的伦理秩序，仍是他人性论的重要内容，虽然他提出了"天理寓于人欲"的观点，与程朱的"存天理、灭人欲"不一样。

他是这么说的：

> 天以其阴阳五行之气生人，理即寓焉而凝之为性。故有声色臭味以厚其生，有仁义礼智以正其德，莫非理之所宜。声色臭味顺其道则与仁义礼智不相悖害，合两者而互为体也。
>
> 盖性者，生之理也。均是人也，则此与生俱有之理，未尝或异。故仁义礼智之理，下愚所不能无；而声色臭味之欲，上智所不能废。俱可谓之为性。或受于形而上，或受于形而下，在天以其至仁滋人之生，成人之善，初二无理。但形而上者为形之所自生。……理与欲，皆自然而非由人为，故告子谓食色为性，亦不可谓为非性，而特不知有天命之良能尔。（《正蒙注·诚明篇》）

从根本上，其与朱熹的"性即理也"并无区别，而他的天人比附，更是接受了朱熹的：

> 人生莫不有性，皆天道也。故仁义礼智与元亨利贞无二道。

（《正蒙注·诚明篇》）

在"理欲"问题上，他是犹豫不定的，始终没能完全摆脱"理欲之辨"的影响，认为人俗还应受天理的裁制。

由此，在其史观上，尤为坚持"天下之大防二：华夏夷狄也，君子小人也。"其封建色彩、贵族气味，比当时的思想家要浓得多：

> ……非本末有别而先王强为之防也。夷狄之于华夏，所生异地。其地异，其气异矣。气异而习异，习异而所知所行蔑不异焉。……君子之与小人，所生异种。异种者，其质异也，质异而习异，习异而所知所行蔑不异焉。乃于其中自有巧拙焉。特所产殊类，所尚殊尚，而不可乱。乱则人理悖，贫弱之民亦受其吞噬而憔悴。防之于滥，所以存人理而裕人之生，囿乎天地。呜呼！小人之乱君子，无殊于夷狄之乱华夏。（《读通鉴论》卷十四）

从下文看，"君子"乃士大夫，"小人"即农工商贾。前文王夫之轻蔑科技的"小慧"，这里亦可找到进一步的答案。说到底，他的"民"，自然是不包括创造物质世界的"小人"的，其观点不可谓不鲜明也。

无论怎么说他有启蒙思想、民主主义，却敌不过他这"君子小人之大防"，更有趣的是，他在《俟解》中还讲了一个小故事，足以说明他是如何"启蒙"的。

故事中说，有一天，陈白沙、庄定山两位士大夫过江，与一无赖少年同船，那少年知道这两位为先生，故意纵谈人欲淫蝶之事，来挑逗、戏弄、狎侮他们。庄定山勃然大怒，陈白沙却置若罔闻，漠然处之。

王夫之认为他们这么做都不对，一个"隘"、一个"不恭"。那怎么才对呢？王夫之倒是挺彻底的，认为两位士大夫根本就不该上那条船，他说：

> 子曰："以吾从大夫之后，不可徒行也。"秉周礼也。白沙已入词林，定山已官主事矣，渡江当觅一舟，而乘买渡之艇，使恶少得交臂而坐，遂无以处之于后，此非简略之过欤。

可见其何等清高，何等神圣！依他看来，历史本来就是圣人所创造的，哪有小人的分呢？连与小人同坐一船都违反了"礼"，更谈不上与小人一道创造历史了。

儒者根深蒂固的正统思想，可见一斑。固然陈白沙流，是他抨击的"心学"的代表人物之一，可他们对人民的根本态度却是不会改变的。他们看起来似乎也反暴君、体察民隐，王夫之甚至说过"人无易天地，易父母，而有可易之君"。但无非易暴君而要明君罢了。所以，他们毕竟是为君主说法，对君主的统治术表示意见，出谋划策罢了。这与同时代的黄宗羲相比，谴责"为天下之大害者，君而已矣"，则相去太远了。

因此，王夫之不曾走到历史哲学的门口，仍停留在古代历史观的终点上。一般人在使用"历史哲学"这个命题时，缺乏严谨、认真、科学的态度，往往不假思索便套上去了，王夫之也一样。他虽然触及历史发展背后的"理"的问题，在理、势上有所探索；也看到了"势"不以人的意志为转移，并且论及个人作用及偶然性与必然性的关系，但这仍笼罩在神秘的"天理"色彩之中，并没有达到历史哲学的高度。也就是说，还不能划入近代史观的行列，尚不可硬往近代史观上凑。

明亡，他竟斥责百姓，"诅君上之速亡，竟戴贼而为主，举天下猰猰薿薿，而相怨一方"，所以才遭到了异族入侵者的杀戮。

正是士大夫气，使王夫之始轻视人民、轻视农工商贾，使他不可能跨入近代史观的行列，他只能是古代中国殉葬的一名思想家，他完成的不仅仅是他个人的理论思维体系。

第四章 近代史观新探
——通向唯物史观的艰难历程

一、历史的沉疴

> 折戟沉沙铁未销，自将磨洗认前朝。
> 东风不与周郎便，铜雀春深锁二乔。

　　也许，在中国古代的文学作品中，历史意识往往比经学家、玄学家及理学家们的著述要清醒得多。上面这首七绝，千古流传，人们从中感受到的一切，比一些史学家、哲学家喋喋不休讲的道理，要厚重、深刻得多。沧海桑田、古今盛衰，致使铜人清泪、天老于情，何等的感慨，充溢于人心。

　　尤其到了近代，中国人这种"世纪末"的哀伤更为之沉重。外侮内患，几欲不可收拾，当日自命为"中央之国"的帝国，竟在世界的急骤变革中风雨飘摇，江河日下……怎样的一种痛苦、自责与负疚，填塞了一部中国的近代史，怎样的无奈、挣扎与慨叹，窒息在内外交困的屈辱之中，亘古的荣耀，皆已灰飞烟灭，连"万园之园"，也在外寇的烈火中化作了废墟。

　　中国几度要沦入亡国的险境，中华民族面临绝种的可能——这在当时，已不是危言耸听了。而死亡了的民族，是不可能在火中重新诞生的，如佛学中的凤凰涅槃一样。巴比伦、古埃及的命运，在等待着这人类历史上生存得最古老的民族……多少志士，徘徊于巍然的万里长城下，凭吊于圆明园的断壁残垣前，默立在气势非凡的兵马俑旁，抑或站在汉墓的石兽、唐代昭陵上带箭的骏马身边，怎能不"独怆然而涕下"呢？国运无常，世事无常，莫非，中华民族辉煌的古代文明，就此一去不复返了吗？一个伟大的民族，莫非就得沦为外邦的奴隶？

> 我劝天公重抖擞，
> 不拘一格降人才。

　　清人龚自珍，自丹田发出了一声呐喊。

自晚唐走向末世的中国社会，至清代已是烂透了，然而，这却延续了近千年，使中华民族坐失了一个又一个再生的良机，苟延残喘。当代英国著名的历史学家汤因比，曾感叹中国自秦汉以来大一统局面的维系与延续，可他没深入至中国古代社会的真实境地之中，没看到这种大一统的"超稳态"是怎样以拒绝个性、否弃自由、钳制思想，以及排斥任何变革乃至科技成果为代价的，没看到近代中国巨大的落后正是这种"超稳态"的后果。

中国需要一次新的"激活"，需要"不拘一格降人才"。

然而，这次"激活"比上次亚洲文化综合的"激活"要艰难得多，固然这次面临的是整个世界的文化。

上次激活所刺中的活体，只是汉代末期短短百数十年的痼疾；而这一次，则是自宋代以来七八百年的历史沉疴。上次是一位轻症病人，这一回却是个重症病号。

所以，近代、现代的思想家、哲学家、史学家及文学家们，大都走过一段非常曲折的道路：有的年轻时是蔑视一切传统、大胆创新的闯将，末了，却皈依佛门，问津禅宗；有的沉湎于故纸堆中，由反儒的斗士变成儒门的老朽……历史，也在他们身上重演着一个又一个的无可奈何的悲剧。

我们已不苛求他们了——因为他们也成了历史，而历史则是不可改变了的。可改变的只有未来。

这些人的可悲并不算什么，更可悲的是始终打着反孔的旗帜，在主观愿望上一直要与儒家文化决裂，可是，在实际上，在其不自觉的行为中——在潜意识里，他的所作所为，却仍还是旧的一套，以至仍把历史淹没在复辟的血泊之中。

后儒的调节功能、修复机制，我们可以在晚唐、两宋中儒学的复兴及上升中看到。因此，我们面临的是比后儒更牢固、历史更悠久的复辟力量、传统惰性，孔子的"有为"，化作了一次又一次的"运动"，儒家的"正统"，更是"文化载道"式的政治及强化专制……在弄清古代史观之后，我们再看看近代史观的演变，我们才可能在纷纭复杂、扑朔迷离的历史事件中，最后来个"顿悟"——呵，原来如此！

二、西方近代历史哲学参照

关于历史哲学的定义，各有各的不同。在我国的史学或哲学史著中，总是动不动就把"历史哲学"这个词用上了，连老庄、孔孟也成了历史哲学家——这显然是滥用了，但是，由于我国古代文、史、哲不分家的传统，历史与哲学的观念，往往是掺糅在一起，有人把这些视为历史哲学，倒也情有可原。不过，在这里，我们还是先对这个词的定义作一些必要的考察，再加以判定。

恩格斯是把"历史哲学"这个概念加以严格限定的。他在《路德维希·费尔巴哈和德国古典哲学的终结》一文中，是这么说的：

> 历史哲学，特别是黑格尔所代表的历史哲学，认为历史人物的表面动机和真实的动机都绝不是历史事变的最终原因，认为这些动机后面还有应当加以探索的别的动力；但是，它不在历史本身中寻求这种动力，反而从外面，从哲学的意识形态把这种动力输入历史。（《马克思恩格斯选集》，第 4 卷，第 228 页，北京，人民出版社，1966）

显然，在这里，他把历史哲学与历史唯物主义之间划出了一条鲜明的界限。他所给的历史哲学的定义，就是"从哲学的意识形态"把历史发展的动力"输入历史"。

黑格尔自己也这么认为：

> 历史哲学只不过是历史的思想考察罢了。（《历史哲学·绪论》）
> "哲学"所关心的只是"理念"在"世界历史"的明镜中照射出来的光辉。"哲学"离开了社会表层上兴风作浪、永无息宁的种种热情的争斗，从事深刻观察；它所感兴趣的，就是要认识"观念"在实现它自己时所经历的发展过程——这个"自由的观念"就只是"自由"的意识。（黑格尔：《历史哲学》，第 8 页，上海书店，2001）

综上所述，这里"历史哲学"的含义便是"理念"如何在历史中实现自己，历史只是"理念"实现自己的发展过程。所以，在这个意义上，历史哲学是属于唯心史观范畴的，是与唯物史观相对立的。我国一些历史唯物主义学者们大都持这种认识，即把"历史哲学"严格限制在历史唯物主义之外，认为它只包含唯心史观及其同一类型的神学史观、理性史观及利益史观。换句话来说，历史哲学也是一种史观。本书题名中用"史观"二字而没用"历史哲学"，也是兼顾这一概念。

但是，相当多的历史学家，尤其是我国的一些著名史学家们，对历史哲学下的概念却有不同看法。有的认为：

> 历史哲学乃是对于历史现象的一种哲学的探讨……进一步追求，其内在的关系，其发展的动力，其所揭示的意义，其所遵循的法则，这就牵引出历史哲学的问题了。（《嵇文甫文集》上集，第 542 页，

郑州，河南人民出版社，1985）

说这话的是被当作唯物史观的学者，类似这么说的中国学者仍大有其人。

历史哲学，望文生义，大概可以这么说，这就是对历史的哲学考察。而这哲学是什么，则各有所不同，有科学主义、人文主义、唯物辩证论等，这一来，如用辩证唯物主义考察历史，也就是历史唯物主义了。于是唯物史观也被纳入这一历史哲学的范畴，成为其一个发展阶段了。

为此，我们是否可以认为，有狭义的"历史哲学"，这就是以黑格尔为代表的历史哲学，也有广义的历史哲学，它包含着人们对历史的全部哲学考察，也包含有唯物史观。

这样，并不包括无哲学意义的历史观，例如，不包括民俗中的历史观念。同样，古代哲学家的历史观，与近代的历史哲学也应加以区别，不可以统称为历史哲学。

所以，我们把自然史观时期之前的历史，称之为史观史的史前时期；把古代史观称之为前历史哲学时期——之所以称"前历史哲学时期"而不像西方称之为"非历史哲学时期"，这里也是有所考虑的。

"历史哲学"这个词，是伏尔泰在他的《试论人民的风俗和精神》这部著作中引入的。他崇拜理性，把人类史看作是理性与宗教迷狂、文明与愚昧、善与恶的斗争过程。也就是说，理性或精神，则是历史发展的根本动力。正是他，在历史研究中提出了创立哲学的历史这一任务。但是，在他之前，维科已被称之为"历史哲学之父"，他在《新科学》（1725 年）中便认为，人类历史存在着一个统一的、一切民族在各个不同时代都要以不同形式经历的"观念的历史"。

这些，大家都可以看出，正是"理性""观念"，成了历史哲学的出发点。

稍后，赫德尔在《关于人类历史哲学的思想》（1784—1791 年）中就试图阐明，自然界在不断演化，人类史是自然史的继续，人类社会与自然一样，也有其发展规律的。其历史哲学思想的核心，则是人类社会进化论。

赫尔德是历史哲学的奠基人之一。

赫尔德这一思想，与我国古代史观有某些契合之处，大家不难看出来。正因为这样，如把我国古代史观说成完全是非历史哲学的，则不是那么准确，可以说，由于文、史、哲不分家，我国古代史观中，很早就包含有这种历史哲学的因素，所以，称之为"前历史哲学时期"才较为准确。

这样，我们的史观也与西方史观发展史作出了更进一步的区别。

下面，我们再简单叙述一下西方历史哲学发展，以便与我国近代史观史作出比较。

最早的当然是维科，马克思在《致斐·拉萨尔》的信中便强调，维科《新科学》中有"不少天才的闪光"。该书认为自然界由神来支配，但人类历史却不可以以神学观点来解释，而应力图揭示出社会发展的内在逻辑及历史事件的必然联系。神—英雄—人的历史三阶段说，反映了人文主义的觉醒。

孟德斯鸠在《论法的精神》（1748 年）中也全面系统地阐述了他的历史哲学思想。在他那里，理性是历史发展的决定性动力，可他也意识到了"从最广泛的意义来说，规律是由事物的性质产生出来的必然关系"。他进一步探讨了地理环境与民族性格、国家政体的关系。较维科向前迈进了一大步。

作为启蒙运动的主要代表人物伏尔泰，是个反对封建专制主义的斗士，正如前所述的，他提出了研究文化史的宏大纲领，并在历史学方面要摒弃当时占统治地位的神意说，反对以《圣经》解释历史，认为历史的进步发展是有其内在规律的。

这里还应提一下孔多塞——"社会进步论之父"的《人类理性进步》，认为历史具有线性模式——"走向某处"，从而断言历史的进步，即文化、风俗、科学、艺术、工业、技术和商业的不断向前发展。

关于卢梭，大家更熟悉了，他在《论人类不平等的起源和基础》中指出，人类不平等不是自人类历史出现以来就有的，而是历史发展到一定阶段的产物。所以，人们有权起来推翻暴君，过渡到"更高级的社会契约平等"。他提出的返归自然，与老庄学说不无共通之处。历史不过是一种自由意识进步的历史。

以上可归入理性史观。

爱尔维修的社会历史理论被视为"利益史观"，他认为，在人类历史中，唯一起作用的是利益。利益是一切：法律的依据、道德的根本、历史的动力，是利益、私欲推动了历史的前进。他也谈"化性起伪"，认为环境与教育可以改变人的智力与道德面貌。

德国古典哲学的巨匠康德在《从世界公民的观点撰写世界通史的想法》（1784 年）这一著作中，得出人性恶是历史推动力的结论，提出矛盾对社会进步中的作用及历史发展具有规律性的思想，唯有对抗，才能推动实现人类最伟大的任务——建立公民社会。他有一个庞大的思想体系，这里几句话是不足以概括的。

到了费希特，则把绝对的、纯粹的、能动的"自我"作为出发点，由"自我"创造出世界及其一切规律。于是，世界历史的进步归结为自我意识的发展了。他把世界历史看作是一个统一的过程，人类历史活动均是有目的的……

最后，发展到了黑格尔的历史哲学——我们在全书已说得够多的了，关于"理念"、关于"历史与逻辑的一致"、关于"理性的狡计"等。正如恩格斯所说的，黑格尔的巨大功绩，则在于他首次"把整个自然的、历史的和精神的世界描写为一个过程，即把它描写为处在不断运动、变化、转变和发展中，并企图揭示这种运动和发展的内在联系"。（《马克思恩格斯选集》，第 3 卷，第469~470 页，北京，人民出版社，1966）

也正是从黑格尔的历史哲学中得到的启示，马克思创立了历史唯物主义。

马克思在《政治经济学批判》中指出，黑格尔的"这个划时代的历史观是新的唯物主义唯一的直接理论前提"。

列宁在《哲学笔记》中也写道："历史唯物主义，是在黑格尔那里处于萌芽状态的天才思想——种子——的一种应用和发展。"

就这样，马克思的"历史观结束了历史领域内的哲学，正如辩证的自然观使一切自然哲学都成为不必要的和不可能的一样。现在无论在哪一方面，都不再是要从头脑中想出联系，而是要从事实中发现这种联系了"（恩格斯《路德维希·费尔巴哈和德国古典哲学的终结》）。

三、前历史哲学时期：民主启蒙的先声

历史哲学的开端，正是对封建神权思想的批判。资产阶级革命的深入发展，完成了自己庞大的理论体系，最后走向了历史唯物主义。这个过程是清晰的、渐进的，也没有大的曲折。

然而，在中国的近代史上，历史哲学的命运远远不同于欧洲。

多少启蒙主义的思想家们，都没能向前迈进几步，便被打得头破血流，有的甚至开了历史倒车，向几千年的封建礼教投降。中国的历史哲学阶段，可以说是不那么完整、不那么充分发展的，它曲曲折折、时隐时现、时高时低……

至于走向历史唯物主义，则更是充满了血与火的斗争。

因此，这一段历史观发展的过程，难以用某个观念加以概括，也很难给其划分出几个阶段，在宋明理学之后，经世致用的思想，恐怕还只能属于实用理性史观的范畴，有人说"经世致用"给近代改革提供了思想力量，这倒是可以商榷的，不过，它恐怕只是儒家自我调节机能——改良主义的表现而已。王夫之便是个典型的例子。

总而言之，中国近代历史哲学通向唯物史观的道路，可谓血痕斑斑、荆棘丛生、风险浪恶，使不少民族的有识之士，为之捐献出了宝贵的生命，从谭嗣同到李大钊，均"高筑神州风雨楼"，慷慨悲歌，视死如归。

回顾这一段史观的演变史，能带给以人们的启迪，也许不会亚于整个古代史观史。

再以此与当时代表进步的欧洲的史观发展史作对比，这更发人深省了。

我们承袭下的"历史遗产"实在是太多了，时至当代，仍举目可触——凭此，我们则可以进一步地探讨，唯物史观到底在中国取得了多大的胜利？离它的最后的、事实上的确立究竟还需要多长的时间？

不成熟的历史哲学，也只会带来不成熟的、不完整的唯物史观，这，恐怕是顺理成章、不需要怀疑的结论了。所以，了解这一段历史哲学的艰难历程，对于我们建立真正的、完整的唯物史观的确很有必要。否则，有的人满口唯物史观，骨子里却还是伦理史观、血缘意识、宗法关系及其他乌七八糟的东西，新瓶装旧酒，从而也诋毁了唯物史观的声誉——这就是被人认为的唯物史观的危机了。

所谓危机，不是自身的缺陷，而是被歪曲、被篡改，从而呈现出了历史亡灵的阴影，让人避而远之。

这是任何一种新的科学观念在最后被确立之前都有可能遭到的历史命运，如果它不克服这一"历史命运"，则有可能给演变过去，最后在传统观念面前俯首礼拜，这也失去了自身。

考察这样的"历史命运"，没有比研究近代史观史更为鲜明的了。

下面，我们就从16世纪我国最早的启蒙思想家、被封建正统派视之"异端之尤"的李贽说起。

四、李贽：以人事为因的"一质一文"史观

李贽"自幼倔强难化，不信学，不信道，不信仙释。故见道人则恶，见僧则恶，见道学先生则尤恶"。这是后人对他的评语，可见他自小就有一种反传统的大无畏精神。他"好为惊世骇俗之论，务反宋儒道学之说"（沈瓒《近事丛残》），抓住了宋明理学的鼻祖孔子不放，首开近代反孔的序幕。

李贽出生在一个世代经商的家庭，对新兴的市民阶层是有感情的，对明末的经济变动亦有所了解，在某种意义上，他是当时新的社会成分——市民阶层的代言人。因此，其历史思想里充满了异端色彩，他苦心著述的历史著作《藏书》《续藏书》，则是历史研究与现实政治紧密结合的产物，充满了斗争精神。正如他在提出"经史相为表里"的主张时说的：

> 经史一物也。史而不经，则为秽史矣，何以垂戒鉴乎？经而不史，则为说白话矣，何以彰事实乎？（《焚书》卷五）

　　他痛恨宋明以来只准"以孔子之是非为是非"而造成"千百余年而独无是非"的文化专制主义，提出了"是非无定质、无定论"的观点："舜惟终身知善之在人，吾惟取之而已。耕稼陶渔之人既无不可取，则千圣万贤之善独不可取乎？又何必专学孔子而后为正脉也？"（《焚书·答耿司寇》）在推倒了孔子这"千古一尊"的偶像后，他向历史大胆地提出了自己的是非观。

　　与正统观念相左，他赞扬秦始皇是"千古之帝"；在"女人是祸水"论前，他敢说武则天有"知人"之明，"政由己出，明察善断"，"爱养人才"，乃"聪明主"……一反程朱理学复古倒退的"三代之治"论。

　　他把圣人还原为凡人，这颇有西方启蒙思想。他认为圣人、凡人皆是"率性而为"，并无"高下"之分，"唐虞揖让三杯酒，汤武征诛一局棋"，并没什么神秘及超凡入圣之处，他甚至说：

　　　　圣人知天下之人之身，即吾一人之身，我亦人也，是上自天子，
　　下至庶人，通为一身矣。（《李氏文集·明灯道古录》）

　　这种"天子庶人，通为一身"论，可以说是我国较早的天赋平等、天赋人权的宣言。

　　正是从这种天赋平等出发，他把三纲五常的封建伦理秩序打得粉碎，尤其在女子地位降至最低点的宋明之后，他不仅旗帜鲜明地反对男尊女卑的传统观念，而且进一步论证了男女平等：

　　　　余窃谓欲论见之长短当如此，不可止以妇人之见为见短也。故谓
　　人有男女则可，谓见有男女岂可乎？谓见有长短则可，谓男子之见尽
　　长，女子之见尽短，又岂可乎？（《焚书·答以女人学道为见短书》）

　　由此，他反对"饿死事小，失节事大"的理学思想及"父母之命，媒妁之言"的婚姻，讴歌卓文君与司马相如私奔是"同声相应，同气相求，同明相照，同类相招，云从龙，风从虎，归凤求凰，安可诬也？"，而红拂自己择婿更是"千古来第一个嫁法"。

　　可以说，他是提倡"个性解放"的先行者。他著名的"童心即真心"论，便是倡导个性自觉的。他要求复真心，做真人，寻回"最初一念"的觉醒，则是在重重的封建礼教压迫下的反叛。他终于提出了冲决"条教禁约"：

　　　　君子以人治人，更不敢以己治人者，以人本自治。人能自治，不
　　待禁而止之也。……既说以人治人，则条教禁约，皆不必用。（《李
　　氏文集·明灯道古录》）

　　要求用"自治"来满足"千万人之心"，"千万人之欲，是谓物各付物"。

（《李氏文集·明灯道古录》）

所以，在历史观上，他明确地提倡"至人之治"以取代"君子之治"。正如上面的引文说的，君子之治，是强迫人民违反自身的欲望来服从一己，这就会走向反面，欲治反乱，越治越乱，因为"人各有欲"，不能强人无欲以满足君子之欲。

而"至人之治"，则是"物各付物"，让百姓"自适其欲"：

> 因其政不易其俗，顺其性不拂其能。闻见熟矣，不欲求知新于耳目，恐其未窹而惊也；动止安矣，不欲重之以桎梏，恐其縶而颠且仆也。（《论政》）

> 将民实自治，无容别有治之之方欤！是故恬焉以嬉，遨焉以游，而民自理。

> 至道无为，至治无声，至教无言。（《送郑大姚序》）

这里颇有老庄的思想。但正如卢梭"归朴自然"的思想一样，它实质包含有对个性解放、自由竞争的憧憬，这已是另一个层次上的"至人"了。也可以说，这是一次"复兴"，托古复兴，在老庄的思想里，在反异化这点上，是给后人以许多积极的、进步的启迪的。

在历史发展规律上，他不可能有更深刻、洞察幽微的见解，但是，他仍旗帜鲜明地去掉了后儒社会"一忠一质一文"循环中的"忠"，认为这个"一忠"是妄加的，他说：

> 人生斯世，惟是质文两者。两者之生，原于治乱。其质也，乱之终而治之始也，乃其中心之不得不质者也，非矫也；其积渐而至于文也，治之极而乱之兆也，乃其中心不能不文者也，皆忠也。

> 群雄未死，则祸乱不息；乱离未甚，则神圣不生，一文一质，一治一乱，于斯见矣！（《世纪总论》）

自然，以"忠"为上的后儒社会是容不得他这一批驳的。同样，他在论述"一质一文"的变化中，以人事为因，指出朝代新创，统治者因前朝覆灭教训，不得不"尚质"——朴质，"方其乱也，得保首领，已为幸矣；幸而治，则一饱而足，更不知其为粗粝也；一睡为安，更不知其是广厦也。此其极质极野无文之时也。非好野，其势不得不野，虽至于质野之极而不自知也"。

后来呢？几代平安、安逸、舒服了，"迨子若孙，则异是矣。耳不闻金鼓之声，足不履行阵之险，惟知安饱是适而已。则其势不极文固不止也"。也就是说，挥霍浪费、奢侈放纵不到极点则不收敛，可天下便由此大乱了。

所以，一治一乱的循环，源于一质一文，并非"天命使然"。

其批判的锋芒，直指君王。

为了"不受管束"，争取自由解放，李贽进行了勇敢的反抗。"余惟以不受管束之故，受此磨难。一生坎坷，将大地为墨，难尽写也"（《豫约》）! 他面对攻击，宣称：

> 今世俗子与一切假道学共以异端目我，我谓不如遂为异端，免彼等以虚名加我。

何等痛快! 何等无畏!

然而，在那个理学禁锢、暗无天日的后儒社会里，他的反抗是不可能奏效的，他的思想更不是一泻直下的，他深感"胸中有如许无状可怪之事，其倏间有如许欲吐而不敢吐之物，其口头又时时有许多欲语而莫可所以告语之处"，无法实现自己的宏愿；加上时代的局限，他不可能上升到完全可称之为近代历史哲学的高度，所以，到了最后，他只能求助于"魂灵"的自我解脱、躲向寺院：

> 自在菩萨智慧观照到无所得之彼岸。（《焚书·心经提纲》）
>
> 故吾直谓死不必伤，惟有生乃可伤耳。勿伤逝，愿伤生也。（《焚书·伤逝》）

然而，却是反动统治者把他送到"彼岸世界"的。万历三十年，明神宗下令，说他"敢倡乱道，惑世诬民"（《明实录》），打下大狱。

其时李贽已过古稀之年，仍不屈服："罪人著书甚多，俱在，于圣教有益无损!"（《李温陵传》）终于借理发机会，用剃刀自刎，在痛苦中辗转至第二天才死去，用鲜血写下了一位启蒙思想家的抗诉!

五、黄宗羲：有治法而后有治人

黄宗羲的《明夷待访录》，被视作"17 世纪中国的民权宣言"，恐怕一点也不为过。后来戊戌变法中的主将之一梁启超在他的《中国近三百年学术史》中就说过：

> 《明夷待访录》对于三千年专制政治思想为极大胆反抗。在三十年前——我们当学生时代，实为刺激青年最有力之兴奋剂。我自己的政治运动，可以说受这部书的影响最早而最深。

这部光辉的著作，则在于它向封建专制主义、向君权论进行了前所未有的、猛烈的批判，成为民主启蒙的第一声春雷!

他纵观一部中华民族的历史，一一列举君主政治的危害性，公开呐喊：

> 为天下之大害者，君而已矣。(《明夷·原君》)

他把当时美化封建君主的言论——诸如朱熹的君主"居天下之至中""有天下之纯德"，等等，打了个落花流水。

他认为，上古之世，之所以设立君主，是为了天下兴"公利"，除"公害"，"不以一己之利而为利，而使天下受其利；不以一己之害为害，而使天下释其害"。所以，那时是"以天下为主，君为客，凡君之所毕世而经营者，为天下也"。

但随着历史发展，这种主客关系颠倒了：

> 为人君者……以为天下利害之权皆出于我，我以天下之利尽归于己，以天下之害尽归于人，亦无不可，使天下之人不敢自私，不敢自利；以我之大私为天下之大公。
>
> 是以其未得之也，荼毒天下之肝脑，离散天下之子女，以博我一人之产业，曾不惨然，曰："我固为子孙创业也。"其既得之也，敲剥天下之骨髓，离散天下之子女，以奉我一人之淫乐，视为当然，曰："此我产业之花息也。"(《原君》)

由此，他指出：

> 向使无君，人各得自私也，人各得自利也。
> 岂天地之大，于兆人万姓之中，独私其一人一姓乎？
> 天下之人，怨恶其君，视之如寇仇，名之为独夫。(《原君》)

他进一步对三纲五常作出否定，动摇整个宗法制度，对于"君为臣纲"，他说：

> 我之出而仕也，为天下，非为君也；为万民，非为一姓也。(《原臣》)
>
> 夫治天下犹曳大木然，前者唱"邪"，后者唱"许"。君与臣，共曳木之人也。
>
> (臣) 出而仕于君也，不以天下为事，则君之仆妾也；以天下为事，则君之师友也。(《原臣》)

因此，为臣者，应追求"天下之治"，"不在一姓之兴亡，而在万民之忧乐"。他强烈地抨击了宋明理学中的"杀其身以事其君"的观念，指出臣非"为君而设"，而是为百姓之忧乐。

　　黄宗羲对"伦理通乎天理"的理学观念加以有力的揭露，一针见血地指出其在于维护封建等级特权，所以，所谓"礼法""名教"，说到底只是"一家之法"，对于人民来说，它是完全非法的，在《原法》中，他写道：

> 　　后之人主，既得天下，惟恐其祚命之不长也，子孙之不能保有也，思患于未然以为之法。然则其所谓法者，一家之法而非天下之法也。
>
> 　　后世之法，藏天下于筐箧者也；利不欲其遗于下，福必欲其敛于上；用一人焉则疑其私，而又用一人以制其私；行一事焉则虑其可欺，而又设一事以防其欺。天下之人共知其筐箧之所在，吾亦鳃鳃然日惟筐箧之是虞，故其法不得不密。法愈密而天下之乱即生于法之中，所谓非法之法也。

　　综上所述，正是君主专制造成了一切社会弊病的症结，是一切恶势力的代表。所谓"王法"，便是为其作恶多端而"正名"的，实际上是非法的。

　　这种否定君主专制、反对封建特权的思想，充分反映了早期市民阶层中的政治、经济、文化的主张，带有显而易见的民主启蒙色彩，在史学的思想史、史观发展史上有着相当重要的地位。可以说，他的史学已经在一定程度上具有了历史哲学的因素，尤其在其人文主义萌芽、对君主专制的批判及对封建法统罪恶的揭露上面，在民——为主非为客，君——为客非为主，臣——为民非为君上面，均闪烁着新阶段史观的光辉。

　　在对君主的"一家之法"进行批判之际，黄宗羲提出了"有治法而后有治人"的见解。他在《原法》中进一步论述道：

> 　　自非法之法桎梏天下人之手足，即有能治之人，终不胜其牵挽嫌疑之顾盼，有所设施，亦就其分之所得，安于苟简，而不能有度外之功名。

　　这里，他强调了改革法制的必要性，如果不改其制，社会的发展是无从说起了。

　　为此，他凭"天下之法"——"天下为主，君为客"的原则，提出了限制君权、学校议政的主张。这里说的"学校"，其意义与今天不同，而是一种议政机关，他说：

> 　　必使治天下之具皆出于学校……。天子之所是，未必是；天子之所非，未必非，天子亦遂不敢自为非、是，而公其非、是于学校。（《原法学校》）

根据黄宗羲的设计，该"学校"有议政的权力、监督的作用，可培养舆论、判定是非、进退官吏，因此，其功能已近乎西方的议会性质，在反对封建专制上，有相当进步的意义。同时，也是对"庶民不议"的传统观念的否定。黄宗羲是东林党著名领袖黄尊素的儿子，他这一主张，正是东林党以书院讲学的方式"讽议朝政、裁量人物"（《明史·顾宪成传》）的继续。

黄宗羲对传统的"重义贱利"的观点，也进行了有力的否定，他看到了明中叶后工商业的艰难发展，针对封建统治者的"崇本抑末"的政策，在中国历史上提出了"工商皆本"的观点："工固圣王之所欲来，商又使其愿出于途者，盖皆本也。"

因此，他进一步重视"绝学"——科学技术的发展，这与王夫之斥之为"小慧"则是完全不同的，他在《取士》中说：

> 绝学者，如历算、乐律、测望、占候、火器、水利之类是也。郡县上之于朝，政府考其果有发明，使之待昭，否则罢归。

他本人也写了不少"绝学"的著作，如《授时历假如》《勾股图说》《开方命算》《今水经》等。

正因为重"绝学"，所以，对儒者醉心科举、空谈误国、欺世盗名，也进行了有力清算。他公开提出了废除科举的主张：

> 举业盛而圣学亡，举业之士亦知其非圣学也，第以仕宦之途寄迹焉尔！而世之庸妄者，遂执其成说，以裁量古今之学术。有一语不与之相合者，愕眙而视曰："此离经也，此背训也。"于是六经之传注，历代之治乱，人物之臧否，莫不各有一定之说。此一定之说者，皆肤论瞽言，未尝深求其故，取证于心。（《南雷文案·恽仲升文集序》）

综上所述，黄宗羲的史观里，已包含不少近代启蒙思想，在重"绝学"上，更有一定的唯物主义因素了。而他在治史时，更鲜明地提出了"一本万殊"的"离经叛道"思想，他认为要发挥其主体精神，就要有创见：

> 学问之道，以各人自用得著者为真，凡倚门傍户，依样葫芦者，非流俗之士，则经生之业也。此编所列，有一偏之见，有相反之论，学者于其不同处，正宜著眼理会，所谓一本而万殊也，以水济水，岂是学问？（《明儒学案·凡例》）

在黄宗羲前后，这股启蒙思潮一度兴起，有唐甄大声疾呼："自秦以来，凡为帝王者皆贼也！"与黄宗羲的"为天下之大害者，君而已矣"相呼应，直指封建君主专制的要害之处；有方以智，要"坐集千古之智，折中其间"，力图冲破儒学视仕途为全部学问的狭隘眼界，同黄宗羲一样，大力提倡"绝学"——科学技术。他们以"经世致用"为宗旨，在政治上反对封建专制主义，在科学文化上，更反对封建蒙昧主义，这不能说没有巨大历史功绩。

然而，这种启蒙思潮的发展是极为艰难的，前面已说到，李贽76岁仍被迫自刎而死，而黄宗羲呢？其父东林党的领袖为昏君奸臣所陷，继而被害，他自己也被阉党阮大铖逮捕入狱，后来兴兵抗清败绩，亡命舟山、日本；方以智也需"接武东林、主盟复社"（卢见曾《感旧集话》），明亡后流亡岭南，为清军追捕，不得已在梧州削发为僧，却仍未逃脱，最后在押送途中身亡。

黄宗羲曾这么讴歌过东林志士：

> 数十年来，勇者燔其妻，弱者埋土室，忠义之盛，度越前代，犹是东林之流风余韵也。一堂师友，冷风热血，洗涤乾坤。

这也是他们这代启蒙思想家的自我写照！

六、顾炎武、颜元、戴震、章学诚：历史与伦理之不相容

作为前历史哲学时期中的代表人物，我们还有必要再提那么几个人，他们或是文学家、史学家、哲学家，或是诸家集于一身。正如其中之一——顾炎武所写的：

> 是日惊秋老，相望各一涯。
> 离怀销浊酒，愁眼见黄花。
> 天地存肝胆，江山阅鬓华。
> 多蒙千里讯，逐客已无家。（《酬王处士九日见怀之作》）

处于朝代兴废、社会动荡的年代里，上列这些人的命运较之李贽、黄宗羲、方以智等都好不了多少。我们就从顾炎武说起吧。

在顾炎武的史观里，他首先承认"私利"的存在及合理性。所以，他与黄宗羲一样，假复"三代之古"而提倡新的主张，均贫富以安民，"先王宗法之立，其所以养人不欲而给人之求，为周且豫矣"（《日知录》）。因为：

> 民之所以不安，以其有贫有富。贫者至于不能自存，而富者常恐人之有求而多，为吝啬之计，于是乎有争心矣！

为此，得"宽以爱民，务农重谷"，不要剥削过重。他还主张放手让"民"——工商业者得其利，"财源通而有益于官"；反对"官专其利"，进而

反对君主专制。他认为尽天下之权收于天子一人是不可能的，若集权一人，就不能不"多为之法"，结果便是才智者"无能效尺寸于法之外，相与兢兢奉法，以求无过而已"。末了，不仅应允许"庶人议政"，还得允许"汤武革命"！他超出忠君思想，认为要忠于民族。他认为，历史也仍是"一治一乱，盛治之极，而乱生萌焉"，并预见了"大变先王之礼"的发展。

颜元的史观，更进一步以"功利"为核心。他反对董仲舒的"正其谊不谋其利，明其道不计其功"，针锋相对地提出"正其谊以谋其利，明其道而计其功"。道与功，义与利，本身是统一的："正谊便谋利，明道便计功。"（《言行录·教及门》）他认为，古代的王道，"精意良法"，便是功利主义的富国强兵、奖励耕战：

> 如天不废予，将以七字富天下，垦荒，均田，兴水利；以六字强天下，人皆兵，官皆将；以九字安天下，举人才，正大经，兴礼乐。（《年谱》）

他相当尖锐地抨击了宋代以来理学带来的祸害："无事袖手谈心性，临危一死报君王，即为上品矣！"（《存学编》卷一）、"士无学术，朝无政事，民无风俗，边疆无吏功"（《习斋记余》卷九）。并以此作为他的功利主义历史观的反证。为此，他一反宋代以来对王安石的贬斥，深为感慨道：

> 所恨诬此一人，而遂普忘君父之仇也，而天下后世遂群以苟安颓靡为君子，而建功立业欲撑挂乾坤者为小人也。岂独荆公之不幸，宋之不幸也哉。（《年谱》）

他正因感慨王安石的新法从功利出发而受到贬斥。

他认为后儒社会是倒退的，程朱理学、陆王心学均为"杀人"的学问，对其误世、坑民给予痛斥：

> 果息王学而朱学独行，不杀人耶?！果息朱学而独行王学，不杀人耶?！今天下百里无一士，千里无一贤，朝无政事，野无善俗，生民凋丧，谁执其咎耶？吾每一思斯世斯民，辄为泪下。（《习斋记余》卷六）

从而主张有所作为：

> 三皇、五帝、三王、周孔皆教天下以动之圣人也，皆以动造成世道之圣人也。五霸之假（通借），正假其动也。汉唐袭其动之一、二，以造其世也。晋宋之苟安，佛之空，老之无，周、程、朱、邵之静坐，徒事口笔。总之，皆不动也。而人才尽矣！圣道亡矣！乾坤降

矣！吾尝言：一身动，则一身强；一家动，则一家强；一国动，则一
国强；天下动，则天下强。(《言行录》卷下)

可惜，他却认为历史有天地也无可奈何被"理教"所支配，"某闻气机消
长，否泰剥复，天地有不能自主，理数使然也。方其消极而长，否极而泰，天
地必生一人以主之，亦理数使然也"(《习斋记余》卷三)。所以，他正面临来
世"盖气运治术之递降也如此"，一代不如一代。

稍后的戴震，对历史的反思与批判则深入得多、有力得多。他出身于小商
家庭，后来成为18世纪杰出的史学家、自然科学家和启蒙思想家，其一生著
述甚丰，对理学的批判尤为猛烈、鲜明、尖锐。

正是戴震，大胆地揭露了理学"以理杀人"的罪恶实质，指出"天理人
欲不能并"、须"存天理，灭人欲"，完全是"以意见为理而祸天下"，所谓
"理欲之辨"，"适成忍而残杀之具"。他说：

尊者以理责卑，长者以理责幼，贵者以理责贱，虽失，谓之顺；
卑者、幼者、贱者以理争之，虽得，谓之逆。于是下之人不能以天下
之同情，天下所同欲达之于上；上以理责下，而在下之罪，人人不胜
指数。人死于法，犹有怜之者；死于理，其谁怜之？(《疏证》卷上)

酷吏以法杀人，后儒以理杀人，浸浸乎舍法而论理。

死矣，更无可救矣。(《与某书》)

所以，戴震主张"理存乎欲"，而欲，"皆根于性而原于天"。"欲者，血
气之自然"。并且认为：

生养之道，存乎欲者也；感通之道，存乎情者也。二者，自然之
符，天下之事举矣。(《原善》卷上)

"欲"便成了创造历史的动力。一个朦朦胧胧的平等、博爱的理性王国，
便是这么勾勒出来的。人君，得"体民之情，遂民之欲"，"与民同乐"，行仁
政，"省刑罚，薄税敛"，"惟以情絜情，故其于事也，非心出一意见以处之"。
从而使百姓能"仰足以事父母，俯足以畜妻子"，社会"居者有税仓，行者有
囊粮"，"内无怨女，外无旷夫"……（以上均引自《疏证》卷上）

否则，"在位者每凉德而善欺背，以为民害，则民亦相欺而罔极矣；在位
者行暴虐而竞强用力，则民巧为避而回遹矣；在位者肆其贪，不异寇取，则民
愁苦而动摇不定矣。凡此，非民性然也，职由贪暴以贼其民所致"(《原善》
卷下)。他对人民的反抗斗争是同情与理解的，并进一步得出结论：

乱之本，鲜不成于上，然后民受转移于下，莫之或觉也，乃曰民

之所为不善，用是而仇民，亦大惑矣。(《原善》卷下)

末了，还得提一提著名的历史学家章学诚，他生活的时代略后于颜元、戴震，但在历史理论上颇有创见，他的代表作《文史通义》，是一部文学与史学的论著，开一代史学之新风，自成一家之言。正如他自己所说的：

> 史学所以经世。因非空言著述也。……后之言著述者，舍今而求古，舍人事而言性天，则吾不得而知之矣。学者不知斯义，不是言史学也。(《浙东学术》)

可见他不是"为史学而史学"的历史学家，其史识高于一般学者，其主张"六经皆史"，正是要反对程朱理学。他提出了作史的标准：不仅论事成文而要独断于一心，通古今之变而成一家之言，并不胜感慨："当今之世，安得知意之人而与论作述之旨哉"(《答客问上》)。

他在历史观上，有"史以明道"的主张。过去的史家皆认为"道"是"圣人之道"，是"天德"所造，但他反其道而行之，认为：

> 道者，万事万物之所以然，而非万事万物之当然也。人可得而见者，则其当然而已矣。

事物发展的"所以然"与人的想"当然"，则将客观与主观区分开了。而"道"是自然发展的趋势，"故言'圣人体道'可也，言'圣人与道同体'不可也"。

历史的发展，"亦其理势之自然，而非尧舜之圣过乎羲轩，文武之神胜于禹汤也，后圣法前圣，非法前圣也，法其道之渐形而渐著者也"。

所以，人类文明是逐步发展起来的，"有所需而后从而给之，有所郁而后从而宣之，有所弊而后从而救之"(《原道》上)。"三皇无为而自化，五帝开物而成务，三王立制而垂法，后人见为治化不同有如是尔。当日圣人创制，只觉事势出于不得不然。一似暑之必须为葛，寒之必须为裘，而非有所容心，以谓吾必如是而后可以异于前人，吾必如是而后可以齐名前圣也"(《原道》上)。

他与顾炎武"一质一文"的观点相同，认为"事屡变而复初，文饰穷而反质，天下自然之理也"(《书教》下)。

他以"道器合一"来说明"史以明道"。他说，"学术无有大小，皆期于道。……学术当然，皆下学之器也，中有所以然者，皆上达之道也。器拘以迹而不能相通，惟道无所不通。是故君子即器以明道，将以立乎其大也。"

不管他的"明道"是否完全探明了历史发展的客观规律，但这多少说明他正走向近代的历史哲学阶段，有重要的价值及影响。尤其在强调发扬历史研究中的主体精神上，无疑是具有了相当程度的近代意识，他说的：

> 整辑排比，谓之史纂；参互搜讨，谓之史考，皆非史学。（《浙东学术》）

正是强调"议论开辟""不得已而发挥"，"为千古史学辟其榛芜"。

这种"主体精神"在史学研究中的弘扬，无疑是史观史上的一次重大的进步，也可以说是一次解放。这无疑是司马迁、刘知几等史学反传统观念的继承与发扬，他反对"官史"，称颂"家学"，更表现了这种解放精神。

前历史哲学时期，至此可告一段落了。后来正儿八经的近代史观，由于其不成熟的形态，其实也难以称之为狭义的历史哲学，姑妄论之吧。

七、近代三大革命运动前夕骤变的历史意识

明代中叶，即万历年间，曾有过一段开放时期，著名的学者、传教士利玛窦等亦先后来过中国，在这之前，亦有过历法依西方科学的改革、郑和三次下西洋……这些，与明末李贽、黄宗羲等人的启蒙思想是息息相关的。

清朝与西方的先进文化差距就更大了，因此找不到契合点，与此同时，清统治者生怕汉人与海外通声气，推翻其统治。因此，它一方面闭关锁国，不让西方文化流入，另一方面又想怀柔汉人，毕竟，儒家文化比西方文化要容易接受得多，也接近得多，更符合游牧民族心理，于是，清朝便以"天朝上邦"自居，自认为是世界的中心。外国人来通商，非要说成是"进贡"，友好来访，也得让人"三跪九叩"，这些，已有不少史著描述过了。这样，当时中国的政治、经济、文化便开始落后于世界先进的国家，从而陷入了被动挨打的局面，中国社会终于沦为半殖民地社会。可见一个时代的历史、哲学意识，对国民心理造成的影响有多么之深。

直到鸦片战争前后，即19世纪中叶，由于国内外矛盾的激化，科技事业在艰难中的萌芽，由李贽、黄宗羲所引燃的启蒙思潮才又一次兴起，并且由于形势变化，变成救亡图存、变法维新、反清革命的大纛。于是，自鸦片战争到五四运动短短八十年间，启蒙思潮越过了西欧几百年的发展历史，从不完备的历史哲学走向不完备的唯物史观。中国的哲学在此期间没有出现大师，也没有成熟的代表人物。时间短促固然是原因之一，形势的骤变、各方面的历史因素不充分，更是重要的原因。或许可以这么说，整个近代，都在呼唤大思想家、大哲学家、大文学家及大历史学家，可由于当时条件不成熟，始终处于"呼

唤"的阶段。一个民族的大灾大难唯有真正过去，才可能引发明澈的、深入的、真正的历史反思，而在动乱之中，现实的迫切需求压倒了一切，人们还来不及深思熟虑，也来不及真正、全面把握一切历史材料。

所以，我们在这里不可能为近代奉献一部完备的历史哲学史或史观史——一是它自身不曾、也不可能成熟便被超越，二是我们对它的认识显然还受历史的局限，对其宏观把握尚待后人——"呵，原来如此"的说法，未免为时过早。

但我们仍得努力，如果不这么努力的话，后人——就不知被推到怎样的"后"了！

在腐朽的清朝于整个思想意识形态领域内推行"六经宗孔孟，百行法程朱"（惠栋《红豆山斋楹帖》），造成高压统治之际，一位书香门第出身的学者，"百脏发酸泪，夜涌如原泉"，终于按捺不住，发出了"更法"的呼声：

> 狼藉丹黄窃自哀，高吟肺腑走风雷。
> 不容明月沉天去，却有江涛动地来。

希望衰败的社会来个天翻地覆，更法变古。

他，便是作为中国近代哲学的先驱之一，清末的思想家、诗人龚自珍。

龚自珍对历史颇有研究，尤其擅长于历史理论的探索，所以，他的历史观是颇为鲜明的。他说过，"欲知大道，必先为史"，"出乎史，入乎道"，得掌握社会变化之道。

他反对圣人创造历史及一切的观点，在《壬癸之际胎观》等文章里，说：

> 天地，人所造，众人自造。非圣人所造。圣人也者，与众人对立，与众人为无尽。众人之宰，非道非极，自名曰我。我光造日月，我力造山川，我变造毛羽肖翘，我理造文字言语，我气造天地，我天地又造人，我分别造伦纪。

这里剔除掉佛家的因素，人人皆自我，所以才说"我造"，也就是"众人自造"了。

关于人类历史的发展："众人也者，骈化而群生，无独始者"，到了后来，才组成社会，"其后政，非始政。后政也者，先小而后大"。"后政不道，使一人绝天不通民，使一人绝民不通天"，这才有"圣人"假"天"之名来统治，"民昂首见之者，天之藉（借）也。非天也，众人以为天，大政之主必敬天"。

龚自珍认为，人类社会是由"农宗"——农业宗法社会组织而发展起来的："天谷没，地谷苗，始贵智贵力"，所以生产得以宗族为单位来进行，过去帝皇相臣，无一不出自农。他反对儒家关于礼乐自上而下的"天命"，指出："儒者失其情，不穷其本，乃曰天下之大分自上而下。吾则曰：先有下，而渐有上。下上以推之，而卒神其说于天"（《农宗》）。这已有唯物主义的因素了，他进一步说："又求诸《礼》曰：'夫礼之初，始诸饮食。'""民饮食，则生其情矣，情则生其文矣"（《五经大义终始论》）。这已有先经济生产、后政治文化的初步认识了。他强调道："自古及今，法无不改，势无不积，事例无不变迁"（《上大学士书》）。

他取《公羊春秋》"三世说"来表达他关于历史进化的观点："世有三等，三等之世，皆观其才；才之差，治世为一等，乱世为一等，衰世别为一等"（《乙丙之际著议第九》）。而清朝已到了"日之将夕，悲风骤至，人思灯烛，惨惨目光，吸饮暮气，与梦为邻"的衰世，所以，他疾呼：

> 一祖之法无不敝，千夫之议无不靡。与其赠来者以劲改革，孰若
> 自改革？抑思我祖所以兴，岂非革前代之败耶？前代所以兴，又非革
> 前代之败耶？何莽然其不一姓也？（《乙丙之际著议第七》）

但清朝已无可救药了，他寄望于："……山中之民有大音声起，天地为之钟鼓，神人为之波涛矣"（《尊隐》）。

不过，他最终还脱不出循环论，他认为历史是周而复始的"一而立，再而反，三而如初"。由据乱世始，"食货者，据乱而作"，到升平世，"祀也，司徒、司寇、司空也，治升平为事"，最后是太平世，"宾师乃文致太平之事"。但到了太平世，由于贫富不平，又会大乱，又回到了据乱世了。

所以，他提出了其"平均论"——"有天下者，莫高于平之之尚也"（《平均篇》）。把这当作治天下的最高理想，"随其时而剂调之"（《平均篇》），寄望于富豪们的"识大体"。

他反对天赋的性善论，认为人性是后天才形成的，"龚氏之言性也，则宗无善无不善而已矣。善恶皆后起者"（《阐告子》），"善非固有，恶非固有，仁义、廉耻、诈贼、狠忌非固有"（《壬癸之际胎观第七》）。

他的《病梅馆记》，历来脍炙人口，若细细品味，可得个性解放的启迪——正是封建礼教对人个性的束缚，使人都成了"病人"，"善恶皆后起"，要使人个性得到正常发展，就得解除束缚人个性的纲常伦理、礼法名教！

> 予购三百盆，皆病者，无一完者。即泣之三日，乃誓疗之，纵
> 之，顺之。毁其盆，悉埋于地，解其棕缚……

何等的沉痛，何等的愤嫉！

自古以来，中国人追求个性解放的思想，往往与老庄、玄佛相连，这是历史使然，庄子的"天放"，实是反异化的呼声。然而，也正是老庄、玄佛消极

的一面，给这一思想以毒化，龚自珍晚年"尤好西方之书"，写了不少佛学著作，在改革碰壁之后，便遁入空门：

> 书来慇款见君贤，我欲收狂渐向禅。
> 早被家常磨慧骨，莫因心病损华年。……

最后，还写有：

> 吟罢江山气不灵，万千种话一灯青。
> 忽然搁笔无言说，重礼天台七卷经。

纵然如此，反动统治者也不曾放过他，在京辞官回乡，第二年，他便暴死丹阳，相传他是因为主战抗英得罪了军机大臣穆彰阿而死。此公案迄今未有定论。

与龚自珍同时代的，被美国学者称为不仅是中国，而且是东亚最杰出思想家的魏源最早提出要主动向西方学习的问题，要"师夷长技以制夷"，承认西方技术比我们先进，他积极要求改革，指出"天下无数百年不弊之法，无穷极不变之法"（《古微堂外集》卷七）。

在历史观上，他直接继承唐代柳宗元的"势"论，认为历史是进化的，"后世之事胜于三代"（《古微堂内集》卷三），与程朱鼓吹的"三代之治"针锋相对。他认为，历史进化的客观趋势不仅不以"圣王"的意志为转移，而恰恰相反，哪怕"圣王复作，必不舍条编而复两税，舍两税而复租庸调也；……虽圣人复作，必不舍科举而复选举，舍雇役而为差役也……虽圣天复作，必不舍营伍而复为屯田为府兵也"（《古微堂内集》卷三）。

他进一步认为，历史的进步是"便民"的，与"人情所群便"相一致："天下事，人情所不便者，变可复；人情所群便者，变则不可复。江河百源，一趋于海，反江河之水而复归之山，得乎？"（《古微堂内集》）

但他仍袭用"公羊三世说"，释之为"太古""中古"与"末世"，认为三世"气运循环，历史便由淳朴的太古递嬗为中古，再由中古堕落为末世"，末世之后，"则将复还其初"。他与龚自珍一样，均将此际当作"末世"，以呼吁变法、改革，事实上那也是中国古代社会的末世。所以，在循环论上，却包含有求变、革新的近代思想的气息。

他是这么说的：

> 三代以上，天皆不同今日之天，地皆不同今日之地，人皆不同今日之人，物皆不同今日之物。（《古微堂内集·治篇》五）
> 庄生喜言上古，上古之风必不可复，法使晋人糠秕礼法而祸世

教；宋儒专言三代，三代井田、封建、选举，必不可复，徒使功利之
徒以迂疏病儒木。(《古微堂内集·治篇》五)

由此可见，他的循环论是立足于"治不必同，期于利民"(《古微堂内
集·治篇》五)。反对厚古薄今："执古以绳今，是为诬今。"当然，他的循环
论，正是寄望迅速结束其末世，让中国迅速走向繁荣昌盛的一种希望，一种宿
命论的希望。

自然，他的"势"论，并不等于历史发展的客观规律，只是一种进化的
趋势，所以，他又视之为"气运"，一种带神秘色彩的宿命的力量。他说：

> 三代以下之人材，乘乎气运。乘气运而生者，运尽则息。
> 气运所生亦有二：国之将昌也，其人材皆如霆启蛰，乘春阳愤
> 盈，而所至百物受其祥，衰则反是。(《古微堂内集·治篇》五)

这种进化之"势"，在总体上必不可免地与循环论、宿命论及英雄论相联
系在一起。由此，也决定了他在革新国强之际，只主张渐变式的改良，而惧怕
革命，他甚至认为，"求治太速，疾恶太严，革弊太尽"，反而会有"激而反
之者""能发不能收"(《古微堂内集·治篇》五)的危险。

这么一个"先行者"，仍有浓厚的鬼神迷信思想，甚至说"鬼神之说，其
有益于人心，阴辅王教者甚大，王法显诛所不及者，惟阴教足以慑之"(《古
微堂内集·治篇》五)。

于是，他与龚自珍一样，晚年日趋消极，遁入空门。

事实上，作为这一阶段的启蒙思想家，虽为美国学者所高度评价，但在事
实上，却较之明末思想家的启蒙思潮，仍远为倒退——由此可见清末之际，中
国历史已倒退了几百年。

这里，且引用魏源所著的、曾在日本明治维新中产生影响的进步名著
《海国图志》中的一段关于冶炼的文字，看其对西方文化的认识：

> 闻夷市中国铅百斤，可煎文银八斤。其余九十二斤仍可卖还原
> 价。惟其银必以华人晴点乃可用，而西洋人之晴不济事也。

而明末名臣徐光启，则与利玛窦等外国传教士交厚，不仅共同译著了许多
自然科学、生产技术方面的著作，而且还亲自撰写了《农政全书》，不仅总结
了自己的农业科学经验，而且还吸收了西方自然科学知识。

魏源与徐光启，同为当时朝代的名臣，而且都是两个时代中最先进的人
物，可把徐光启对当时西方科学文化的认识与魏源的相比较，就更可以看出，
这是一种多么可悲的、巨大的历史落差。

所以，我们在这里一反"古代""近代"的划分规矩，把李贽、黄宗羲等划入了近代史观的这一部分，而不归入古代史观，正是说明，如果不是历史的中断，中国亦有可能从明中叶之后走向近代社会。

但历史已铸成了，不可更改了，问题只在于我们如何认识。如何不重蹈历史的故辙了。

八、太平天国：历史的惯性和新的契机

进入近代社会以来，在短短的几十年间，中国爆发了三起显著地标志着历史演绎的重大事件。一是太平天国运动，二是戊戌变法，三是辛亥革命。前者是农民起义，中者是维新改良，最后则是一个全新的革命运动。

同时，亦可以从历史不同的背景看，佛教的和平传入，"激活"了整个盛唐文明，促成了亚洲文化的大融合，使中国古代社会上升到峰巅。而太平天国试图引入基督教神学知识，为何却不能促成整个世界文化的相融合，只能加速了清朝的腐败、没落、丧权辱国？……这一切，我们又能从中领悟到什么？

毫无疑义地，作为中国古代社会的朝代更迭，总是借助农民起义的力量，恰巧是这种所谓的"一质一文"及"一治一乱"的循环，充分说明其封建王朝与农民起义的"对立—互补"的作用，一种在震荡之中的超稳态平衡，农民与封建统治阶级，总是处在同一的历史水平线上。所以，农民起义不可能打破任何封建统治的"天条"。打倒皇帝做皇帝，则是一切农民起义的必然归宿。所谓"均贫富""等贵贱"的思想，一直都是不切历史实际的幻想，它只是在起义之际起鼓动作用，一旦成功便烟消云散。农民起义的"平等"，与一人之下万众匍匐式的"平等"从来是相通的，唯一靠农民起义成了皇帝的朱明王朝，恰巧是中国古代史上最等级森严、最不平等的、大搞特务政治及文字狱的王朝。由此，不难解释太平天国定都南京后出现的封建迷狂、自戕内讧等种种可怕的败亡现象。它似乎是高度集中地表现了面临末世、不可以再度重演的封建王朝（哪怕它就是靠农民起义而确立）的一切垂死的、因垂死而恶化的种种特征。它预示着，再靠农民起义而改朝换代在中国已经是不可能了，是不再为历史所要求了——这，才是太平天国给近代史作出的最鲜明、也是最有意义的启示。

这正如黑格尔所预言的，任何重大历史事件都有可能重演两次，第一次是悲剧，第二次便是闹剧。

因此，参照戊戌变法、君主立宪以及辛亥革命、民主共和这一历史前进的轨迹来看，太平天国已注定是一场悲剧了，它要在当时的中国再立一个朝代、

一个皇帝是根本不可能的。历史已经前进到一个新的阶段，作为这一运动领导人的史观，本来就是陈旧的、该摒弃了的，直到洪仁玕入主朝事，天国败亡已无可挽回，一点新思想的注入已不起作用了。

对比一下唐代，佛学的吸收方式是和平的，并在中国玄学找到了契合点或载体，其思辨功能也比儒道两家要强，代表了一种较高的文化精神。而洪秀全所汲取的只是原始基督教的平等教义，与墨家的"兼爱"及天志、明鬼相混杂，最终又回到了儒家的伦理史观及帝王思想上，所代表的并不是先进的文化精神。说到底，他无非是一位屡试不第的农民小知识分子，不能混迹仕途才自立为王，骨子里仍是早年儒家的学问。他大批孔子，恐怕是因为对于孔子的学问他没学到家，没助他升官才变的脸。所以，其批判的锋芒，与其说是理性的，不如说是感性的，不仅带有宗教色彩，并宣布其为"阎罗妖"，以致要"斩尽杀绝"——"凡一切孔孟诸子百家、妖书邪说者尽行焚除，皆不准买卖读也，否则问罪也"（《诏书盖玺颁行论》）。可他定都之后，很快又颁布《幼学诗》，重新强调三纲五常的一套，大搞封建等级制，例如"生杀由天子""王独操威权""女道总宜贞""妻道在三从"等，因此，从社会历史发展规律来看，这一切的本质便是落后的、倒退的，理论上更是反动。洪秀全末年装神弄鬼、淫侈腐败，整日沉溺于三宫六院，也预示了他"造反"的最后归宿。

基督教能否像佛教一样同样引入先进的西方文化，是两回事。况且，当时西方列强，并不全是希望中国走资本主义道路，而是想把中国变为他们的殖民地，唐代中国与印度，其文明程度不分上下，均是开放的社会。而清末中国与西方，却已有了很大的差距。而后儒社会给民众带来的闭关锁国心理，使其对外来文化更存在一种先天的排斥、诋毁，这也造成了外来文化与刀兵相伴的强行输入。于是，中国社会便处于外患与内乱这种"压迫效应"之中。因此，太平天国运动只是超稳态社会最后一次自身的振荡，并没多少外来的色彩，在其之后的义和团运动，更带有强烈的排外特征了。它们，都不可能代表中国先进的思想力量，所以，其失败可以说在历史上已是注定了的。

我们不难从中集中看到农民起义中许多相似的特点，他们总是从最初的平等出发，以动员群众，一呼百应，而最后回到绝对的等级上来。他们总是自始至终带有浓烈的宗教迷信色彩，宣扬禁欲主义、兼爱思想，接近于帮会团体内部的极权统治；他们总是急于称帝，擅长于排除异己、"清君侧"以至内讧自戕；他们急功近利，缺乏远见，而又有着不切实际的小生产者的乌托邦空想，重本抑末排斥经商……而这些消极因素，均在最后集中到太平天国而表现了出来。

因此，如果我们强调太平天国早期的《原道醒世训》等三篇作品中关于男女平等、天下一家及"天人一气理无二，何得君王私自专"的思想而不看到其后期的绝对君权加神权统治，如果我们光看到其把孔孟斥之为"伪道""邪道"，主张"为政之道，不用孔孟，不用鬼神"，到处捣毁孔丘牌位的一面，而又看不到后期重申三纲五常的一面，我们是难以对其作出客观的历史评价的。

当然，太平天国的《天朝田亩制度》，毕竟给后世留下了有价值的思想资料，反映了近代农民对封建土地所有制的革命要求，它要求的"均田"已是"耕者有其田"的旧民主主义的思想；然而，其主张废除商业贸易，则是一种往后倒退的、小农经济的空想，结果却造成市场萧条，经济停滞，这是违反历史规律的。

纵然如此，太平天国时期仍不乏有识之士，虽然其主张已无法执行，但是，却充分表现出了思想家的勇气及宏伟的设想。

这就是太平天国后期入朝主政的洪仁玕，以及他那无法付诸实际的《资政新篇》。

可以说，洪仁玕是满怀一腔救国宏愿而投身于太平天国的，其时，太平天国已面临着无法挽回的败局了，他可谓受命于危难之际。在投奔太平天国之前，他有较多时间在港、沪等资本主义工商业相对兴盛之地活动，他已感到如果再沿着原来农民起义的老路走下去是没有前途的；唯有改弦更张，另找出路才行。所以，在太平天国失败的前几年，他抵达天京，总理全国政务，拿出了新的施政大纲《资政新篇》，以西方的资产阶级的政治、经济、文化作为参照体系，试图对太平天国来一番全面的、民主启蒙式的改造。但他未能挽狂澜于既倒，仅两年便兵败出师皖浙，后来则慷慨就义于南昌。而在他施政之际，则受到天国内部重重的阻拦，"欲实行改革而事事均受各王之牵制"，农民内部的旧传统观念的束缚，封建宗法及小生产思想的抵触，使他"革之而民不愿，兴之而民不从"，最后饮恨终天。

洪仁玕的《资政新篇》开宗明义，如他自己说的："治国必先立政，而为政必有取资。"所以他认为，要挽救太平天国，只有走资本主义道路，"理在于审时度势"，"视乎时势之变通为律"，把目光放开于世界的发展潮流上，下面一段话，颇可代表他的历史发展观点：

> 事有常变，理有穷通，故事有今不可行而可豫定者，为后之福；
> 有今可行而不可永定者，为后之祸，其理在于审时度势与本末强弱
> 耳。然本末之强弱适均，视乎时势之变通为律。（《资政新篇》）
> 物必改而更新，理之自然者也。（《英杰归真》）

所以，他在《资政新篇》中，提出了一些切实可行的经济、政治、文化等建设措施：兴车马、舟楫之利、兴银行、兴器皿技艺、兴宝藏、兴邮亭、兴各省新闻官、兴省郡县钱谷库、兴市镇公司、士民公会及医院等，这分明是要搞资本主义了。

所以，他反对外国侵略，也反对中国传统的夷夏观——对外国人的不平等心理，主张在平等基础上的友好往来，吸收西方文化；"凡外国人技艺精巧，国法宏深，宜先许其通商"。同时，他要更改天国已定的"重本抑末"、排斥经商的农民思想，认为工商业"大有利于民生国用"，要予以疏导与发展。这一来，传统的"重义轻利"观便由此打破，他高声言利，鼓励致富，要把专利法列入中国，"首创至巧者，赏以自专其利，限满准他人仿做"，兴银行以"大利于商贾士民"。他主张商品的自由竞争，"如开店二间，我无租值，彼有租值；我工人少，彼工人多；我价平卖，彼价贵卖；是我受益而彼受亏，我可永盛，彼当即衰，彼将何以久居乎？"这是"与番人并雄之法"，亦要"奋为中地倡"。这一来，天国早期的平均主义观念便由此打破了。

《资政新篇》中指出，理政关键在于：一、设法；二、用人。二者都要"得其当"，否则，"用人不当，适足以坏法；设法不当，适足以害人"。这样，他就从资产阶级的法治角度出发，对传统的"人治"进行了怀疑，进而得出"必于立法之中，得乎权济"，把法治摆在人治之先。他的立法，是从风、法、刑三方面入手的。风，即教育；可以说是以资本主义文明来感化落后的民众，"皆有夺造化之巧，足以广见闻之精"。他尤为强调：

> 立法之人，必先经磨炼，洞悉天下人性情，熟谙各国风教，大小上下，源委重轻，无不了然于胸中者，然后推而出之，乃能稳惬人情也。（《资政新篇》）
>
> 法之质在乎大纲，一定不易；法之文，在于小纪，每多变迁。（《资政新篇》）

这种对立法与司法的见解，反对刑讯逼供、反对封建的酷刑等，都有了一定的民主性的进步倾向。

洪仁玕猛烈地抨击了封建专制，非偶像、反迷信，反对神权统治；对礼法名教、旧仪习俗，均一一予以揭露，从而引入了不少新的政治观念，这都是他对中国历史、对传统文化进行深刻反思的结果。正如他自己说的："此皆为邦大略。小弟于此类，凡涉时势二字，极深思索。"

可惜，像他这样对西方先进社会有较多、较深了解的人，却未能得到施展其宏图大略的机会，没能冲破封建的羁縻，纵然"志顶江山心欲奋，胸罗宇宙气潜吞"，可由于历史条件的限制，终于"出师未捷身先死"了。

一个"天朝"帝国，比西方议会要实在、有号召力和有吸引力得多——这便是太平天国最终的选择，也是太平天国覆灭的必然因素。

作为向西方学习的有识之士，洪仁玕的命运也是注定了的，没有什么"新天、新地、新人、新世界"，只有金陵城内外自戕及覆灭的血流成河！

九、戊戌变法：康有为的"托古改制"与"大同世界"

在太平天国失败之后仅三十年，由于民族危机的进一步加深，民族资本主义有了初步的发展，国内的有识之士逐渐形成独立的政治力量——资产阶级维新派出现了。他们明确地提出了自己的政治主张，要按西方先进的社会制度，变中国的封建君主专制为君主立宪，并且将这一主张付诸实际的行为。

这就是 19 世纪末有名的戊戌变法，它始于 1895 年 5 月的"公车上书"，终于 1898 年 6 月至 9 月的"百日维新"。它给历史真正打上了"近代"的标记，是中国资产阶级开始登上历史舞台的礼炮。

作为戊戌变法的主要领袖康有为、梁启超及代表人物谭嗣同的历史观特征，纵然有不少差距，各自最后归宿也有所不同，但在维新的立场上，他们却仍是大同小异的，所以，以他们三人及严复为近代思潮的正式开端，该说是比较合理及严谨的。他们凭借"物竞天择"的进化论，反对"天不变，道亦不变"的封建统治者的历史观；他们介绍天赋人权，强调民权思想，与封建君权相对立；他们宣传卢梭的《民约论》，用以否定君权神授之说……可是，他们只走至君主立宪这一步便站住了，并没有得出建立资产阶级共和国的结论。由于历史的积淀，他们的新史观里，仍包含有许多传统的东西，而这些，只能证明，在近代史观里，一切都没来得及走向成熟与完备。

尤其是康有为，在极力鞭挞两千年来历代"王者礼乐制度之崇严，咸奉伪经为伪法"的同时，却来了个"托古改制"，不仅为"罢黜百家，独尊儒术"的董仲舒立传，而且鼓吹儒家经典中的尧、舜、文王，此乃"孔子民主君主之所寄托"——可悲的是，他不是假孔子之名来行君主立宪之实，而是真诚地认同；不是迫不得已披上古装，而是从古代史观中寻找寄托——一句话，儒家的复古主义改造了他的资产阶级历史进化观点，最后他才沦为了保皇党。

他把《春秋》公羊三世说，比附为君主制、君主立宪制和民主共和制：

> 孔子拨乱升平，托文王以行君主之仁政，尤注意太平，托尧、舜以行民主之太平……（《孔子改制考》）

于是，"据乱世—升平世—太平世"的三世演进，便由"据乱—小康—大同"而比附为上述三种政治制度了。

在康有为那里，连西方的议会制也可以从儒家经典中发掘出来："《春秋》《诗》皆言君主，惟《尧典》特发民主"，将《尧典》中所载的虞舜"询于四岳"，解释为"四岳共和"，"辟四门"即开议院，他认为这是"孔子之微言，素王之巨制"。

他借用人权理论，以"民心向背"来衡量够不够为王者的资格，以抵制"君权神授"，论证变君主专制为君主立宪的必然性及合理性：

> 天下归往谓之王：天下不归往，民皆散而去之，谓之匹夫；以势力把持其民谓之霸；残贼民者谓之民贼。夫王不王，专视民之聚散向背名之。（《孔子改制考》）

总的来说，他还是主张"变易"的，为其变法所服务，三世也罢、民心向背也罢，在于肯定历史的"变"，所以，他借用《周易》中关于"变易"的观点，论证发展资本主义的变法主张：

> 中国今日不变日新不可，稍变而不尽变不可，尽变而不兴农工商矿之学不可。（《日本书目志序》）

> 物新则壮，旧则老，新则鲜，旧则腐，新则活，旧则板，新则通，旧则滞，物之理也。（《上清帝第六书》）

可是，他这个"变"，却最后仍回到了历史循环论上，竟说"百世之后，穷则变通，又有三统"（《孔子改制考》），甚至把上述三世作了逐一的划分，由一世分为三世，由三世分为九世，由九世分为八十一世，由八十一世分为千万世，以至无量世（《论语注》卷二）。又露出其旧史观的"长长尾巴"来。

在戊戌变法失败后，他所写的《大同书》又进一步阐明了他的历史观。

他把人类发展的历史，解释为"去苦求乐"的过程。他追溯历史，探索当代，针砭朝政，指陈时弊，以揭示出现实中人生、天灾、人道、人治、人尊、人情所尚的"六苦"，从而"思有以救之"，要以"九去""九至"去达到大同境界。所谓"九去"，便是去国、去级、去种、去形、去家、去产、去乱、去类、去苦，即去掉一切在国家、家庭、财产制度上的一切等级、界限及区别。"九至"，就是要合大地、平民族、同人类、保独立、为天乐、公生业、治太平、爱众生、至极乐。

这里颇有佛教"普度众生"的气息了。

《大同书》托出了康有为的一个资产阶级理性王国——纵然他也是不完备的。他宣称：

> 大同之道，至平也，至公也，至仁也，治之至也。虽有善道，无以加此矣。

他的"第一大论题"，便是"均产"与"人群"，人与人之间"至平"和"至仁"。经济上，消灭私有制，"不许有独人之私业"；政治上，消灭等级制度，"即无帝王，君长，又无官爵、科第"；生活上，群居而治，无贫富、无男女之别，也没有了家庭，社会财富空前丰盛，人们皆住上了"玉楼瑶殿"，且"皆游乐读书"……他认为"大同之世"，"工最贵，人为之工者亦最多"，即是工人，又是"学人"。他为这个世界的衣、食、住、行的一切细枝末节都作了详尽的描绘，然而，"它愈是制定得详尽周密，就愈是要陷入纯粹的幻想"（恩格斯：《社会主义从空想到科学的发展》）。当然，这里面包含有自由、平等、博爱的思想在内。

这自然是乌托邦，理论上的乌托邦，"幻想是软弱者的命运"（列宁：《两种乌托邦》），他代表的正是没有骨头的，寄望于"得贤君，因而用之""实施政策，则注重君权"的不可自立的中国资产阶级。

于是，他把社会发展的动力归之于"圣人"的"不忍之心"，认为历史发展正是由少数圣人的精神力量所决定：

> 圣人者，制器尚象，开物成务，利用前民，裁成天地之道，辅相天地之宜以左右民，竭其耳目心思焉，制为礼乐政教焉。（《大同书》）

他甚至把自己也打扮成主宰历史发展的圣人，是人间的救世主：

> 二千五百年，至予小子，而鸿宝发现，辟新地以殖人民，揭明月以照修夜，以仁济天下。（《礼运注叙》）
> 吾既生乱世，目击苦道，而思有以救之，昧昧我思，其惟有行大同太平之道哉！（《大同书》）

这一来，他与孟子的"五百年必有王者兴"就走到一起了。自然，这与他人道博爱的人性论分不开。他虽对孟子的性善论有所修正，认为善恶皆是人为，"据乱世之民性恶，升平世之民性善"（《读孟子界说》），抨击"存理灭欲"的封建正统观念，但还是逃不脱唯心史观及英雄史观。他竟宣称：

> 近世论者，恶统一之静而贵竞争之嚣……此诚宜于乱世之说，而最妨害大同、太平之道也。（《大同书》）

从而否定了矛盾与斗争，于是，他走向了当初"变法"的反面，成为逆历史潮流的保皇派人物了。变法失败后，他直言不讳："然高谈不迷信鬼神者，即摒弃一切，则愚民无所惮而纵恶，孔子又不欲为之，仍存神道之教以畏民心，但敬而远之"（《论语注》）。

对辛亥革命，他更为仇视，污蔑革命造成"茫茫惨暗，天欲冥，地欲裂。日若晦，月若灭，俯仰环视，大昏迷雾。百忧沉沉阴阴，而来袭人"（《忧问》）。乃至于组织"孔教会"，与军阀串通一气，参加张勋复辟。他甚至狂妄地要将辛亥革命的一切付之于火，而弘扬其"孔子之道"，由改良派转而成为革命的反对派。

"托古改制"往往为新思潮、新史观开辟道路，文艺复兴也可谓"托古改制"，可实质是一场伟大的革命运动。那时，形式是次要的、是个幌子，内容才重要。但是，一旦内容本并不那么彻底与深刻，形式本身也就会吞没内容，真正地复古了。康有为的悲剧便是如此。但无论如何，在近代史观的里程碑上，他仍是重要的一块基石！

十、梁启超："心力史观"

梁启超是与康有为齐名的戊戌变法的领袖人物，在近代中国思想史上有着不可低估的影响，尤其在史学方面，造诣颇深。他作为康有为的弟子，自然比康有为走得更远一些，不少思想史、哲学史由于康有为，而忽略他的存在，尤其忽略他在民主启蒙方面往前更推进了一步的贡献，这是不公平的。

他与谭嗣同一道组织南学会、办《湘报》《湘学新报》，宣传变法，传扬"民权"，其影响极大，尤其是在上海任《时务报》主笔，更是当时的风云人物。在近代三大运动中，戊戌变法运动是立下了不朽的功绩的。

他同样以"公羊三世说"来宣传进化论，并进一步论证民权政治是历史发展的必然。他把人类的社会制度分成三个阶段，一是多君为政之世，二是一君为政之世，三是民为政之世，三世相递，循环前进，所以，"民为政"则成为当时世界的历史潮流，各国的必由之路，所以应顺应潮流，他说：

> 地球既入文明之道。则蒸蒸相通，不得不变，不特中国民权之说即当大行，即各地"土番野瑶"亦当不变，其不变者即渐灭以至于尽，此又不易之理也。（《与严幼陵先生书》）

因此，民权政治，势在必行，不可阻挡。

他在《中国历史研究法》等文章中，较为系统地表达出自己的历史观——"心力"史观。

他认为，"历史为人类心力所造成"，而人类"心理之发动，乃极自由而不可方物"，其之"心力"，颇可以与黑格尔的"精神"或"理念"相比较了：

> 历史纯为个性发挥之制造品，而个性直可谓之无一从同。

他进一步认为，历史发展的动力是思想，即个性、学术等：

> 近世史与上世、中世特异者不一端，而学术之革新其最著也。有新学术，然后有新道德、新政治、新技艺、新器物，有是数者，然后有新国新世界。(《近世文明初祖二大家之学说》)

由此可见，他认为历史发展是有规律、有因果关系的，这已接近黑格尔的观点。可他在寻找这个因果律时，找到的却是"人心"。

正因为这样，他说：

> 史界因果之劈头一大问题，则英雄造时势耶？时势造英雄耶？换言之，则所谓"历史为少数伟大人物之产儿""英雄传即历史"者，其说然耶？否耶？罗素曾言："一部世界史，试将其中十余人抽出，恐局面或将全变。"此论吾侪不能不认为确含一部分真理。(《中国历史研究法》)

> 世界者何？豪杰而已矣，舍豪杰则无世界。(《自由书·豪杰之公脑》)

> 其在古代，政治之污隆，系于一帝王；教学之兴废，系于一宗师。(《中国历史研究法》)

他似乎是主张英雄创造历史了，但他又说：

> 文化愈低度，则"历史的人格者"之位置，愈为少数所垄断；愈进化，则其数量愈扩大。

所以，他又认为，"英雄固能造时势"，可是，"时势亦能造英雄"，"英雄与时势，互相为因，互相为果"(《自由书·英雄与时势》)。"豪杰者，服公理者也，达时势者也"(《自由书·豪杰之公脑》)。但归根结底，他还是认为：

> 所谓大人物之言动，必与此社会心理发生因果联系者，始能成为史迹。(《中国历史研究法》)

他对英雄史观毕竟是偏袒的，这在当时亦无可厚非，得让资产阶级的代表人物走上历史舞台，而且在"时势造英雄"上，他还说上了几句话，并没绝对化。

在"心力""人心"创造历史这点上，他倒是可以称为中国狭义的历史哲学的真正代表人物了，而作为资产阶级启蒙时期的历史观，是不会承认帝王将相为历史主体的封建史学的，它需要有自己的英雄人物。所以，他在《新史学》中指出：

> 善为史者，以人物为历史之材料，不闻以历史为人物之画像；以人物为时代之代表，不闻以时代为人物之附属。

在《中国史叙论》中说：

> 前者史家不过记载事实，近世史学必说明其事实之关系与其原因结果；前者史家不过记述人间一二有权力兴亡降替，虽名为国史，不过一人一家之谱牒，近世史家必探察人间全体之运动进步，即国民全部之经历及相互之关系。

他强调种族、地理、文化方面的因素，而并不着重于一姓的兴衰、英雄的成败。地理与文化传统的关系，他也似黑格尔一般加以描述，例如，他说北方立国，"为外界之现象所风动，所熏染，其规模常宏远，其局势常壮阔，其气魄常磅礴英鸷，有俊鹘盘云横绝朔漠之概"。而南方立国，"为外界之现象所风动，所熏染，其规模常绮丽，其局势常清隐，其气魄常文弱，有月明画舫，缓歌漫舞之规"（《中国地理大势论》）。

文化更是如此："吾国学派至春秋战国间而至盛。孔墨之在北，老庄之在南，商韩之在西，管邹之在东，或重实行，或眈理想，或至峻刻，或崇虚无，其现象与地理一一相应。"（《中国地理大势论》）

民俗风情呢？"则北俊南靡，北肃南舒，北强南秀，北塞南华，其大较也。龚定庵诗云：黄河女直徙南东，我说神功胜禹功；安用迂儒谈故道，犁然天地划民风"（《中国地理大势论》）。

无可置疑，地理环境，即人类文明的"自然基础"，对人类历史是有其重大影响的，只是梁启超仅凭借表象看到这一点，没能深入到历史演变的内部规律之中，对地理环境的影响作出科学的、历史的分析。

所以，中国又需要英雄，由于百姓未开化，只能搞"开明专制"，靠"一二豪杰之力"搞民主共和，比登天还难。他不遗余力宣传"英雄崇拜"，"日日思英雄，梦英雄，祷祀求英雄"（《过渡时代论》）。

他在《文明与英雄之比例》中，阐明了他的这一似乎矛盾对立的观点，说英雄与文明的发展成反比，古代人蒙昧、不开化，所以才有英雄专制，把英雄崇拜为"天神"；而今，人的智慧已发达了，人人皆是英雄，也就无所谓英雄及英雄崇拜了。但中国落后于人类文明好几个世纪，所以得靠"英雄"来打天下，还得要"英雄崇拜"，甚至说，中国无英雄，终古如长夜。

正如前面已指出的，他这些论点，都已具备近代历史哲学的资格了。

如果说，在近代的中国思想史、哲学史上不足以给梁启超以重要的地位的话，那么，在近代中国的历史哲学或史学史上，梁启超的重大建树及影响是不可以被低估的。

他对旧史学的批判尤见功力，可以说，他是在史学方面反对封建专制主义的，在进行民主启蒙上功绩卓著。他批判旧史学一是"知有朝廷而不知有国家"，"二十四史"记的只是"有权力者兴亡隆替之事"；二是"知有个人而不知有群体"，把人民置于史外；三是"知有陈迹不知有今务"，不敢面对现实；四是"知有事实不知有理想"，也就是缺乏史观的指导，"毫无生气"，揭示不了历史发展的因果律。

因此，他否定"一治一乱，治乱相循"的旧史观："吾国所以数千年无良史者，以其于进化之现象，见之未明也。"并划出了中国历史进化的三个历史阶段：上世（至秦止）、中世（至清止）及近世；还划出了学术史七个时期：胚胎时代（春秋之前）、全盛时代（先秦）、儒学统一时代（汉）、玄学时代（魏晋）、佛学时代（隋唐）、理学时代（宋元明）及近世学术时代——这，比"三代之治"的倒退论及循环论均要进步得多。

此外，他还要打破纪传体的编史体裁，要求对历史做更深入的研究，讲述广泛的人民和文化的历史——这些，都是他"新史学"的系列主张，标志着一种全新的历史观的开始。

在袁世凯称帝及张勋复辟之际，他坚决站到了他的老师康有为的对立面，写出了《异哉所谓国体问题者》一文，认为君主政体意味着稳定而共和政体意味着混乱的观点是可笑的，并举出了波兰、土耳其、俄国君主政体就并非稳定。他断然拒绝了袁世凯的贿赂，把这篇文章发表了，而且给辛亥革命的元勋、他的学生蔡锷以支持，协助蔡锷南下，举行云南起义。

作为一个历史学者，他对历史的见解不能不说是高于当时其他学者一头的，也就是说，他已认准了中国绝不可以再搞君主专制了！

对梁启超的历史地位，早已有人为之鸣不平了。我们这里也就不多呼吁了。这里只是就其贡献及作用进一步肯定他的历史地位。

一个人的一生，由于种种原因，时而站在时代潮流之上，时而又是落伍者，这里面可能有很多的偶然和意外。但是，作为其历史观或思想状况，在某种意义上，它相对是稳定的、具有很大的必然性。所以，梁启超似乎一度与辛亥革命相左，被视为保皇党，可他对保皇并非终身不二，在关键时刻又站到了反对帝制复辟的斗争前列。他从维新开始，到组织护国军讨袁，可见其思想及史观一直还是一致的、渐进的。

历史事件充满了偶然性，而历史观念则处处有必然性。

笔者在著此书前，曾写一人物传记，涉及臭名昭著的"筹安会"六君子当中的一个人物，可以说，在那时鼓吹帝制是反动已极的。但正是这个人，促成了孙中山与黄兴的联合，被孙中山称赞为"真可人也"，对辛亥革命作出过贡献；而后，这个人转而同情共产党，李大钊被捕前是他报的讯，要他们撤离，事后，不惜当掉家产，设法营救，后来，终于加入了中国共产党。只要仔细研究他的思想或史观，从维新、鼓吹君主立宪到加入共产党，其间还是有进步的脉络的。他还同孙中山说过，你搞共和革命，我搞君主立宪，谁成了服谁，其志均在救国。所以说，他认为"筹安会"无非是走君主立宪、和平道路，同样可以促使中国走民主启蒙之路，这仅是一时迷误罢了。

回过头来再看梁启超，这个中国近代历史哲学的奠基人和创立者，他对历史起到的积极作用可谓远远超过其消极作用。

郭沫若在《少年时代》中的评价绝不为过：

> 平心而论，梁任公地位在当时确实不失为一个革命家的代表。他是生在中国的封建制度被资本主义冲破了的时候，他负载着时代的使命，标榜自由思想而与封建的残垒作战……他是资产阶级革命时代的有力的代言者，他的功绩实不在章太炎辈之下。

话说回来，对一个历史人物的评价，不也与评者的历史观有关吗？我把他推崇为近代历史哲学的奠基人，自然还需要作进一步的论证，但在此书中，恐不可辟再大的篇幅了。有这么一个位置，便是恰当的。

十一、谭嗣同：鲜血昭示于历史

> 望门投止思张俭，忍死须臾待杜根；
> 我自横刀向天笑，去留肝胆两昆仑。

这是戊戌变法中壮烈捐躯，声言"自古非流血不能变法"的六君子之一谭嗣同狱中的题壁诗，近百年来他激励了不少革命志士前仆后继、英勇献身，去推动历史前进。

谭嗣同临刑遗言"有心杀贼，无力回天"八个字，足以概括他这一代有识之士的悲剧。他去世时才33岁，虽说也留下一部《仁学》及若干墨迹，但其思想发展线索毕竟没那么长，因此，关于他的历史观就不准备过细剖析了。

他在自然哲学上有不少唯物主义的见解，他的"以太说"，可以说是讲物质第一性的，亦被认为是机械唯物论，较朴素唯物论进了一步。可在历史哲学领域，他同梁启超一样，讲的是"心力""人心"，并且有相当浓的佛教色彩，他认为"心力"是历史发展的动力。

> 大劫将至矣，亦人心制造而成也。西人以在外之机器制造货物，中国以在心之机器制造大劫。
>
> 缘劫运既由心造，自可以心解之。（《北游访学记》）
>
> 心之力量，虽天地不能比拟，虽天地之大，可以由心成之，毁之，改造之，无不如意。（《谭嗣同全集》，第 460 页）

他要凭借"心力"去冲破封建的罗网，这反映了启蒙时期资产阶级锐意奋进的自信心，他从"心力"，引出了平等观念：

> 夫心力最大者，无不可为。惟其大也，又适以召阻险。盖心力之实体，莫大于慈悲。慈悲则我视人平等，而我以无畏，人视我平等，而人亦以无畏。（《谭嗣同全集》，第 357 页）

他对君权、对三纲五常的批判是激烈的，以"民本君末"来否定君权的神圣性：

> 生民之初，本无所谓君臣，则皆民也。民不能相治，亦不暇治，于是共举一民为君。夫曰共举之，则非君择民，而民择君也。……夫曰共举之，则因有民而后有君，君末也，民本也。……（《仁学》）
>
> 三纲之摄人，足以破其胆，而杀其灵魂。（《仁学》）
>
> 俗学陋行，动言名教，敬若天命而不敢谕，畏若国宪而不敢议。嗟乎！以名为教，则其教已为实之宾，而决非实也。又况名者，由人创造，上以制其下，而不能奉之，则数千年来，三纲五伦之惨祸烈毒，由是酷矣。独夫民贼，固甚乐三纲之名，一切刑律制度皆依此为率，取便已故也。（《仁学》）

破"君权"、否"三纲"，为的正是个性解放，提倡民主、"泛仁"，亦可解释为慈悲、博爱。也正是从这里出发，他也同康、梁一样，利用公羊三世说，创立了历史进化过程中的"顺三世"和"逆三世"说。逆三世，就是一，"'初九，潜龙勿用'，太平世也，元统也。无教主，亦无君主，于是为洪荒太古，泯之蚩蚩，互为酋长已耳。于人为初生"。二，"'九二，见龙在田，利见大人'，升平世也，天统也，时则渐有教主，君主矣，然去民尚未远也，故曰在田。于是为三皇五帝，于人为童稚"。三，"'九三，君子终日乾乾，夕惕若厉，无咎'，据乱世也，君统也。君主始横肆，教主乃不得不出而剂乎其平，故词多忧惧。于时为三代，于人为冠婚"（《仁学》）。

这便是国家形成至君主专制的演变。

顺三世，则是一，"'九四，可跃在渊，无咎'，据乱世也，君统也……于时则自孔子之时至今日，皆是也。于人则为壮年以往"。二，"'九五，飞龙在天，利见大人'，升平世也，天统也，地球群教将同奉一教主；地球群国将同奉一君主。于时为大一统，于人为知天命"。三，"'上九，亢龙有悔'，太平世也，元统也。合地球而一教主，一君主，势又孤矣。孤故亢，亢故悔。悔则人人可有教主之德而教主废，人人可有君主之权而君主废。于是为遍地民主，于人为功夫纯熟，可谓'从心所欲，不逾矩'矣"（《仁学》）。

这里讲的是由君主专制至君主立宪，而后再进步为民主共和的历史进程。人们不难看出其中观点与梁启超的几乎一致——如英雄与文明成反比的论点，不过，他更带有《周易》等的东方神秘主义色彩。

他也同康有为一样，托名孔子来鼓吹维新变法，把孔子美化为"托古改制"的圣人。他的理想世界也一样是"天下大同"：

> 无国则畛域化、战争息、猜忌绝、权谋弃、彼我忘、平等出，且虽有天下，若无天下矣。君主废则贵贱平，公理明则贫富均。千里万里，一家一人，视其家，逆旅也；视其人，同胞也。父无所用其慈，子无所用其孝，兄弟忘其友恭，夫妇忘其倡随。若西书中百年一觉者，殆仿佛《礼运》大同之象焉。（《仁学》）

然而，这在他只是一个的幻想，唯有他为资产阶级启蒙而洒下的血才是实实在在的，他这位"冲决网罗"的斗士，用他的鲜血昭示于历史的，远比他用笔留下的文字要深刻得多、鲜明得多、也沉重得多！

十二、"君师合一"及历史的危机感

我们刚评述了几位政治家，对历史进程产生重大影响的英雄人物的史观。由于处于激烈的历史演变的旋涡里，一般来说，作为政治家的历史观念及思想意识很难有成熟、完备的形态，并形成其完整的理论系统。这是不可以苛求他们的，正如古代，并没有人把周文王及秦始皇、汉武帝及唐太宗当作思想家来评价。奇怪的是，到了后来，竟非要把类似于他们的领袖人物，在肯定了其政治作用之后，竟还要把其进一步完美化，似乎成了"全人"，又是思想家、理论家、哲学家，乃至于历史学家、文学家、诗人等，来了个"君师合一"。而"君师分离"一说，则古已有之。这种变化说明了什么？是进步还是倒退？是后来的帝王或领袖，都真正成了"家"呢，还是强化统治的"历史需要"？都是。光是"君"，已不足以慑服人民了，所以得蒙上"师"的圣哲色彩？——这是否针对人民的觉醒而进一步给君主专制打强心剂，乞怜于"师"的威信？一方面是觉醒，另一方面是强化愚民政策，一方面是进步，另一方面则是大开历史倒车——使君权神化、圣化、无所不化……

就拿康有为、梁启超、谭嗣同而言，除开梁在历史哲学、民主启蒙上相对要成熟一些，康、谭二人，恐怕很难概括出其思想体系来，也没必要给他们编造出一个体系。在充分肯定其历史作用之际，我们该做的也已经做了，再做就是拔高，就要违反历史真实了。

因此，我们在这里，就很有必要对当时的真正的"师"——学者们的历史观辟一专章进行论述。可以说，这些人的史观要相对完整一些，也深刻一些。

例如，我们在这一部分关于史观发展的论述中提到，明末李贽、黄宗羲等人的观点，甚至比清末龚自珍、魏源等启蒙思想家要走得更远一些。如果我们进一步加以探讨、研究，也就可以得到更新的历史结论。我们完全可以说，李、黄两位的历史观，是植根于明中、末叶的经济、政治形势的，只有在经济、政治提供了相当充分的思想材料之际，他们的史观才产生，因为史观总是后于经济、政治现实的。可是为什么史观产生了，政治、经济又来了逆转呢？

我们不能同意所谓王朝崩溃前夕均出现假资本主义萌芽的观点和所谓无组织力量与假资本主义结合在一起畸形发展的观点。尤其是明末，资本主义因素已相当明显，我们本来可以与世界文明的发展同步的——黄宗羲业已喊出了"为天下之大害者，君而已矣"的响亮口号，向几千年的封建专制宣战，要立"学校"以议政、重利贱义、工商皆本，尤其倡导"绝学"——科学技术。

在这种新的历史因素下，农民起义的性质，就不再有调节封建社会的内部功能和在一定程度上促进社会发展的积极意义了，而是继续维护封建制度（他们反对现存统治而不反对现存制度——君主专制），阻碍历史前进了。而清兵入关，更造成历史巨大的错位，对于一个游牧民族而言，汉文化自然是先进的，所以入主中原后便致力于汉文化的复兴。但从世界的角度上来说，他复兴的汉文化，主要是儒家文化及其末梢程朱理学，这恰恰是落后的、保守的，于是，中国历史又来了一次巨大的倒退，一误数百年。有人讴歌乾隆盛世、励精图治，却没看到正是清代统治者造成的后儒社会的回光返照，小小的"繁荣"中包含的可悲的大大的倒退。我们说，当代中国历史小说中缺乏历史意识，这便是有力的证明。

长期以来，为历史界所津津乐道的，说汉文化有巨大的历史维系力量，连外族入主之后，最终也只能匍匐在汉文化脚下，为汉文化所同化。也许，这对于落后文化是这样的，但对于先进文化却未必如此。

用形而上学的观点，不加区别地看整个中国历史上的农民起义，便会死抱住其"积极作用"不放，却恰恰看不到它本身也是一种历史的惯性，而这种惯性到了最后，便是破坏与消极，本身已走向了反面。

在这点上，也许还会有不少争议，亦需作进一步的论证，但这已不是本书的任务了。如有机会，我们将结合有关的历史，进一步阐明自己的观点，以正史风！

十三、夏曾佑：文化史观

与梁启超、严复同时代的历史学家夏曾佑，依照其"文化史观"，倒是在一定程度上看到了明、清之际的历史演变——倒退与前进。

他在《中国古代史》中曾把宋元明称为"退化之期"，用我们今天的话来说，可谓封建末世了，其间，"教殖荒芜、风俗陵替，兵力财务均逐渐摧颓，渐有不能独立之象，此由附会第二期（指先秦）人之理想，而得其恶果者故谓之退化期"。

这一退化，本应更新的，却来了个清朝，"此期前半，学问政治集秦以来之大成"——这正如我们前所述的，一种回光返照，而终"成局之已穷，而将转入他局者，故谓之更化期"。

这与我们前面的论述已有所接近了，假如把"更化"说成是回光返照、苟延残喘，就会更接近一些。自然，他说的科学依据是不足的，没能揭示出历史发展的规律及较为科学的阶段。

这里，我们不妨把他的关于中国历史的"三大期"和"七时期"的划分简述一下。他说：

> 中国之史，可分为三大期，自草昧以至周末，为上古之世。自秦至唐为中古之世。自宋至今为近古之世。
> 上古之世，可分为二期：由开辟至周初，为传疑之期，因此期之事，并无信史，均从群经与诸子见之，往往寓言实事，两不可分，读者各信其习惯而已，故谓之传疑期；由周中叶至战国为化成之期，因中国之文化，在此期造成，此期之学问，达中国之极端，后人不过实现其诸派中之一分，以各蒙其利害，故谓之化成期。中古之世，可分为三期：自秦至三国，为极盛之期，此时中国人才极盛，国势极强，凡其兵事皆同种相战，而别种人则稽颡于阙廷，此由实行第二期之理想而得良果者，故谓之极盛期；由晋至隋为中衰期，此时外族侵入，

握其政权。而宗教亦大受外教之变化，故谓之中衰期；唐室一代，为
复盛期，此期国力之强，略与汉等，而风欲不逮，然已胜于其后矣，
故谓之复盛期……

近古之世，他分作"退化"与"更化"二期，前面已说过了。

纵观整个分期脉络，他是以文化的角度切入的，把整个历史放在连续性发
展的过程来考察，以先秦文化为各期的参照系统来揭示其间历史事变的因果关
系，看到了历史在曲折中前进的进化规律。这较之过去的历史研究，无疑是一
个进步，是一种新的贡献。

在整部《中国古代史》，他着眼于文化思想之上，认为是文化起到了推动
历史前进的作用，所以被视作"文化史观"。

他把孔子的儒家文化说成是中国社会的根本，他认为"孔子之道"是
"君子之道"，"留术数而去鬼神"，所以才成为了"国教"。儒教是关于"富
贵贫贱与智愚贤不肖"的，是一种"近人"的学说——这已推向了启蒙时期
人文主义的高度了，能应政治斗争的需要而变化。由此，他竟把"中国之历
史"，说成"即孔子一人之历史而已"：

> 春秋战国时代，至要之事，乃孔子先于此时代也。
>
> 若对孔子教育之指要，既有所窥，则自秦以来，直至目前，此二
> 千余年之政治盛衰，人才升降，文章学问，千枝万条，皆可烛照而数
> 计矣。
>
> 中国之教，得孔子而后立；中国之政，得秦皇而后行；中国之
> 境，得汉武而后定，三者，皆中国之所以为中国也。

孔教摆在了立政、开边之前！把文化的作用强调到了最高的位置上。文
化，便决定了一切，由此，民智开发、教育等，均是最重要的推动历史前进的
手段。难怪谓之"近人"说。因此，他认为：

> 孔教之原理，虽因缘繁复，然至大之因，总不外吾民之与儒家相
> 宜耳。

所以，他认为中国历史"综古今士类言之，亦可分为三期"，"由三代至
三国之初，经师时代也"；"由三国至唐，名士时代也"；"由唐至今，举子时
代也"。不过，他对经师、名士、举子一一加以了鞭挞，借此否定古文经学及
科举制度，好为维新变法提供历史根据。

他倡导民智决定论、教育救国论，正是与他的文化史观分不开的，他说：

> 古今人群进化之大例，必学说先开，而政治乃从其后。

学说——文化决定了政治，决定了历史的发展。从文化上去寻找历史发展的原因——虽失偏颇，可比封建史学"考其得失，以为龟鉴"的"资治"，并借其"惩恶劝善"作"垂训"，还是要高明得多。

所以，梁启超在《亡友夏穗卿先生》一文中夸他为"晚清思想革命的先驱者"，说他"对于中国历史有崭新的见解，尤其是古代史"。而严复则称他的《中国古代史》为"旷世之作"（《严复致夏曾佑》）。这些，都是恰如其分的。

当然，同时代的章太炎亦指出，该书发明"只有宗教最多，其余略讲一点学术，至于典章制度，全然不说，地理也不分明，是他的大缺陷"（《社说·述常识与教育》）。

不管怎样，他这部"以供社会之需"冀国家免"蹈埃及、印度之覆辙"的史著，在近代史观史上，是留有不可磨灭的光辉的！

十四、严复："图腾—宗法—军国"说

戊戌六君子喋血之际，有一首五律为他们大鸣不平，摧肝裂肺：

> 求治翻为罪，明时误爱才。
> 伏尸名士贱，称疾诏书哀。
> 燕市天如晦，室南雨又来。
> 临河鸣犊叹，莫遣寸心灰。

写这诗的人，是近代著名的启蒙思想家，以其丰富的译著大量介绍西方自然科学、哲学、政治经济学、政治学、社会学到中国的一代文豪严复。他24岁时，赴英伦三岛深造，考察了西方政治、法律制度，尤为注意到其社会政治学说，认识到西方的富强之道不取决于船坚炮利，而在于社会制度、思想文化和生产技术，在所译的《法意》按语中写道："公理日伸，其端在此一事。"他以译赫胥黎的《天演论》而驰名，但他的译介完全是一种再创作，且不说其间不断的按语。他在教育方面也是功绩卓著的，他提倡西学，培养了不少维新人才。他发表了不少文章，主张"尊今叛古""尊民叛君"。作为一位博学的学者，他的历史观是绝不可忽视的，虽然近代史学、哲学不少史著都把他摒弃在外，极不公正。

严复同康有为、梁启超一样，借"三世说"来宣扬历史的进化论："乱世—小康—大同"。同时，又引入西方社会学的观点：

> 夷考进化之阶级，莫不始于图腾，继以宗法，而成于国家，方其

为图腾也，其民渔猎，至于宗法，其民耕稼，而二者之间，其相受蜕化以封建。方其封建，民业大抵犹耕稼也。独至国家，而后兵、农、工、商四者之民具备，而其群相生相养之事乃极盛而大和，强立蕃衍而不可以克灭。此其为序之信，若天之四时，若人身之童少壮老，期有迟速，而不可或少紊者也。（《社会通诠译者自叙》）

这一历史演变的观念，当然是来自于他引进的进化论，物竞天择：

> 西洋缀闻之士，皆能言之。谈理之家，据为口实。其一篇曰：物竞。又其一曰：天择。物竞者，物争自存也。天择者，存其宜种也。

他由此提出其著名的"争天而胜天"及"恃人力"的唯物主义观点：

> 中国委天数，而西人恃人力。（《论世变之亟》）
> 不能爱则不能群，不能群则不胜物；不胜物则养不足。（《天演论·制私》按语）
> 人欲图存，必用其才力心思，以与是妨生者为斗。负者日退，而胜者日昌，胜者非他，德、智、力三者皆大是耳。（《天演论·最旨》按语）

他清醒地看到中国社会发展"始骤而终迟"，西方却"始迟而终骤"，并从生存竞争角度出发，在《法意十章》按语中说：

> 向使封建长存，并兼不起，各君其国，各子其民，如欧洲然，则国以小而治易周，民以分而事相胜，而其中公法自立，不必争战无已时也。且就会争战无已，弭兵不成，谛以言之，其得果犹胜于一君之腐败？呜呼！知欧洲分治之所以兴，则知中国一统之所以弱矣！

关于一统天下是否致弱姑且不论，但这里主旨是在反对君权、倡导自由、自立的。所以，他要求人们发愤图强，赞同梁启超的变法观点：

> 吾友新会梁启超之言曰："万国蒸蒸，大势相逼，变亦变也，不变亦变也。变而变者，变之权操诸己；不变而变者、变之权让诸人。"（《原强》）

他不无见地地列举了中西社会之不同，愤嫉地指出，西方理论大都可以在中国找到接近点，唯独"自由"，在中国完全没有——这便是中西的根本区别：

> 中国最重三纲，而西人首明平等；中国亲亲，而西人尚贤；中国以孝治天下，而西人以公治天下；中国尊主，而西人隆民，中国贵一

道而同风，而西人喜党居而州处；中国多忌讳，而西人众讥评，其于财用也，中国重节流，而西人重开源；中国追淳朴，而西人求欢虞。其接物也，中国美谦屈，而西人务发舒；中国尚节文，而西人乐简易。其于为学也，中国夸多识，而西人尊新知。

尝谓中西事理，其最不同而断乎不可合者，莫大于：中之人好古而忽今，西之人力今以胜古；中之人以一治一乱、一盛一衰为天行人事之自然，西之人以日进无疆、既盛不可复衰、既治不可复乱为学术政化之极则。（《论世变之亟》）

今天听来，不一般发人深省吗？

自由一言，真中国历古圣贤所深畏，而从未尝立以为教者。（《论世变之亟》）

他的"自由论"是立足于"尊民叛君"的，并以《辟韩》一文，批判了韩愈的君权神授说——抓住了宋明理学的始作俑者："是故君也者，与天下之不善而同存，不与天下之善而对待也""斯民也，固斯天下之真主也"。并借用卢梭的天赋人权论，说："民之自由，天之所畏也。"不过，他同梁、谭一样，也认为英雄与文明的发展成反比，首先还得靠圣人去"开民智"："使今日而中国有圣人兴，彼将曰，吾之藐藐之身，托于亿兆人之上者，不得已也，民弗能自治也。"因为"其时未至，其俗未成，其民不足以自治"。

这些话，不能说没一点道理。但分明是封建势力太严重了的缘故，所以，卢梭以天赋人权论为其"主权不可转让"论服务，而严复却加以改良，变得软弱无力了。

改良是没有出路的，纵然严复忧国伤时，译著时常怆然涕下，"掷管太息，绕室疾走"，可却不相信人民会最终觉醒，所以，辛亥革命以后，他也由落伍转向逆潮流而动了，成为臭名昭著的"筹安会"发起人，抬袁世凯当皇帝。第一次世界大战后，他这位向西方寻找真理的代表人物，便又对"西方文明"感到幻灭，转而歌颂起"东方文明"了，"回观孔孟之道，真量同天地，泽被寰区"（《与熊纯如书》）。他反对五四运动，最后，在复古尊孔的迷梦中死去了。

自然，这并不是他一个人的悲剧，从龚自珍、魏源遁入空门开始，近代启蒙思想家不大都被沉沉的黑暗所吞没了吗？

十五、章太炎："俱分进化论"

与上述几位学者齐名的章太炎，可以说是我国启蒙思想家中别具一格的学者。他被鲁迅称为"有学问的革命家"，在学术上颇有造诣。可在政治生涯上，却几度曲折：先由一位封建学者，转变为维新变法的鼓吹者，后又同康梁改良派决裂，力主暴力革命，与资产阶级民主革命派同伍；可辛亥革命时期，却说"革命军兴，革命党消"，拥护袁世凯，后又在"二次革命"后被袁世凯所囚；最后，他终于走了前几位的老路，复古读经，"用自己所手造的和别人所帮造的墙，和时代隔绝了"（鲁迅《关于太炎先生二三事》）。

这位发表《驳康有为论革命书》，为邹容的《革命军》作序，一度入狱从而声誉鹊起的革命家、大学者，为何会走了这么一条路呢？

只要我们仔细研究他的历史观，就不难看出一点端倪来。作为一位国学上颇有名望的朴学大师，他的史学理论与史学成就，显然又比梁启超等保守，这与他鼓吹"暴力革命"相比，似乎又显得十分奇怪了。

他在史观上最为突出的理论，便是他有别于他人的"俱分进化论"，这个论点及其所依据的理论体系，可以说是由他一人独创并完成的，具有鲜明的历史特征。

他的"俱分进化论"，说的是善、恶俱进。也就是说，他看待历史的发展，是从道德评价的角度上入手的，用道德来评价、批判历史。他甚至比孔老二还讲道德——儒学可以说也是一种以"礼"为核心的学说，儒家的历史观是与道德哲学即伦理学紧紧结合的，我们在古代史观一章中已阐述过了。他却批判孔子、儒学，抨击其"儒家之病在以富贵利禄为心"（《诸子学略说》）。

他提倡的似乎是更高级的道德："用宗教发起信心，增进国民的道德"（《东京留学生欢迎会演说辞》），他倡导佛学，讲的正是佛入地狱的道德精神和众生平等的道德理想，他肯定墨子的"兼爱"和苦身劳形以忧天下的道德，"非命之说，为墨家所独胜"，可惜"亦仅持之有故，未能言之成理"。

由此，他讲革命，也立足于道德："且道德之为用，非特革命而已，事有易于革命者，而无道德亦不可成就"（《革命之道德》）。把道德当作革命与进步的动力与目标了。

所以，他把进化论改造为俱分进化论，不是生物进化而是社会心理和意识的进化才是社会进步的原动力，也就是说，道德为第一推动力，以至于他的史籍中充满道德评价。

现在，我们来看他描绘出的由道德所左右的历史发展的画面吧：

> 彼不悟进化之所以为进化者，非由一方直进，而必由双方并进，
> 专举一方，惟言知识进化可尔。若以道德言，则善亦进化，恶亦进
> 化；若以生计言，则乐亦进化，苦亦进化也。双方并进，如影之随
> 形，如罔两之逐景，非有他也。知识愈高，虽欲举一废一而不可得。
> （《俱分进化论》）

他以人为例，由动物至人，固然是进化，但人的道德却比虎豹要坏，虎豹不食同类，人却处处相食，相互残杀。那么，人与虎豹，孰进化？退化？在人类历史上，"聚麀之丑、争食之情，又无时或息"。

以战争为例，古代仅为争穴窟、水草而杀伤，但其时尚无国家，杀伤不大。一旦立国，"浸为戈矛剑戟矣，浸为火器矣，一战而伏尸百万，喋血千里，则杀伤已甚于太古。纵令地球统一，弭兵不用，其以智谋巧取者，必尤甚于畴昔。何者？杀人以刃，固不如杀人以术。与接为构，日以心斗，则驱其同类，使至于悲愤失望而死者，其数又多于战。其心又憯于战，此固虎豹所无，而人所独有也"（《俱分进化论》）。

于是，他得出了结论：

> 由是以观，则知由下级之哺乳动物以至人类，其善为进，其恶亦
> 为进也。（《俱分进化论》）

正是这种以道德评价纵观历史，使他误以为社会主义就是道德的完美境界，所以，他对此不无希望，在同一篇文章中说：

> 进化者必不可以为鬼为魅，为期望于进化诸事类中亦惟择其最合
> 者而倡行之。此则社会主义其法近于平等，亦不得已而思其次也。

在他的《国家论》里，他强调"个体为真，团体为幻"，这固然是要挣脱封建桎梏，他倡导个性解放，可最后却走向了无政府主义。他说：

> 一、国家之自性，是假有者，非实有者；二、国家之作用，是势
> 不得已而设之者，非理所当然而设之者；三、国家之事业，是最卑贱
> 者，非最神圣者。

学者鄙夷政客，历来有之，进而鄙夷国家，也不足为怪。不过，在这里我们却不能不想一想，他的道德批判，源于何处？

自然不是从"三纲五常"出发，为维护"礼"的儒家的道德批判，虽说与他晚年走向尊孔读经不无关系，可他当年还是高举着批孔批儒的大旗的。

我们不难从他信仰的佛教中找到答案，不管他是否一出娘肚子便是佛教信徒。他提倡众生平等，他称颂老子"博览史事，而知生存竞争，自然进化，

故一切以放任为主"，他在《四惑论》中，甚至像老庄一样，宁可回到大自然中去，不物物于物——哪怕"啜菽饮浆，冬纂夏葛"，以求心灵的放达，绝不"沾沾物质之务"。

自老庄、玄学至佛教，我们倒是可以清晰地看到人类对于异化的一种曲折的、无奈的，但也是愤嫉的抗辩。章太炎的这种社会史观，同样也是这么一种抗辩。它曲折地反映了在那个时代中国宗法农民的朴素意识及对资产阶级革命的幻灭感，以及对业已可以辨认的资本原始积累的恐惧感。

在这个意义上，章太炎同司马迁等人一样，在本质上是个文学家、学者，而非政治家或其他。如同我们不能谴责巴尔扎克对那个金钱世界的揭露而说他是个封建古董（他诚然是个保皇党）而反对资产阶级革命一样，也不能过于苛求太炎先生什么。

他对封建史学的批判也是很有贡献的，他反对历史循环论，说"三统迭起，不能如循环；三世渐进，不能如推毂"（《征信论》），他还打算在自己编写的百卷中国通史中，"熔冶哲理，以祛逐末之陋，钩汲智沈，以振墨守之惑"（《訄书·哀清史》）。并且扩大了历史的眼界，要在通史中写出"第一是制度的变迁，第二是形势的变迁，第三是生计的变迁，第四是礼俗的变迁，第五是学术的变迁，第六是文化的变迁"（《社说》）。而且，在历史理论中引入了突变的观念。他反对天命，明确提出"拨乱反正，不在天命之有无，而在人力之难易"（《驳康有为论革命书》）。主张靠人民自己起来救自己："民主之兴，实由事势迫使之，而亦由竞争以生此智慧也"（《驳康有为论革命书》）。"像现在官场情景是微虫霉菌，到处流毒，不是平民革命，怎么辟得这些瘴气。若把此事望之督抚，真是其愚不可及了！"（《民报一周年纪念会演说辞》）

他认为"循乎自然规律，则人道将穷，于是有人为规则以对治之"（《四惑论》）。

可惜，他这"人为规则"正是道德——而道德的批判，是一切批判中最无力、最保守的了，这非但不是救世的良方，反而是副泻药——关于这点，我们已说了不少。一种小生产者的空想，一种道德的乌托邦。他最后只能求助于佛教了：

> 非说无生，则不能去畏死之心；非破我所，则不能去拜金心；非谈平等，则不能去奴隶心；非示众生皆佛，则不能去屈退心。非举三轮清净，则不能去德色心。（《建立宗教论》）

就这样，他把佛教道德当作历史的动力、革命的基础，既反对了一切束缚，却也摒弃了对幸福的追求；既反对了一切权威，却也否定了人类的物质文明；既强调了个人主观战斗精神，却又落入了禁欲主义，"依自不依他"。

他的历史观，也就这样在佛教的哲学体系中找到了归宿，四大皆空了。

鲁迅以八个字，概括了他的悲剧：

> 既离民众，渐入颓唐。

俱分进化论中包含的希望与幻灭，都是道德这一植株上畸形的纸花，有炫目的色彩，却无真正的生气与光泽。

十六、辛亥革命：孙中山的"民生史观"

戊戌变法的失败，证明了君主立宪在中国行不通。戊戌变法的参加者，有的慷慨悲歌，从容赴义；有的落荒而逃，遁入空门；有的变节屈服，沉溺于故纸堆中……这时，伟大的民主革命家孙中山先生在中国历史转折关头崛起了，他为了中华民族的独立、自由和解放，奔走呼号、浴血奋战，终于成功地发动并领导了辛亥革命，结束了两千多年的封建君主专制，打倒了中国最后一个皇帝，建立了共和国。这一伟大的勋业，是前无古人可比的。他倡立的孙文学说，更给中国近、现代的思想启蒙运动开拓了广阔的、全新的领域，迄今仍值得当代人认真研究与吸取。

他对封建君主专制的猛烈批判，一直到武器的批判，都是没有人能与之匹比的。关于这点，从他最终结束了皇帝在中国的统治以及禁止人们称他"万岁"这两方面而言，就足以说服人了，用不着再一一复述了。

在历史观上，他的理论贡献，则是著名的民生史观。

这是我国走向唯物史观之际一架高大的桥梁。

他的民生史观，与康、梁等借古托制、以"公羊三世说"来宣扬神秘进化思想不同，是以自然科学的、直接的、朴素的形式出现的。"人是由动物进化而成，不是偶然造成的，人类产物由二十万年以来，逐渐进化才成今日的世界"（《民权主义第一讲》）。

由此，他把社会历史也看作自然历史的过程，其模式是：

洪荒时代→神权时代→君权时代→民权时代

这比章太炎的俱分进化、严复的图腾→宗法→国家论以及封建史学的"一治一乱，一质一文"循环论，都要进步得多，揭示了其间的质变及上升过程。

他说："民权之萌芽，虽在二千年以前的罗马希腊时代，但是确立不摇，只有150年，前此仍是君权时代，君权之前便是神权时代，而神权之前便是洪

荒时代。"(《民权主义第一讲》)

他这是讲的政治形态的进化，并进一步作了论述："第一个时期，是人同兽争，不是用权，是用气力。第二个时期，是人同天争，是用神权。第三个时期，是人同人争，国同国争，这个民族同那个民族争，是用君权。到了现在的第四个时期，国内相争，人民同君主相争。在这个时代之中，可以说是善人同恶人争，公理同强权争。到这个时代，民权渐渐发达，所以叫做民权时代。"(《民权主义第一讲》)

在经济形态上，他又提出了自己的新模式，这就是：

原始共产制→商业资本制→工业资本制→新共产制

他承认人类的原始时代实行过共产制，只是由于"金钱发生"了，"共产制度便渐渐消灭了"。他说：

> 由于有了金钱，可以自由买卖，便逐渐生出了大商家。当时工业还没有发达，商人便是资本家。后来工业发达，靠机器来生产，有机器的人便成为资本家。所以从前的资本家是有金钱，现在的资本家是有机器。那些极聪明的人，把世界物资都垄断起来，图他个人的私利，要一般人都要做他的奴隶，于是变成人与人争极剧烈时代。这种争斗要到什么时候才可以解决呢？必须再回复到一种新共产时代才可以解决。(《民生主义》)

他的民生史观就是由此产生的，自然是包含有唯物主义的因素。在这点上，他是深受马克思唯物史观影响的，只是他作出了自己的理解和发挥，他说，马克思所"发明的最重要之一点，就是说世界一切历史，都是集中于物质，物质有变动，世界也随之变动。并说人类行为，都是由物质的境遇所决定，故人类文明史，只可说是随物质境遇的变迁史"(《民生主义》)。

在中国这一特定环境下，数亿人口，民生问题自然摆在首位，他坚持"历史的重心是民生"，要从社会经济生活中寻找历史发展的动因，这显然是了不起的。他说：

> 吃饭是民生的第一个重要问题，穿衣是民生的第二个重要问题。要全国四万万人都可以得衣食的需要，要四万万人都是丰衣足食。(《民生主义》)

试比较一下马克思主义的唯物史观："我们首先应当确定一切人类生存的第一个前提也就是一切历史的第一个前提，这个前提就是：人们为了能够'创造历史'，必须能够生活。但是为了生活，首先就需要衣、食、住以及其他东西……因此任何历史观的第一件事情就是必须注意上述基本事实的全部意

义和全部范围，并给予应有的重视。"(《马克思恩格斯选集》，第 1 卷，第 32 页，北京，人民出版社，1972)

可以说，孙中山只不过讲得更直接、更朴素些。显然，在史观上，他比夏曾佑根于文化的文化史观、章太炎基于道德的社会史观，都要深刻得多、高明得多，正如他所说的：

> 经济问题，不是道德心和感情作用可以解决得了的，必须把社会的情状和社会的进化，研究清楚了之后，才可以解决。这种解决社会问题的原理，可以说是全凭事实，不尚理想。(《民生主义》)

好个"全凭事实，不尚理想"的实事求是的科学态度。

从这出发，他考察了中国这么一个"民穷财尽"的落后国家，也考察了西方资本主义的利弊，严肃地提出了"经济革命—社会革命"的命题：

> 欧美各国二百余年以来，只晓得解决民族、民权两件事，却忘了最要紧的民生问题。到现在全国的权力，都操在少数资本家的手里，只有少数人享幸福，大多数人还是痛苦，因为大多数人不甘受这种痛苦，所以现在才有经济革命—社会革命的事情。(《三民主义为造成新世界之工具》)

他给"民生"下了如下定义：

> 民生是人民的生活——社会的生存、国民的生计、群众的生命。(《民生主义》)

并对其历史观作出了最后的概括：

> 民生就是政治的中心，就是经济的中心和种种历史活动的中心。人类求解决生存问题，才是社会进化的定律，才是历史的重心。所以民生问题才可说是社会进化的原动力。(《民生主义》)

他的"平均地权"，叫"耕者有其田"，以及"节制资本"，发展物质文明的两大经济办法，正是从这出发的。所以，他认为他的"民生史观"，"包括一切经济主义"，这就摒弃了一切小生产者的乌托邦空想、道德说教、宗教激情而走向唯物史观，只是"民生史观"未能完成这一历程。

由于从"民生"出发，他认为，"社会中各种变态都是果，民生问题才是因"。把阶级斗争说成是"社会当进化的时候所发生的一种病症"，由此得到结论：

> 这种病症的原因，是人类不能生存；因为人类不能生存，所以这

种病症的结果，便起战争。马克思研究社会问题所有的心得，只见到社会进化的毛病，没有见到社会进化的原理，所以马克思只可以说是一个社会病理家，不能说是一个社会生理家。（《民生主义》）

那么，社会生理何在呢？孙中山认为"社会之所以有进化，是由于社会上大多数的经济利益相调和，不是由于社会上大多数的经济利益有冲突"（《民生主义》）。他力主的是调和，并由此建立了他的国家学说：

> 社会国家者，互助之体也；道德仁义者，互助之用也，人类顺此原则则昌，不顺此原则则亡，此原则行之于人类当数十万年矣。（《民生主义》）

他反对社会达尔文主义，认为"物种以竞争为原则，人类以互助为原则"（《孙文学说》）。而且，"人类自入文明以后，则天性所趋，已莫之为而为，莫之致而致，向于互助之原则，以达人类进化之目的矣"。

调和、互助，便能进化，固然是反对了社会达尔文主义，但国家之说，未免在此失足了。"天性所趋"，已是太抽象了，而进一步把政治称之为"管理众人之事"，把政权称之为"管理众人之事的力量"。

因此，他一方面力主"时势造英雄"，在他的《孙文学说》中，以拿破仑和华盛顿为例，指出英雄人物是时代的产物："夫华拿二人之于英法革命，皆非原动者，美之十三州既发难抗英而后，乃延华盛顿出为之指挥，法则革命起后，乃拔拿破仑于偏裨之间。苟使二人易地而处，想亦皆然，是故华拿之异趣，不关乎个人之贤否，而在其全国之习尚也。"

可另一方面，他又把人分为三类："先知先觉""后知后觉"和"不知不觉"。第一种是指有识之士，第二、三种则指广大群众；第一种是理论家或发明家，第二、三种是实行家。

因此，他一方面号召革命"大家来作""唤起民众"，另一方面又视群众为不知不觉的群氓，于是，他的学说中，往往带有两重性，处于唯心史观与唯物史观的分界线上，或者说，上半截是唯心的，下半截则不能不立足于唯物论上，所以，他强调"民生"的第一要义是吃饭问题、穿衣问题，与唯物史观所重视的范围不相上下，可再往前走，却又把人看作"心之器"，国家是"人之积"，政治乃是"人群心理之现象"，便又为唯心主义的思想所束缚了。

直到晚年，他仍认为：

> 我今天来分别共产主义和民生主义，可以说共产是民生主义的理想，民生是共产主义的实行，所以两种主义没有什么分别，要分别的，还是在方法。

这显然是源自他说的"我们今日师马克思之意则可，用马克思之法则不可"(《民生主义》)。

从某种意义上来说，孙中山先生是力图从中国实际出发，去吸收、改造西方的学说，在这点上，他是无可非议的。他认为西方已有"不均的社会"，"当然可用马克思的办法，提倡阶级战争去打平他"。而中国"今日是患贫，不是患不均"，只有大贫与小贫的区别，所以上述法则不一定用得上了，他有他的一片苦心。我们不可以苛求他原封不动照搬其他国家的。

无论如何，孙中山的"民生史观"，是近代史观发展史上的一个重要的环节，有其伟大民主革命的先行者的绚丽色彩。在他最后推倒了封建统治的殊勋上，这一史观的光辉就更显得灿烂夺目了。

十七、李大钊：向唯物史观的转变

最后完成唯心史观向唯物史观演变的，当首推李大钊先生——他也以鲜血来完成了自己的信仰。与此同时，我们还可以举出陈独秀、鲁迅、郭沫若、瞿秋白、李达以及毛泽东等名字。不过，较早地完成这一转变，较早确立现代史学的，并有系统论著的，也还是李大钊，他的《史学要论》内，包含着丰富而深邃的历史思想，后来，他又专门发表了《唯物史观在现代史学上的价值》等一系列史学论文，开唯物史观指导下的现代史学之先。所以，我们在此仅以他一人为对象，对现代史观的源头加以评析，以飨读者。

李大钊是中国共产党的主要创始人之一，又是"五四"时期声震神州的《新青年》一刊的主笔者中的一员，是我国新文化运动的倡导者和中流砥柱，代表了这个运动反帝反封建的最激进的方向，最后英勇捐躯。

在他还是个激进的民主主义者之际，他就已经猛烈地抨击了历史循环论，对怀念"三代之治"的"怀古派"，他斥之为"丧失未来"的可怜虫。历史是往前发展的，哪怕说是循环，"这个循环亦是顺进的，不是逆退的，只是螺旋的进步，不是反复的停滞！"(《时》)。他高擎"打倒孔家店"的大旗，指出孔子不过是"数千年前之残骸枯骨也""历代帝王专制之护符也"(《孔子与宪法》)，自从尊孔以来，一部中国史只是大盗与乡愿相勾结、狼狈为奸的专制制度的历史。

在《民彝与政治》一文中，进一步提出了反对一切专制政治，实行人民民主政治的主张。彝指彝器，是古代帝王统治权威的象征，他提出的"民彝"思想，则是要树立民主的、大众的统治权威：

兹世文明先进之国民，莫不争求适宜之政治，以信其民彝，彰其民彝。吾民于此，其当鼓勇奋力，以趋从此时代之精神，而求此适宜之政治也，亦奚容疑。民彝的实质，"则惟民主主义为其精神"。

从反对君主专制出发，他要扫除个人迷信、英雄崇拜。他认为"离开众庶，则无英雄"，所谓英雄，"乃以代表众意之故而让诸其人之众意总积也"，"离于众意总积，则英雄无势力焉"。把英雄的地位无限抬高，足以使人民"失却独立自主之人格，堕于奴隶服从之地位"。

然而，他却认为，"历史者，普遍心理表现之纪录也"（《法俄革命之比较观》）。并在上述《民彝与政治》中说："盖文明云者，即人类本其民彝，改易环境而能战胜自然之度也。"把"民彝"当作"理"，以胜制度之"法"：

> 群演之道，在一方固其秩序，一方图其进步。前者法之事，后者理之事。必以理之力著为法之力，而后秩序为可安；心以理之力摧其法之力，而后进步乃可图。是秩序者，法力之所守；进步者，理力之所摧也。

所以，他把历史的推动力仍视之为"心理"、为"理"，是"理"与"法"的冲突——这同民主启蒙主义者反对封建专制所依据的理论可谓差不离。但在反英雄史观上迈出了一大步。

十月革命之后，他完成了向唯物史观的转变，在他所著的《我的马克思主义观》上，着重介绍了马克思的唯物史观："一切社会上政治的、法制的、伦理的、哲学的，简单说，凡是精神上的构造，都是随着经济的构造而变化。我们可以称这些精神的构造为表面构造，表面构造常视基础构造为转移，而基础构造的变动，乃以其内部促他自己进化的最高动因，就是生产力，为主动，属于人类意识的东西，丝毫不能加他以影响，他却可以决定人类的精神、意识、主义、思想，使他们必须适应他的行程"，"生产力一有变动，社会组织必须随着他变动。社会组织即社会关系，也是与布帛菽粟一样，是人类依生产力产出的产物"。当然，他还讲到了上层建筑的反作用。

由此，他在《史观》一文中指出，过去的历史观只是"伟人的历史观、圣贤的历史观、王者的历史观、英雄的历史观、道德的历史观、教化的历史观，均与神权的历史观、天命的历史观，有密切相依的关系"。只是"权势阶级愚民的器具"。

后来出版的《史学要论》，则对历史观作了科学的解释。他指出，历史不是陈篇故纸，不是印刷呆板的东西，而是"人类生活的行程""社会的变革"。过去的史籍，只是"历史的材料，而不是历史""不是这活的历史的本体"。历史学要全部、真实地反映历史，则在于治史学者的历史观：

> 历史观乃解析史实的公分母，其于认事实的价值，寻绎其相互连锁的关系，施行大量的综合，实为必要的主观的要因。

他认为史观也是要发展的：

> 一时代有一时代比较进步的历史观，一时代有一时代比较进步的知识；史观与知识不断地进步，人们对于历史事实的解喻自然要不断地变动。而史观的形成，则"半由于学问知识的陶养，半由于其人的环境与气质的趋倾"。

在其唯物史观的指导下，他提出了历史的"重作"与"改作"，他说：

> 今日历史的研究，不仅以考证确定零零碎碎的事实为毕乃能事；必须进一步，不把人事看作片片段段的东西；要把人事看作一个整个的、互有连锁的东西去考察他，于全般的历史事实的中间，寻求一个普遍的理法，以明事实与事实间的相互的影响与感应。

这已提出了治史的根本原则。

他的一系列理论著作，在中国历史哲学史上，首次完成了唯心史观向唯物史观的转变，其贡献是突出的。他未能整理出版的《史学思想史》中，更从16世纪法国的鲍丹、鲁雷，意大利的维科，法国的孟德斯鸠到圣西门的历史思想讲起，一直讲到马克思唯物史观的形成，是颇有史学价值的。

他运用唯物史观的原理对中国古代、近代历史的分析，也很是中肯与精辟，亦可谓"为天下之先"。可惜，他未能完成自己庞大的历史理论计划，"出师未捷身先死"，竟牺牲于北洋军阀的绞架之下，实在是中国历史上一大损失，中华民族的一大损失。

唯物史观为中国所接受，正是以李大钊的血为标志、为开端的。像是早已预言自己的捐躯一样，他曾在《牺牲》一文中就说过：

> 平凡的发展，有时不如壮烈的牺牲足以延长生命的音响与光华。绝美的风景，多在奇险的山川。绝壮的音乐，多是悲凉的韵调。高尚的生活，常在壮烈的牺牲中。

唯物史观的接受与发展，也同样与他的生涯一样，在现代的中国走了一条不寻常的、血与火的道路……

十八、唯物史观在东方的命运

而今，唯物史观可以说是在中国占统治地位的一种历史观了。然而，它所经历及正面临的命运，是否就那么美妙呢？

它是靠血与火、靠武器的批判在中国开辟其前进的道路的，这点，历史有如铁铸，众目所睹。纵然有郭沫若、范文澜等大师们在理论上作了不竭的努力，扩大其影响，但在思想上的深化最后还是靠武器的批判。然而，后一种批判往往是匆忙的、粗线条的，带有强制性的，所以，真正让人们完全接受、对其充分明晰、心悦诚服，从而自觉地抵制旧史观的复萌，是有一个过程的。

因此，唯物史观仍面临着更为艰巨的战斗任务，以此巩固自己的地位。

史观，对于历史的发展，正如李大钊所说的，是有其相适应性的，是随历史的发展而发展的。

由于我们在短短的百年间，在思想上力图越过西方几百年的历史阶段，那么，无论是启蒙主义、实证主义时期的史观，还是狭义的历史哲学，都不曾完全成熟便成了过眼烟云，那么，怎么能指望在它们的基础上建立的唯物史观，具有完备的、成熟的形态？怎么能相信，旧的各种各样、形形色色的史观就寿终正寝，不会改头换面，来阉割它、取代它，从而从内部颠覆它呢？

我们不也可以从一些现象中看到伦理史观、实用理性史观的亡魂在活动吗？

也还是李大钊的《史学要论》，早半个多世纪便如此教诲我们：

> 过去一段的历史，恰如"时"在人生世界上建筑起来的一座高楼，里边一层一层的陈列着我们人类累代相传下来的家珍国宝。这一座高楼，只有生长成熟、踏践实地的健足，才能拾级而升，把凡所经过的层级所列的珍宝，一览无遗；然后上临绝顶，登楼四望，无限的将来的远景，不尽的人生大观，才能比较的眺望清楚。在这种光景中，可以认出来人生前进的大路。

"拾级而升"，借过去的历史经验，去开创未来美好的历史，这才是我们的任务，忘却脚下的土地，一下子想登峰造极——这种超前的历史意识，恐怕只会造成"空中楼阁"，不切实际。

史观史的研究，但愿对此有所裨益。

第五章　当代史观断想

一、反常中的必然

历史在我们的脚下延伸。昨天已经成了历史，今天立即就会成为历史，未来也将成为历史—— 一切，都会是历史！

这里可否有某种伤感的情调？

莫非，这只是中国人的"历史"这一词语中包含了感情色彩？

然而，对于古老的埃及文明来说，而今屹立于鲁克苏附近旷野的古建筑群，那宏伟的庙宇，那被称之为万古一世君王的石像，经历风雨剥蚀、岁月流逝，几千年过去了，一切都变得冷漠与陌生。

还有，古巴比伦的空中花园，玛雅人留下的、独自对着浩瀚大海的、面容沉郁、悲怆的巨大的石像……

历史仿佛在借它们之口说：

> 早在古罗马诞生以前，那些古老的石头就似乎在说："切记你们只是尘土，世代生而又死，城市建而复废，国家兴而再衰，而我们却永远屹立。"当罗马终于化为一片尘土时，金字塔仍在这样说。

人类历史上的文明，一个又一个地兴起，一个又一个地走向寂灭，唯留下一块块石头无语地对着寥廓的苍天。这些石头什么也没对我们说，可又永远不倦地在告诉我们什么。

也许，只有巍然耸立在崇山峻岭、戈壁大漠上的万里长城，较之金字塔、空中花园要庆幸得多，它可以骄傲地说：建筑它的那个古老的民族，迄今不曾从文明史上消失，仍在顽强地……生存着，维系着自己的血统。

在一个史学最为发达的国度里，本该是为历史而感到自豪的。

也难怪在中国人的辞典里，"历史"一语，竟包含有那么多复杂的情感。

中国人只有通过中国人的历史认识自己。

而这部历史又怎么刻画了中国人的形象呢？

孔夫子或许是其一，喋喋不休的道德教化，明知不可而为之，严酷的宗法伦理纲常、行为规范、礼仪制度，以至于到"三年之丧"——"子生三年，然后免于父母之怀。夫三年之丧，天下之丧也。"何止为"怀中三年"付出了"三年之丧"呢？

当日，庄子便愤然陈词，斥责其"仁义"了：

> 自虞氏招仁义以挠天下，天下莫不奔命于仁义，是非以仁义易其性与？故尝试论之：自三代以下者，天下莫不以物易其性矣，小人则以身殉利，士则以身殉名，大夫则以身殉家，圣人则以身殉天下。故此数子者，事业不同，名声异号，其于伤性以身为殉，一也。（《庄子·骈拇》）

> 屈折礼乐，呴俞仁义，以慰天下之心者，此失其常然也。（《庄子·骈拇》）

那时，庄子便活画出了这一形象，两三千年后对比一下，岂不依然故我？

再调换个角度，19世纪的中国人又是怎样的形象呢？我们恐怕最早是从马克思的著作中读到这么个字眼——"中国苦力"。也在同一个时代，一位英国驻南洋的专员亦断言，"做19世纪的中国人是一个苦难"。

"理解人类的生命力乃是历史知识的一般主题和最终目的。在历史中，我们把人的一切工作、一切业绩都看成是他的生命力的沉淀，并且想要把它们重组成这种原初的状态——我们想要理解和感受产生它们的那种生命力。"卡西尔在《人论》中这么说。

只是，"中国苦力"莫非也可被视为生命力顽强的表现？

也许，笔端流泻的情感太多了，学问则不成为其学问。但史学毕竟是一部关于激情世界——政治斗争、宗教狂热、经济竞争、社会发展——的重现，不可以不染上感情色彩——无论它多么隐蔽，多么显得"客观"，如同艺术一样。

很不幸，笔者又恰巧正是一位文学艺术家，更逃不出激情的暴风雨。因此，这也构成了这部史著有别于他人的独特风格。他只能这么做，也只能做到这样。

事实上，一切学问，尤其是抽象思维，都不可能不伴随有激情。

人们不是正在呼唤哲学上的激情吗？

我们的无数史著、哲学著作等，都似乎得了一种"孔夫子病"，老是板着一副面孔在喋喋不休地说教，不让感情有丝毫的外泄。但是，没有激情，便没有思想火花的迸发，就不可能有所发现，更不可能感染人们一同前进。现在，是重新强调历史是一门艺术的时候了，并以它来启迪人们的心智，激发人们的热情，恢复它最古老也是最重要的传统——作为一门艺术的传统。让它属于全体人民，而不是只属于埋在故纸堆中的老夫子——他们是创造不了历史的。

查一下编年史便一目了然。

康熙登基至乾隆退位，是从 17 世纪中叶到 18 世纪结束，即 1662 年至 1796 年。正是这 100 多年中，世界发生了多么大的变化，"盛世"相形之下，不仅仅是停滞不前，而且是在倒退速朽！

英国资产阶级革命正是 17 世纪中叶发生的，革命把查理一世送上了断头台（1649 年），后又历经王朝复辟。纵然这样，复辟的王朝仍不得不制定了一部公民自由的最重要的《人身保护法》，并由于发生了 1688 年的"光荣革命"，即推翻王朝的政变，以确认国会权力。及至 18 世纪中叶，由于资产阶级革命的胜利，扫除了束缚生产力发展的障碍，终于发生了有名的"工业革命"，从棉纺业（18 世纪 60 年代发明了珍妮纺纱机）开始，逐渐发展到采掘、冶金、机械、运输部门，18 世纪 80 年代因瓦特联动蒸汽机的发明和采用推进到了高潮。至 19 世纪初，工业革命在英国基本完成。这既是生产技术的巨大革命，又是生产关系的深刻变革。

与此同时，美国也发生了独立战争，发表了《独立宣言》。法国更爆发了大革命，攻占巴士底监狱。法国将路易十六送上了断头台。美国的《人权法案》公布于 1889 年，法国的《人权宣言》则公布于 1892 年。

这一个半世纪中，出了牛顿、富兰克林等一大批大科学家，也出了亚当·斯密、李嘉图等大经济学家，更有洛克、维科、贝克莱、孟德斯鸠、伏尔泰、卢梭、康德、黑格尔等一批大思想家……

可以说，西方在文艺复兴之后，借助工业革命是以加速度发展的。刚开始，康熙还愿了解西方学者的科学技术，到了雍正、乾隆，则狂妄到耳目塞听，自以为大了。清初已有了"红衣大炮"（由"红夷大炮"更名），可又曾几何时，便被人家的炮舰打了个落花流水。

1793 年，在中西交流史上发生了一件大事，英国马戛尔尼率一个浩大的使团来中国为乾隆祝寿。可他们得到的结论则是，这已经是一个腐朽了的"泥足巨人"，中央政府对地方已失去作用。也就是说，中国已不再具备国家的形态，只是一个需开拓的市场而已，是他们推行殖民主义的下一个目标——这便是康乾盛世的本来面目，人家已蔑视到不把你当作一个国家看待了。果然，不久，鸦片大批入侵，不到半个世纪，便爆发了鸦片战争。

纵观我们的历史文学创作，由于缺乏进步的历史观的指导，一旦堕入其中，便迷失了方向，不自觉地为"历史"所束缚。

很多启蒙先行者，最后走上复古主义，恐怕其根本原因就在此。

我们的历史太有力量了，太无所不在了。许多伟大的造反者、革命家到最后也没摆脱得了"历史"。

中国，太古老了。

在他的腹地，深藏有怎样一个生存了几十万年的古老民族的顽强的记忆，深藏有一种怎样左右着今天的东方神秘主义的力量，又深藏有多少朝代兴亡更替的秘密……太漫长的历史，其拥有的无形的力量，与之也许是成正比，否则便只有切断！

但切断是不可能的。

我们摒弃了那种形而上的因果论、循环论，可我们也不能不深切地意识到，因果在历史的发展过程中，虽说不像佛教那样稍作变化再表现出来那么简单而又神秘，却又似生物学中的遗传基因一样，总要通过复杂的途径，呈现出其显性与隐性的反应——在人们意想不到的时候，一下子来个集中的表现，让历史本身也目瞪口呆！

研究反常背后隐藏的巨大的必然性，探索表象之下沉隐的历史的潜意识，这是我给这部也许还算得上较早的中国历史哲学史的作品规定的自不量力的任务。

我远未完成这一任务。

但我不能不去做——一个历史的召唤，始终响彻在我的脑际，这不是田园牧歌，也不是小夜曲，它比进行曲更有力度。

二、反传统的潜力所在

中国，又一次站到了新的历史门槛前。

我们正进入一个革故鼎新、继往开来的伟大时代——20世纪赋予中国的正是这么一个时代——从19世纪末的戊戌变法为真正的开端，到今天的变革。

人们怀有希望，也在不断地失望；在追求，也在不断地气馁；时而清醒，时而茫然；时而激昂，时而消沉……一个酝酿着历史巨变时代的表层特征。

一切都会是历史，但未来却应该是灿烂夺目的历史。

然而，这话，自古至今，已经有无数的哲人说过了——也许庄子是个例外，他描绘了一个千世之后人相食的可怕社会。但他也有个"至德之隆"的理想境界。其实，他太执着于现实了，才那么愤嫉，他太渴望美了，才对丑那般痛心疾首。他所揭示的美学原则，我们今天还远不能做到。说到底，他正是在追求一个美学的世界。而这，比孔子及儒家学派的后继者们描绘的"三代之治""大同境界",倒是要高明得多,可靠得多。

无疑,千百年来,老庄学说所包含的反传统的因素、所蕴藏的冲破历史束缚的潜力,在先秦诸子百家中,也许是最多的。它对人类文明的彻底怀疑——即对异化有力的抗辩,它对等级礼教的彻底否定——即对个性自由的不羁的追求,它的相对主义、它的审美原则、它的超脱与放达等,都充满了一种大无畏的反历史精神。

庄子把儒家以"仁义"构筑的乌托邦砸了个粉碎,他的学说被斥为"反道德"的学说,然而,它却是在道德否定之否定上面建立的以审美为核心的圣殿。

遗憾的是,庄子内在的禁欲主义、带寓言色彩的幽默感、玩世不恭及超现实的精神,无济于现实的抗争,更呈现出一种表面极为淡泊的、凄苦的悲凉来,以失败者的悲怆漠视着几千年纷争的历史。

艺术上的非理性、放达是无可非议,而且是至高境界,但在历史上的非理性却是不可取的。反过来,谴责艺术上的非理性,把历史或政治上的原则强加于艺术,那更是荒诞绝伦了。

庄子是属于艺术的世界、文学的世界,而不是属于尘世的政治——如同伟大的艺术家是属于未来一样,他的一切,也只有在人类社会进入美学社会时才会得到理解。不能用今天的历史去评价他。

其实,任何预言都是蹩脚的,中国人听到的预言也实在是太多了。如果我们回顾一下此书所归纳出的历代哲人们描绘出未来理想社会的模式的话,一定会感到眼花缭乱、目不暇接,直到近代,还有黄宗羲的模式、康有为的模式……

而这些模式,并不是立足于美学的基地上,而是源于——道德。

能否认为,美学的社会是一种更科学的、在包含功利之际超越功利阶段的较为现实性的未来社会;而道德的社会却是一种空想、是否认功利而强化伦理秩序的、把空想当作意志强加于人类的"乌托邦"?

蛮荒——道德的自律——功利观念的不断更新——美学原则在社会的确立。

三、西方理想的"道德乌托邦"

莱布尼茨曾夸奖过中国,说中国有一个令人钦佩的道德,父慈子孝,从君王至平民,好似一家人一样亲近。

伏尔泰也试图借中国的例证来打倒神学的统治。在法国大革命的宣言中,甚至引用了孔子的话作原则：己所不欲，勿施于人。

对于神权统治而言，君权统治应该是进步的——但法国大革命不正是先打倒了神权统治而后再摧毁君权从而分了两步走的吗？在打倒神权之际，借用一下君权又何妨呢？

何况他们对中国并不是真正了解呢？

莱布尼茨是在他头脑中构筑了一个道德的社会，把中国当作了道德的楷模，以为中国正是他的理想所在。

然而，他是大错特错了。

对于他来说，当时的中国，只是一个道德的乌托邦！

中国，在当时，平心而论，是靠"君君、臣臣、父父、子子"的伦理秩序而维系下来的一个道德社会。不是明君贤臣、慈父孝子充斥的社会吗？乍一想，这不很完美、很理想、尤为很道德吗？

但是，正是在这个道德的乌托邦里，当时又发生了什么呢？其实是等级森严、特务横行、冤狱遍地……试想一想关汉卿的《窦娥冤》吧，六月飞雪，天昏地暗，赴诉无门……

"存天理，灭人欲"，给人民造成了多大的毒害及多么深重的灾难。后儒社会的实用理性，导致的便是"人死于法，犹有怜之者，死于理，其谁怜之？"。

一句"饿死事小，失节事大"，教多少妇女死于非命，至死仍得不到人们的怜悯与同情。

而"名教罪人"，更是扼杀了多少有识的志士！

这一幕幕惨痛的历史画面，不正以血淋淋的事实，戳穿了"道德乌托邦"的真实面目吗！人们不禁要想，在西方人想象中的"道德社会"，一旦付诸中国的实际，竟得到的恰巧是他们所描绘的"反乌托邦"的可怕惨祸！

"数千年来三纲五伦之惨祸烈毒，由是酷焉"，"名之所在，不惟关其口，使不敢昌言，乃并锢其心，使不敢涉想……"谭嗣同悲愤的控诉，正是对这种"道德乌托邦"有力的揭露，只是，莱布尼茨等听不到罢了。

关于周礼，论述的文章已经很多了，这里不想过多重复。其实，所谓"礼"，无非是把伦理秩序等级化，以确立君主至高无上的权力。不说别的，在周代，连后宫都等级分明，先是"正后"，而后是三夫人，再后是九嫔，接下去为二十七世妇，末了，还有八十一女御。到了秦代，又收六国宫女入后宫，其品级爵位也分为了八等。听从董仲舒"罢黜百家，独尊儒术"的汉武帝，更把这一礼视若至宝，后宫愈加等级森严，先是皇后，下面接着是昭仪、婕妤、娙娥、傛华、充依……如今，不搞史学的人，都弄不明白这里的含意。

后宫尚如此，整个国家机构、整个社会呢？

名位、礼教等，是中国古代的道德传统，其核心便是维护其等级制度，维护专制统治，这是不可以怀疑的了。对上，是任意妄为，刑不上大夫，理唯上；对下，则是依附关系，无条件的服从，抑制了人们在历史创造中的主动精神。

所以，有人说，儒家学说成了中国道德观念体系之魂，这是对的。因为在整个古代，这一直是统治阶级尊奉的统治学说。

马克思说过，道德的基础是自律，宗教的基础是他律。

但在中国，似乎没有宗教——从严格意义来说，儒教是不能算作宗教的。但一个没有宗教的国家，并不等于没有思想上的桎梏，何况儒教是立足于君权至上呢。

它首先讲的是自律，"先安内而后攘外"，讲"正心、诚意、修身"，不遗余力地论证伦理规范是以人的内在欲求和自觉意识为出发点的。但这一来，它却使人"格物致知"以明"天理"，灭人欲，使所有人都失去了独立的人格，只是为一个人——君王而活着。儒家重人事、轻自然的伦理色彩，便紧紧地吸附在人类的社会心理上了，所谓学问，便只是人际关系维护等级的学问。民成了君主的附属；子成了父的附属；妻成为夫的附属。这种伦理道德，把自己当作别人的附属，从来就没有教导主人感、独立感。

所以，以自律为出发点，最终达到的则是他律——起到比宗教更能钳制人的作用，宗教只是从思想上钳制或感化，而这种他律则从两个方面——组织上与思想上双重下来的。它以权势的力量、社会群体的合力，以对个性自由、独立人格的扼杀为根本目的。

在某种意义上，这是把道德规范、等级秩序当作一种强迫手段，也就是说，变成了法律的强制性，以道德为法——所谓"犯上作乱"为滔天大罪，不就是这个意思吗？"以理杀人"，胜于"以法杀人"，就更能说明这一点了。维护大一统国家的君王的权力取代了个人保持自由与人格的需要，这便是传统道德的本质。

所谓"礼治"的"理想境界"，说到底，就是这么回事。

也就是说，道德上的乌托邦，只会走向真正的"反乌托邦"——这是未来学上的术语。而且是从两重意义上说的，本来，道德是一种感化的力量，一种软的框架，它不比法律，诉诸强制的力量，铁面冷心。然而，它必然由软走向硬，从和平走向暴力。这是一重意义，纵然道德的本意在于消除暴力。另一重意义是，它之所以会走向"反乌托邦"，即集人类一切向恶的倾向发展的可能性，却恰恰是因为从"善"出发的。道德伦理的准则不就是惩恶扬善吗？

如果说，从和平走向暴力，这仅仅是表现形式的话，那么，以善出发，而从一开始便成了行恶，这便是实质内容了。我不能说一切乌托邦必然走向反乌托邦，因为乌托邦大都是纸上谈兵，但是，一切要实行的乌托邦，其命运都是可怕的。

毋庸置疑，任何乌托邦都是吸引人的、迷人的——哪怕是陶渊明笔下的桃花源，或者是康有为大力论证的大同世界。因为它包含有许多人的梦想，当然，这种梦想也是源于现实，是现实曲折的反射。而且，还加上了许多看上去是切实可行的推理、论证。

而乌托邦实行的本身，却是把业已形成的理想，当作一种强力意志，强加在人类与历史上面，所以，无论它以怎么温和、善良的面孔出现，若一旦遭到了抗御，则会以自身的所谓"最高目的是善"为理由，采取一种不择手段的方式去向前推进——为达目的不择手段，这成了多少乌托邦主义者的格言。

乌托邦思想是一种权力意志的转换。它似乎是对未来的尊重，从而可以舍弃现实的幸福，以流血牺牲去换取一个理想有可能的实现。这又接近于宗教了，以尘世的受苦受难去换取一张来世升入天国的门票。

但是，舍弃了现世就一定有未来吗？我们如今的时代对于19世纪末的人也许就是未来吧。儿时总幻想成人后变得神通广大，可事实呢？每一代人，在历史上都是匆匆的过客，凭什么不尊重这一代人的幸福、自由的权利呢？乌托邦不就是要否弃这种权利吗？无尽的许诺，到头来只是张空头的支票——不如脚踏实地，从脚下做起。

希特勒甚至以改良人种为己任，可他干的是一场空前的人类大屠杀！

狂妄的野心——反人类的自我神化的意识，可以说是乌托邦思想的依据。

乌托邦，是神权及君权社会留给今天的一个幻影，一个回光返照。事实上把它当作乌托邦并且重复君主们的悲剧，把个人自以为"善"的意志强加于社会，一时间，还可移山填海，功绩显赫，而老百姓则被视作蝼蚁，微不足道，以致血流成河。

被压迫至最底层的会有幻想，而权力达到峰巅的则更有美梦，他们以为权力足以左右一切，创造一切。人，就是这样在权力中异化，无论他是善是恶。其往往只有清醒与不清醒之分。

在这个意义上，乌托邦，也可以说是一个神化了的权力世界。

所以，儒家把君主的统治，建立在"礼治"上，以道德建立它的乌托邦世界，把统治人或匍匐于他人脚下的伦理观注入到了历史观之中。但得到的恰巧是反乌托邦。所谓"反乌托邦"，按未来学的概念来说，则是把人类现实社会已表现出来及潜藏着的恶的趋势加以外延推理，将有可能出现的未来的惨剧昭示于人世，以告诫人类不得如此走下去，以防止惨剧的发生。

它似乎是与乌托邦相反的，乌托邦则是以善作推导，描绘出一个美好的理想社会。

但历史已经表明了，这两者恰巧不是对立的，不仅互为补充，而且相互联系，甚至互为因果——乌托邦的实行，必有反乌托邦的结果。

四、艺术乌托邦与历史的审美价值

说到异化，就不能不讲到艺术了。

前面就讲到，艺术的使命，便是对异化的抗辩，无论是自觉或不自觉的。因此，乌托邦思想，在某些方面也是与艺术相通的，乌托邦也可以说是一种艺术思想。

罗素甚至说过，历史也是一种艺术。当然，他是说，它既是科学又是艺术……

那种凭借乌托邦思想去改造历史或创造历史的人，总是爱把历史当作艺术——也就是说，他把自己要推行的乌托邦，去与异化相抗衡，那么，这种抗衡发出的呼声，更多的便是道德的与审美的！

马基雅维利则公开宣传"霸术"，认为阴谋也是一种领导艺术，自然，一千多年前，中国韩非子也直言不讳地讲到了同样的观点——有人认为他们败坏了政治家的声誉，不过，罗素却认为，对于马基雅维利来说：

> 从来人们是惯于被他所震骇的，而他有时也确实惊世骇俗。不过，人们如果能跟他一样地摆脱掉假仁假义，那么，不少人也都能像他那样思想了。……附丽在他这个名字上面的习见的丑诋，大多乃是由于伪善者们的愤怒——这些人是最恨将坏事坦白认作坏事的。
> （《西方哲学史》卷二第三章）

他甚至夸赞道：将政治上的不诚实，在心智上作如此诚实的思考，是在任何时代、任何国家都不能做到的。

也许，这正是基于他把历史当科学与艺术的考虑，才得出如此结论。

作为艺术，是不以善为判断准则的，极端的恶的形象，也可以是美——它该是真与美的统一，如人物形象而言，而不是善与美的统一。美与善，本是不可以在历史观中达到一致的。美总是要高于善的，美的力量要有力得多。

那么，对于历史而言，在什么范围内是艺术？在什么范围内又不是艺术呢？如说"法天贵真"是艺术的最高境界的话，那么历史该是什么呢？

在讲到一位领袖人物，或者说"英雄造时势"之际，我们可以说，历史对于这位英雄而言，是他手中的艺术品——当历史赋予他某种使命之际。但当历史"背弃"了他，要按自己的规律行事时，那它无论如何就不会是艺术品了，如果他还要视历史为他的艺术品的话，那他只会把历史变成反艺术的灾难，最后毁灭掉自己。

这也许是说得很平易、朴实、简单的话，但没必要故弄玄虚，神秘化或"高级化"，它却实在发人深省。

多少富于艺术家气质的君王、领袖，在历史上不是留下一个又一个悲剧吗？那位"垂泪对宫娥"的李煜，那位"此恨绵绵无绝期"的唐玄宗……他们可以成为伟大的艺术家，可在政治历史上，虽也有伟大的一笔，但也有不幸的一笔，甚至不幸的悲剧意义更为深远。

他们的艺术家气质，更趋向于乌托邦思想的实行。

浪漫主义的诗情，终于化作了残酷的现实、纷飞的血雨：

　　流水落花春去也。

　　天上人间。

乌托邦的"天上"，落到了反乌托邦的人间。

艺术无疑是个人"独与天地精神往来"的领域，而历史则是各种因素的合力，有自然的、有人类的、有群体的、也有个人的……它在众多的反常与偶然中，呈现出必然的正常来。哲学的历史和政治的历史是不一样的，如同黑格尔所认为的，在哲学史里，无个人特性可言的思维自身才是历史的创造性的主体；而政治史则相反，个人的品格、天赋、气质的特性是行动和事件的主体。但两者并不是背道而驰的，它们同样都是历史。而政治的历史，在强调个人品格、天赋、气质上，要更接近于艺术。有人用过"政治艺术"这个词，更多则是对于政治家的领导艺术而言，也就是个人的才智的发挥。

但历史归根结底不是一种艺术的创造物，尽管它在一定程度上呈现过艺术的特征，但更多的是，在宏观上看，它是一种共时性的、必然的逻辑发展。在不同的民族与国度，我们都可以看到某种程度上接近的、可供比较的历史线索，这甚至包括已经消亡的民族在内。不同的文化处于不断融合、扬弃的过程，偶有逆转，可最终仍在前进，不可抗拒。

过多的浪漫主义诗情，恐怕对历史是有害的；当然，对历史理论而言，也同样如此，但历史本身是需要激情的，连冷峻的黑格尔老头也这么说过。

中国的"一将功成万骨枯"，在西方则译作"伟大人物是公众的灾难"，并视我们这个爱好和平的民族的这句格言中包含了无数的经验和智慧，这自然是西方的理解。也许，正是中国"英雄的时代"延续得太久了，中华民族付出血的代价太大了。万里长城现在可以当作古迹、伟大的艺术品，运河也是如此，可秦始皇、隋炀帝"暴君"之称是千古不易了。所以，强调历史是艺术，不仅让我们想起那些亡国之君，也想起这些既有辉煌功业、又罪恶滔天的历史的英雄人物。

具有艺术气质的英雄，要么是暴君，要么就是悲剧人物——其实，英雄人物又有几个不是悲剧人物呢，连暴君也同样是悲剧人物。暴君对一些人而言，并不见得就绝对是人们头脑中已形成的模式，秦始皇不也千古争议不休吗？

艺术产生乌托邦，所以，也只有在根除异化之后，乌托邦思想才会消失。

而乌托邦的推行，本身就在加剧异化——以个人的意志扭曲整个的群体。

这也许是悖论：一方面，乌托邦出于道德或审美观念的幻化，是对异化的一种抗辩；但另一方面，它却在造成更大的异化。

章太炎可以说是一个例证，他从道德批判入手，推崇的更是"他律"的宗教道德，最后则是乌托邦的幻灭，复古读经去矣，也异化成了故纸堆。

这还算好的，因为他前期的民主启蒙影响要远远大于他躲入斗室后的影响。假如他以他的道德批判来执政的话，结局会怎样呢？

自律的道德变成他律，尤其变成强加于社会的他律之后，我们所能得到的，只能是反乌托邦。

任何远离今天的历史的构想，总是会出现歧异，因为历史总归不断有新的因素掺入，不断有新的显性因子出现，于是，死硬按照旧的构想去办并急于求成，只会造成残酷的后果，这便是一切乌托邦的必然归宿，我想，人们愈来愈会看清这一点。

充分尊重现实的选择性、可行性，才会有清醒的认识，一切历史均在今天。历史不会纵容超前意识无制约地发挥。历史是再现实不过的了，来不得半点浪漫色彩——无论是古典的浪漫主义还是未来派的浪漫主义。

> 尔曹身与名俱灭，
> 不废江河万古流。

个人与艺术、历史，均在其中了。

我们从历史学家的著作中，远远不可能得到诸如莎士比亚、塞万提斯、巴尔扎克、雨果、曹雪芹、托尔斯泰、妥斯陀耶夫斯基所提供的历史意识及历史画面。形象大于逻辑、形象大于思维——文学，在这个意义上，堪称历史的全息摄影。人们从上述艺术家的巨著中，得到的政治学、经济学、统计学……要比他们的时代的历史学家们提供的要高得多。因此，历史学家们往往更需要艺术的精神，正如伟大的历史学家雅各布·布克哈特也不认为自己已对所描绘的时代作了科学的描绘，并毫不含糊地声称：历史学是一切科学中最不科学的学问，并说：

> 我在历史上所构筑的，并不是批判或沉思的结果，而是力图填补观察资料中的空白的想象的结果。对我来说，历史在很大程度上仍然是诗；它是一系列最美最生动的篇章。（转引自卡西尔：《人论》，第258页，上海，上海译文出版社，1985）

既然是艺术，它就不仅有认识价值而且应有审美价值了。因此，关于历史哲学与价值范畴之间内在的、紧密的关系，就得加以研究与发掘——这又是一个新的课题。无疑地，它更是一个当代的课题。是当代史学这一美学发展中的必然结果。事实上，从道德—功利—审美价值的嬗变中，我们已经看到了这一个轨迹。可惜，我们不可能在这么紧迫的篇幅中对这个问题展开探索。历史学家受制于严格的求实规则中，也绝不仅有枯燥的科学论证，而是处处闪烁出诗人的精神来。

历史作为艺术这个命题，正如我们所知，是早已在古希腊时提出来的。那是一个史诗的时代，历史被当作艺术的一个分支。那个时代这么做，自然有它的理由。历史是与诗相提并论的，历史就是诗。直到19世纪初，英国历史学家麦考莱仍这么说："历史，在它的圆满理想的境界，至少是一种诗和哲学的合成品，它通过特定人物和特定事件的生动描述将一般真相印入人心。"

而在中国，史官一直被置于很高的地位上，历史从一开始就带有浓烈的"官味"。因此，它是谈不上是艺术的，尽管文、史、哲不曾分家。可以说，那时，历史是被统摄于伦理之下的，是为"君君、臣臣、父父、子子"的伦理秩序服务的，犹如一位板着脸的、毫无感情的老头子，要统治后世，决定后世；犹如一位正儿八经的大家长，被赋予一种很高的权力，因此，它不苟言笑，不为激情所左右，永远那么冷漠、严峻、威慑着一切。历史不是诗，而是伦理学的奴仆，因而不会有诗情。当然，那个时代如此做，也有其充足的理由，何况这是一个没有史诗的时代呢？一个没有温情的正统的大家庭呢？

对于西方而言，历史作为艺术，受到了实证主义史学的"独立运动"的否定，历史被描绘成"不折不扣的科学"，弄得枯燥乏味，思想苍白，丧失了正视生活、迎接现实挑战的能力。这时的历史，或多或少已与中国过去的历史接近了，实际上没了历史，只有考据学，只有史料的堆砌、数据的积累了。

于是来了个否定之否定，人们又重新捡起了古典时代的论题：历史是一门艺术——但首先强调的是艺术的认识价值、实践功能，强调历史使人们回忆过去，教育与启迪人的心智，激发人的热情与志气，并以此与实证主义史学相对抗。

也只有超越出功利价值之后，历史才呈现出它的审美价值来。而对于中国而言，在以伦理否定审美、取消审美的可悲做法被怀疑之余，历史作为一门艺术的论题，更具有不同寻常的意义。它开拓了一个全新的历史学的领域，并且引导我们真正从历史走向未来。

卡西尔在《人论》中说的是：

> 诗歌不是对自然的单纯模仿；历史不是对僵死事实或事件的叙述。历史学与诗歌乃是我们认识自我的一种研究方法，是建筑我们人类世界的一个必不可少的工具。（卡西尔：《人论》，第262页，上海，上海译文出版社，1985）

把历史与诗等同起来，势必引导向对审美价值的激赏或重视。一部伟大的历史著作不带有艺术成分是不可思议的，同样，一个伟大的历史进程不包含艺术的激情更不可思议——尤其在人们不再为物质世界所累之际。因此，我们提出历史的审美价值之际，不正是反映了历史的伟大进步吗？历史性的变化正决定着人类未来的命运——那无论如何也应该是属于审美的世界。

五、历史的超前意识及逆向置换

讲乌托邦，尤其是道德的乌托邦，这已比涉及伦理与历史之间巨大的矛盾向前推动了一大步，也就是说，历史的判断或历史的价值，是高于道德判断与价值的，但是，历史的判断并不完全是功利性的，不完全是"重义贱利"的反题，例如，它对失败的先驱者的肯定。

我们在这里，就又必须引入审美判断了。审美不仅与伦理相连接，也与功利相连接。把审美判断引入历史评价的范畴，便有了崭新的历史观的诞生。

对于伦理史观的否定，是历史的前进。毫无疑义，在伦理史观里，以善为美，以善取代了美，也就否定了美，但它首先是否定了功利，不要功利。在物质贫乏的古代社会里，正是"礼"确保了统治者的权力——这也正是他们的道德基础，口口声声的"善""里仁为美"，劝诫对统治者节制、忍辱负重，不越过任何等级的规范——这里多说一句话，一个争权夺利最甚的社会，往往是物质最贫乏的社会，是比经济社会、知识社会低很多的档次。在诉诸道德愈厉害的时候，社会的"不均"只是表象，骨子里是可怕的贫困。

孔子的"礼治"思想就是这么产生的。

所以，它的"善"——道德说教，就如同在柏拉图那里一样，具有相当反动的内容。它似乎道貌岸然，鄙夷人世间的一切功利，却要把人类社会拉向贫困与落后。

纵然美学史观不同整个道德相对立，但是，它毕竟是与道德家的思想体系——尤其是作为统治用的思想体系完全对抗的。

所以，美学史观与道德伦理是相联系而又相对立的——多少伟大的作家都被斥作不道德，如曹雪芹等，但他们在作品中恰恰反映了历史的必然趋势，而庄子的"不道德"，也恰恰揭露了异化社会"诸侯之门仁义存焉"的真相。

问题不在于这种对立，而在于两者相联系之处。

审美与道德，有着相对的内在统一，人们常常看到其两极是相适应的：善与美，恶与丑，在相当的场合上又被混为一谈，伦理的领域与审美的领域虽然不同，但又常常互相交织。因此，道德判断往往会"鱼目混珠"，取代了审美判断，尤其是在文化层次比较低的情况下。例如，审美判断总是超功利的、无私的，而道德判断也是无私的、否定功利的——乍一看，两者在这点上是统一的。但往往在这个时候，后者便会偷天换日，排斥、颠覆了前者的存在。

我们说的历史的超前意识，便是在于：唯物史观是否定了伦理史观，将会发展到美学史观，这在前几章已说到了。但对于唯物史观来说，伦理史观与美学史观似乎都对功利价值取同样否定的态度。

高尔基还认为：

> 美学是未来的伦理学。（《论作家》）

可见两者有多少相通之处。

的确，美学史观是对伦理史观的否定之否定，因此，两者不可避免会有许多相似之处，前者无疑是对后者的巨大的发展，过程是螺旋式上升的。

但是，审美价值是对功利价值的包含与超越，没有包含便没有超越。而我国传统的道德价值，则是对功利的否定、鄙夷。举一个很近的一个例子，提倡"穷过渡"，这似乎很有道德的价值，但"穷"只能过渡到原始共产主义，而绝不能达到物质与精神财富空前高涨的共产主义社会形成或我们所称的美学社会。

一个物质与精神生活上无忧无虑的人，他进入的审美境界，与一个极其贫困者所幻想的道德境界，可以有很多相似之处，但实质是不一样的。

我们总是把后者幻想的道德境界用以取代前者的审美境界——两者都似乎摆脱了物质的直接需要。

这样，历史的超前意识——美学史观，便逆否定之否定回到了伦理史观了，造成了滞后的效果。

这就不仅仅是乌托邦效应了。

正是力求尽快上升到美学社会——在美学史观左右下，违背了当今历史所要求的唯物史观，结果却是陈旧、腐朽的伦理史观起了作用，造成历史发生了可悲的倒退。

这一事实难道不够触目惊心吗？

为什么历史往往似曾相识？为什么循环论有那么大的市场？这些形而上的把握，都没有探究到历史的内核中去——自然史观讲春夏秋冬式的循环，伦理史观讲以伦理中心主义为圆心的循环，本体论史观讲轮回转世的循环，唯物史观讲否定之否定——也似乎是循环，连史观之间也有否定之否定，有着不可分割的联系。

但历史毕竟得前进，毕竟在前进。

尼采说："道德退化为美学"，从而落个"我们——高级美学家——没有罪孽和恶习不行"。(《悲剧的诞生》)

他把历史与伦理、历史与审美的关系这么划分。自然，历史存在着许多不同的价值判断。但道德的善恶判断，与审美的美丑判断是不可以完全相等与适应的，这在历史判断上则看得更明白。

美具有永恒的意义，它是超时代的、是属于历史与未来；而道德，总是与具体的历史阶段、社会集团相联系的，它往往成为维护旧的统治、旧的秩序的借口或工具。恩格斯在《反杜林论·道德和法》中认为，在消除了阶级对立以及消除了对这种对立的回忆之前，没有什么真正的人的道德。也就是说，已有的道德都只是阶级的道德。

所以，美，有其积极性、进步性，乃至于激进的意义；而道德往往是消极的、保守的以及滞后的。

但在无数的美学及伦理学的论著中，往往把审美与道德评价混为一谈——这种界限不清的现象，是非常值得研究的，因为这不仅仅是学术问题，而是有深刻的、发人深省的历史背景——任何理论的高度都是与历史的要求相一致的。不可以过分地去责难我们的理论家们，因为历史提供的材料及历史造成的制约，总是会对他们造成影响。当然，这是就一般而言。

但是，也常常有这样的现象，某位历史学家、文学家、思想家、哲学家，他的史观及思想所达到的高度，甚至在其后几十上百年的历史思潮（所谓思潮，就是为时代所接近、所承认，已形成必然趋势）也还达不到，例如李贽与黄宗羲的某些观点。这也正是这些人的历史价值所在，他们超前地深刻把握了历史前进的脉搏，看到了包含在现实中未来的因素。未来学，不就是要使这种超前把握尽可能地科学化、逻辑化吗？

审美要求，也就是对唯物史观的一种超前意识的表现。

六、面对"恶"的发展

超越人的功利意识的生产方式可以有两种，一种是奴化，一种是自觉，前者可以说是"道德"的，后者才是美学的。本应是唯物史观在起主导作用之际，若否定功利，该怎么激发人们的生产热情呢？显然，美学的追求是不可能的，因为功利不是被包含而是被否定，那么，历史只能倒退到道德的"感召"，祈求于喋喋不休的道德说教，行孔子的"有为"。

由审美追求开始，落到道德批判——那是一种无力的、亦是无可奈何的手段，无论它表现得多么激烈——这却是历史注定了的。由反孔落到了实质上的儒化，这是说明了儒家文化的强大生命力还是历史的错位？

津津乐道这种生命力强大的人，恰恰没看到这种错位，因此，他们口头上说"新文化"，但实际上连新文化为何物都没弄清。

理想——意志，作为一门艺术是无可非议的，但作为历史，则不可能不带来灾难。艺术，可以教理想对象化，会充分表现出自由的美感来。历史，至少今天还不能作为艺术，作为艺术的对象，得以科学的态度去对待。当以审美来排斥尚未发达的商品交换时，伦理的历史意识便会重新兴起。

本来，对现代社会的否定就总是从传统道德观念出发的。"重义贱利"，"君子喻于义，小人喻于利"，历来是古代社会的道德所在——小生产的中国旧文化特征：每当社会进步，都免不了有一批道德家在惊呼世风日下、道德沦丧、国将不国！

这里，不仅有传统的伦理史观的作用，也有我们社会现实的因素。在这么一个小生产传统相当广泛的国家里，大工业、现代文明的力量还不是很强，那么，它引起的对抗不正是传统的伦理活动吗？于是，商品交换便是邪恶的、不道德的，"无商不奸"。贫富的差距被急速地拉开，"不患贫而患不均"，当然更不道德；流水线上严酷的纪律，使人服从机器，以致有捣毁机器现象出现；手工艺的"审美感"为大工业所淹没……田园牧歌变得冷峻了，最后消失了。

真正的审美的历史活动，则应是通过人的创造性活动、通过对自然与人类社会发展的规律的认识，从必然中求得自由，从联系中弘扬个性，以求得人的真正的自由发展，对人的价值的充分确认。

然而，以感性为开始的历史批判，是必不可少的，但正如我们在前边已说过的，这种批判并未上升到理性的阶段、科学的阶段。

所以，这一层文化的变化是最缓慢的、最艰难的。如同"冰山"在水下的根基部分，虽看不见，但却很稳固、很庞大。它渗透在人们的风俗习惯、文学艺术、审美意识及宗教信仰之中，平时觉察不到它的存在，而在社会大变动中它便显示出了空前巨大的惰力。因为它左右了历史的行动过程，深深扎根于一个民族几千年的历史当中。王朝更迭的事件可谓不计其数，革命的冲天行动亦曾使神州板荡，但是，儒家"亲亲、尊尊、长长、男女之有别"的"人道"，又在这片古老的国土上有多少改变呢？

因此，不在文化心理上来一次根本的变革，光只有经济上的改革是靠不住的。前面提到的那个王国在极权下搞的经济改革的结果如何呢？借口救亡而摒弃启蒙，势必欠下历史一笔大债，而这笔债务弄不好就得用鲜血来偿还。

事实上，中国的历次救亡，如五四运动、国共第二次合作，都出现了启蒙的契机，救亡并不排斥启蒙，恰巧推进了民主与科学的发展，以"五四"为代表的新文化运动，国共合作造成的开放言论、解除党禁、报禁、释放政治犯等。

针对大卫·李嘉图关于不顾一切去发展生产力的观点，马克思在《剩余价值学说》中曾这么说过：

> 他要为生产而生产，并且这种要求也是正确的。如果我们像李嘉图的感伤主义的反对者一样，主张生产本身不是目的，我们就忘记了，为生产而生产，不外是指人类生产力的发展，从而不外是指人类天性的财富以自身为目的的发展，如果我们像西斯蒙第一样把个人幸福和这个目的对立起来，那就是主张，必须压制全体的发展，以保证个人的幸福，且不说这种充满热情的考察不会有任何实效，他也没有理解人类能力的发展，虽然首先要以多数个人和整个阶级作为牺牲，但最后终究会克服这种对抗，而与个人的发展相一致。所以，个性的高度发展，只有通过一个以个人为牺牲的历史过程才能获得。李嘉图的无所顾虑的性质，不只是科学上的诚实性，并且从他的观点来说，还是科学上的必要性。（《马克思恩格斯全集》，第 26 卷Ⅱ，第 124 页，北京，人民出版社，1979）

这里，阐明了唯物史观与伦理判断或历史与伦理之间的不可调和性，并上升到了美学阶段——人的自由发展上。

七、走向历史的选择

如同霍尔德林所说的：

> 常常使一个国家变成地狱的，正好是人们试图把国家变成天堂的东西。

创立中华民族的新文化，也应是如此。不可以所谓"参照物"来剥夺每个人的自由发展的权利及改变一个民族独立发展的道路，但也不可把自己民族过去已造成危害或变得僵化了的东西当作所谓"国粹"加以礼赞——从历史上看，两者都是行不通的。

从史观入手，我们可以从更新或更高的角度上去鸟瞰我们的民族文化，对现实有更清醒深刻的认识。同时，对我们文学的现状，也有极为重要的批评意义。要使新时期文学能出现历史性突破，不在历史哲学上下功夫是办不到的。

作为一位作家，我之所以"半路出家"，写这么一部历史著作，其用意就在这里了。当然，我绝不能以艺术家的罗曼蒂克来进行这样一种理性的创作；如同一位政治家，不能以艺术的诗情让千百万人投入一场血与火的实验之中。历史当然有实验，可不能再把人类当作实验品，视人命若草菅。

谁想嘲弄历史，历史也将嘲弄谁！

> 山中方七日，
> 世上已千年。

然而，历史的进步，势必为史学扩大视野——因为历史进步的因素，绝不拘于儒家的"格物致知""修身齐家"的狭隘学问，而引入了诸方面的东西，如自然地理、科学发明、心理研究、语言文字等。所谓人民参与创造历史，此时才得以真正的确证。

换一句话来说，史学视野的扩大，正是标志着历史的进步。

而当我们意识到这一点时，恰巧与我们当前面临的生态平衡及对人的心理研究深化息息相关。所以：

> 一切历史都是当代史：但并非在这个词的通常意义上，即当代史意味着为期较近的过去的历史，而是在严格的意义上，即人们实际上完成某种活动时对自己活动的意识。因此，历史就是活着的心灵的自我认识。

柯林武德在《历史的观念》中就是这么说的。而且，他正是在这个观点上，进而得出了"一切历史都是思想史"的结论。

毫无疑义地，史学正面临一个重大的突破——柯林武德在半个世纪前曾有过这样的预言，做了一次哥白尼式的革命。但我们说的"突破"也许不在这一层意义上。

史学，是一门综合学科——在视野扩大之后，要由此确定它的归属并非易事。过去，只是一般地把它划入于社会科学之中——而实证主义者却又说它是一门"不折不扣的科学"，事实上，诸如计量史学亦属这一范围。

目前，我国科技界一些著名人士已建议国家成立专门的思维科学研究机构，介于自然科学与社会科学之间，作为一门独立的基础学科，这不能不说是很有远见卓识的。

科学类属的划分取决于研究对象的类别与性质。史学的研究对象——人在历史行动后面的思想史，而思想则是对客观事物的主观反映活动，也就是人的心理活动，人脑的高级功能——它包含先天的、原始的思维以及后天的社会文明的思维——双重思维。因此，它有生物的生理机能基础上发展起来的一面，可又不是生理性质的机能了；而另一面，它又表现为各种社会现象，却又不直接构成、完全表现为纯粹的、一般的政治、经济课题。这样，它兼有自然与社会各个领域的某些特征，但并不臣服于谁——既不是甲，又不是乙。随着史学视野的开拓，人类认识和改造客观世界并转而进一步认识了自己。所以，史学的重要性——不是中国古代"以史为镜"的重要性——就更为突出了，历史的异化过程便会走向自由选择。

为这种"自由选择"做准备，我们必须给史学在整个科学类属中确定其地位，以表明对这门学科的整体认识和理解，从而把握住它的发展方向及命运。

这该不是题外的话吧。

历史不是属于过去，而是属于今天，历史在我们的胸中，是我们依赖以认识自身的最重要的、或许是唯一的途径。

没有比这更好的途径了。

第六章　文化的反思与历史哲学

一、文史哲与文化的反思

文、史、哲不分家，是中国古代文化的基本特征。古代的"分科"不如今天这么细，这已是不用加以说明的了。随着科学的发展，分科愈来愈多，这是有目共睹的。却又应了中国古代的一句话："合久必分，分久必合。"随着分科的细密，又出现了一种逆向的趋势，边缘学科又相继出现，大有"合"的势头。自然，这种"合"，则是"分"之上的合，不是重复过去的"合"，是更高层次的了。因此，今日的历史哲学、道德哲学、艺术哲学等，绝不是向文、史、哲不分家的古代学术的回归或重复，而是有了一个更高的起点。

而今，美学，即艺术哲学可谓是个热门，新著如雨后春笋，纷纷问世。瞬间异军突起，争相为正宗，可谓热闹非凡，成了当今文化的一个"热门"。

但是，热闹之余，总觉得有点不可抗御的凄凉感凝结在内心。是一种直觉还是什么？我百思不得其解，我是个作家，对美学的兴趣是可想而知的，有书必读，但总觉得有点不满足，似乎当中有什么脱节或空虚。不错，对文学而言，它的审美功能可谓是最高层次的了。我在这方面倒是下了不少功夫，所以，评论中对我的长篇的审美价值总是倍加推崇。但是，至于我作品的历史感，却很少有人提及。在这方面，由于我个人的阅历，我觉得比其审美价值更引人注目。可它为什么会被冷落呢？

一部文学作品，如果不具备历史感，那它又成了什么呢？

连唐三彩，那些豪放健壮的骏马，也无不反映了唐代的历史精神：自信、豁达、无羁的开拓与追求。今人如仅仅把它当作艺术品，那它就没了历史价值。

文学作品竟连唐三彩都不如了吗？

我接触的一些著名的学者、当代文学的评论家，他们常常慨叹，如今，即便是"第一流"的当代作家，在其作品中都缺乏独到的哲学思考，不管这种思考是对是错、是正是偏。有的似乎有一点，可细细寻究，却是在故弄玄虚，到头来空空如也。缺乏哲理，是当代作家的致命伤，这恐怕不是危言耸听了。没有哲理，作品的历史感便失去了，奢谈走向世界，重新树起一个文化的奇峰，就只会让人觉得浅薄与无知了。当然，作品的哲理及历史感不是"说"出来的，而是融会在作品的内核之中，是让人悟出及感受出的。作为一位作家，我是痛感这方面的贫乏。

文学的反思，毕竟只是属于感性的批判，由浓郁的政治色彩进入了文化的反思，这是上升了一个层次，政治本身就是文化（广义的文化）的一种表现，所以，这只是由局部至整体，还只是个平面上的扩展，还不是纵向及立体的。而这种扩展，分明又带来了一种脱离现实、脱离人民的倾向，所谓纯粹的审美本身就是割裂历史、否定历史的一种逃遁，这已是一种悖论了。也就是说，文化的反思导向的有两个可能，这是一种。另一种则是对历史的反思，或说审己的反思，只有这种反思，才是升华、是前进，而不是前一种的沉没及逃遁。这同样也是一种审美，其审美价值恰巧是在包含功利内容之上的超越，而不是无本之木、无源之水。

由文学上自政治扩展到整个文化的反思，是属于感性批判向理性批判发展的进程，但它仍是以感性的、直觉的为主。进入到历史的反思，理性的成分才显现出来。

人们之所以感到文化的反思中，出现某些脱节、某些空泛，以致不满，正是前一种导向的必然结果，为文化而空谈文化，高谈阔论而脱离历史的实际。"寻根"只是一阵热，寻到的无非是茫然与不着边际，再"深入"，恐怕只能寻到人的尾巴——类人猿的动物性上来了。

因此，关于文化的反思，需要一个新的阶梯，新的高度，既要脚踏实地，又要高瞻远瞩——这便是对历史的反思，对古代文化的历史的深刻洞悉，由具体上升到抽象，由感性进入到理性。

这里说的，实际上就是对历史的哲学的思考，或者说，更进一步迈入历史哲学的"神殿"。由文化而制约的各个社会阶段人们的历史观，可以看到当今现实当中显性的或隐性的遗传因子，才会对今天及未来有个清醒的认识及宏观的把握。

这里，我说了一个文化反思中的脱节——未能进行历史的反思。这是第一点。

同样，在文化反思中，哲学界倒也是相当活跃的，对于唯物主义、辩证法，以及西方科学主义及人文主义的两大潮流的评介，均有了不同版本的专著。但是，正如一位研究西方史观史的学者所说的，在我国的西方哲学史研究中，往往撇开了西方哲学家的史观史，这样一来，弄得问题迭出，显得相当的幼稚——因为任何哲学思想的产生，总离不开当时的历史土壤，脱离历史现实的理论研究，往往是空洞的、虚幻的、玄而又玄，不堪一击。包括对唯物史观的形成，唯物史观为何"选择"了中国，以及某些旧的史观如何假借唯物史观而死灰复燃等，都缺乏科学的理解，很是空泛与肤浅，因此，才造成唯物史观在当前的危机。也就是说，哲学研究的本身与历史脱节，成了空中楼阁。

这里谈到的是第二个脱节。如果说，第一个脱节是平面化与立体的脱节，那么，第二个脱节就是基础与空中楼阁式的脱节了。

还有第三个脱节，这个脱节是历史研究本身的脱节。

当前的历史研究，由于不能上升到哲学的高度，缺乏起码的哲学思维方法的训练、学习及熏陶，就无从在纷纭复杂的历史现象中得到中肯的、正确的一般历史结论，更不能揭示出历史发展的规律，相反，则会把人引入歧途，让人无所适从，在支离破碎的史料中迷失方向，那种为历史而历史的理论，所导致的也同样是这一结果。

当然，作为历史研究，虽说略感沉闷，一说便似在故纸堆里与世隔绝，但是，新的成果还是相继产生，不可忽略的。问题只在于这一步之差——把历史与哲学结合起来，从而使历史的反思有新的突破。

这正是当今文化反思的现实给我们提出的迫切任务。

不前进，新时期文学作为五四运动之后又一个对传统文化的批判与扬弃的"浪头"，就很难超过原来的幅度，而对"五四"进行反动的逆流，就有可能再度吞没"五四"及新时期革新的成果。谁都知道传统文化顽强的再生能力，儒家正统文化从来也没出现过断裂，只有过高潮及低潮，显性与隐性时期。我这里不是指传统文化优秀的一面，而是指其作为历史惰性的一面。自明、清以来，多少思想家想奋力打破"万马齐喑究可哀"的局面，可绵延了几百年，可谓收效不大，动不动便卷土重来，变本加厉——作为其恶劣及反动的一面。这是不乏先例的，明代有过，清代更不胜枚举，连辛亥革命成功后，也出现过两度称帝及复辟，鲁迅的《狂人日记》《阿Q正传》及《祝福》等名篇，都深刻地揭示了这种根深蒂固的旧文化的凶残性。

所以，这就更需要我们对历史作出更加缜密、科学的研究了。

恩格斯在《卡尔·马克思〈政治经济学批判〉》中，在谈到黑格尔在历史研究中的贡献时，是这么说的：

> 黑格尔的思维方式不同于所有其他哲学家的地方，就是他的思维方式有巨大的历史感作基础。形式尽管是那么抽象和唯心，他的思想发展却总是与世界历史的发展紧紧地平行着，而后者按他的本意只是前者的验证。真正的关系因此颠倒了，头脚倒置了，可是实在的内容

却到处渗透到哲学中；何况黑格尔不同于他的门徒，他不像他们那样以无知自豪，而是所有时代中最有学问的人物之一。他是第一个想证明历史中有一种发展、有一种内在联系的人，尽管他的历史哲学中的许多东西现在在我们看来十分古怪，如果把他的前辈，甚至把那些在他以后敢于对历史作总的思考的人同他相比，他的基本观点的宏伟，就是在今天也还是值得钦佩。在《现象学》《美学》《哲学史》中，到处贯穿着这种宏伟的历史观，到处是历史地、在同历史的一定的（虽然是抽象地歪曲了的）联系中来处理材料的。

这个划时代的历史观是新的唯物主义观点的直接的理论前提……（《马克思恩格斯选集》，第 2 卷，第 121 页，北京，人民出版社，1972）

这里的核心是"证明历史中有一种发展、有一种内在联系"，凭此，黑格尔建立了他可以称之为体系的历史哲学。在他的《历史哲学》中，虽然对中国怀有很深的偏见，却仍在东方世界那一章专门阐释了中国人的历史观，这点，我们业已引用过了。

回过头来，我们看看自己。

不能说，在中国古代"文、史、哲不分家"的著述中，没有独特的历史观存在，有的而且比比皆是。至于是否称得上历史哲学，当然又是另一回事。

但是，正因为文、史、哲不分家，所以，在中国古代，是没有严格意义上的纯粹的哲学著作的，在文学与历史著作中，却充满了哲学精神。所以，哲学思想总是寓于文论与史著当中，没有称得上历史哲学的，但也没有脱离历史的哲学存在。因此，发掘历史著作中的哲学思想，创立一个中国的历史哲学的系统，也不见得是个难事。

从《老子》而言，他的《道德经》里却处处闪烁着历史的哲学思想。庄子就更不用说了，内篇与外篇，汪洋恣肆，对历史的讥评中更充满了哲理。也由于其文字的优美，其历史观在文化人中造成的影响是不可低估的。孔子呢，这位一脉贯古今的思想家，早在其言简意赅的语录体的作品中，给我们这个宗法社会的"得道者"的史观上，打下了深深的烙印。研究好先秦诸子百家的历史观，也就为建立中国的史观史系统打下了坚实的基础。到了《史记》《资治通鉴》等史学专著，里面均包含有相当丰富的哲理性的论述，有时点拨几句，亦可谓画龙点睛，且不说其整部史著中本身蕴藏的深邃的历史精神了。

至于后期以哲理性见长的论著，如《论衡》及至近代李贽、黄宗羲的著作，也无不立足于深厚的历史土壤之中，得出颇有见地的历史、哲学的结论。章士诚的"六经皆史"，换一种说法，不是史著也都有"经"吗？细细想来，认真探究，这话无非说明了一个不可移易的事实，这就是，在中国古代的著述中，即整个文化典籍里，历史的内容与哲理的思考总是互相渗透，互相补充，相映生辉的。

所以，发掘史学家的哲学思考，考察哲学家的历史观，这均是亟须努力的工作。文、史、哲不分家，为我们提供了这方面的便利。同时，对于文学家的历史观，包括民俗中体现出的历史观，都是值得我们注意的，虽然后者与哲学层次上的历史观不同，但它也是历史的积淀，是历史土壤里的"根"，有着不同寻常的意义。当然，这工作更需要有人去做了。

我们已经讲过历史研究中的主体精神，我们再也不能陷于故纸堆里的考据的"历史"之中了，必须用当代的意识——当代的哲学意识及历史意识去观照（这也是禅宗的用语）历史，把握历史，真正深入到历史的内核之中，使史学本身也富于当代鲜明、活跃的特征，一洗其沉闷的气息。

"条条道路通罗马。"为抵达真理的彼岸，在文化的反思中促进历史前进，我们都在探索不同的途径，并做出新的努力，以达到对传统文化的批判与扬弃的目的。

事实上，不少同志已经在做这样的努力了。有的同志运用"三论"——控制论、信息论、系统论来考察中国历史，已经得到了相当可喜的成果。

中国宗法社会的周期性震动，即每隔两三百年一次短暂的调节——改朝换代，这从外观上提供了这个社会稳定、沉滞的依据。学过物理的同志都知道，平衡正是在周期性震动中获得的，螺旋如此，子弹的轨迹亦如此。而国外却很少这种两三百年一次农民起义的周期性震动，这也给我们提供了一个参照系，可以作出比较及探究。

同时，就宗法社会内部的结构而言，它则是一个超稳态的、正常的系统。正是这个系统对宗法社会起到了极其重要的调节作用，使激烈的矛盾得到缓冲，最后归于平复与停滞，如同软垫一样，无论什么东西在上面弹几下便平静了，不会激化下去。那么，这"软垫"又是什么呢？它又为什么那么善于吸收反作用力呢？

人们找到了不少具体的，以及理论上的原因，诸如中国宗法社会的特点——家庭与国家的同构、历史的不虞作用及无组织力量，以及在恢复稳定中宗法同构体的作用，儒家国家学说一体化，儒生的依附作用，等等。当然，这些均有很强的说服力。

但是，从根本上揭示中国历史发展规律，从哲学的角度上对整个历史进行反思，尤其是对历史观的研究与揭示，这些工作还没有人认真、系统地去做。

也就是说，周期性的震荡、超稳态系统等，它们的哲学依据是什么？或者说，上升到哲学的意义上又将揭示出什么？我们怎样从历史哲学的高度上，揭示这种"震荡""稳度"的根本原因？

历史唯物论本身也涵盖了所有新的科学方法——梅林说过："历史唯物主义并不是一个排他的、达成最后真理的体系，它只是一个探究人类发展过程的科学方法。"所以，它在哲学的高度上，是不排斥任何新方法的运用的。同时，它自身也在不断地向前发展，达到新的高度，绝不否认对自身的超越。何况新三论或老三论，均只是研究中的具体方法，它本身是否认终极真理的，所以，它也绝不会把自己当作终极真理，成为一个封闭的、保守的体系。既然是一种科学的方法，而不是目的，那也就允许有别的科学方法同时存在。

而历史唯物主义或唯物史观，本身也是人类史观发展中的一个阶段，而不能包括全部人类史观。历史发展到一定阶段，经济的力量，生产力的因素便作为显性因子出现了——在经济落后之际，人们对生产力作用的认识是不会那么充分、那么明确的，这点，无论是马克思、恩格斯、列宁和毛泽东都先后指出过——这样，唯物史观才应运而生，可以说，早几百年，不会有唯物史观，也同样不会有马克思。

这么说的本身正是对唯物史观的认识。因为唯物史观认为，人类社会就是一个不断发展的过程，人对历史也同样有一个不断发展的过程。社会生活的各个部分均属于一个不可分割的有机整体，对它的认识也同样是有机的，不会僵化的。历史的前进有规律可循，并不以任何个人的意志为转移。

相应来说，中国古代在经济与科学不发达的情况下建立的历史观，对社会发展带来的阻塞、凝滞作用，造成周期性震荡及超稳态系统，同样是值得研究的。更不允许忽略、缺乏这方面的工作，让我们愧对前人也愧对后人。人们在习惯的语言中，说某某朝代"气数已尽"，在现实中所抱的一种盲目的"三十年河东、四十年河西""石头也有翻转之日"等带有朴素史观的态度，不正说明我们民族过去的历史观仍深刻地影响着今天，制约着社会的发展吗？由于"气数已尽"（当然，这从历史唯物主义的观点来看，是社会弊病已到了无法用和平方式根治的地步），当时的中国人缺乏一种积极的、主动的研究精神，消极地听之任之，而不善于及时发现积弊，设法加以治疗，使社会保持不断上升的趋势，而寄望于新的"真命天子"的降临。所以，周期性震荡，与这种历史观有着很密切的关系。为何这种周期性震荡在别的国家不这么显著或甚至没有，作一下比较与分析，则是发人深省的。

如果今天，我们还寄望于这种周期性震荡从而在一场巨大的毁灭中再去寻找新的生机，我们就必定会远远落后于世界上的先进文化及先进国家。落后总是要挨打的，一个无论过去是多么先进的民族，一旦落后，就难免被寂灭的危险。津津乐道古代的繁荣，只会加深今日落后与贫穷的危机，这往往成为一种鲜明的对比。

这并不是说，我们就要对中国过去已选择了的历史道路取否定的态度，不是这个意思，已有的是不可以改变了的，对于过去，这种选择也是合乎历史要求的。我们不可能改变过去，中国的历史道路与别的国家不同，但都是我们这个星球上不同民族对自己的生存方式各自作出的选择与探索，都是整个人类文明史中彼此不可以掩盖的一部分。其实，欧洲对中世纪的选择，不是也应当被否定吗？因为与此同时的参照物，是东方的盛唐文化。与他们相比之下，则是太黑暗、太野蛮了。但是，连唯物史观的创立者之一恩格斯也说：

> 反对中世纪残余的斗争限制了人们的视野。中世纪被看作是由千年来普遍野蛮状态所引起的历史的简单中断；中世纪的巨大进步……没有被人看到。这样一来，对伟大历史联系的合理看法就不可能产生了。

恩格斯把这种"中断"的看法，视为"非历史的观点"。这一看法，我们不会接受不了。在近代的落后中，我们有其他国家工业化社会作为参照物的同时，难道不可以总结经验、吸取教训，争取又一个"盛唐文化"吗？这绝不是要对传统作武断的否定——当然，在感性的批判开始时，这种矫枉过正是难免的。

所以，现在的要害不是指责谁在全盘肯定或全盘否定，而是要把我们的反思推向更深入也更高级的阶段。

传统是一种惰力，但它既然是惰力，它则必定会被克服。"在一切意识形态领域内传统都是一种巨大的保守力量。"中国传统的历史观，正是意识形态里有这样一种巨大的保守力量，所以必须认真对待才可能加以克服。它毕竟敌不过经济关系的变革，最终也会被取代。而今，在华夏古国广袤的土地上，一场深刻的经济改革方兴未艾，这也必定带来意识形态上的根本变化。因此，我相信，由经济的变革、文化的反思向深层的迸发，决不会由于这样或那样的原因被截断——即便被截断。

一个民族所有的历史，对未来总是具有意义的。所谓佛家的"法"，也就是从过去得到的或多或少支配现实的力量，当然，简单的因果关系是不足以说明这种力量的。历史作为一个活体，其因果链不如说是人身上的生物链一样，不到一定的气候，或者一定的代系，是不会显现出来的。"到处都可见死的拖住活的现象"，也不必看得那么可怕，死的不见得就是死的，活的也不见得就是活的。超越了生死，这或许便是老庄及禅宗的观念。纵然禅宗对治国平天下的历史变化似乎无什么兴趣，但它作为一种哲学，也同样有其历史根底。

我们不是盲目的乐观主义者。但我们坚信中华民族未来的历史上，必将出现灿烂的、伟大的文明。

而这一伟大文明到来的时间，则在于我们自身作出的努力程度。包括对过去历史所作的研究，是否迅速地、有效地找到新的突破口。

我们应该有中国的历史哲学。

而这一历史哲学较于过去，它是当代的、全新的；对于西方，它是中国的、民族的。它不是在故纸堆里造成的近视效应，也不是失足于历史泥泞里的挣扎与爬行，它应当搏动历史与哲学的双翼，在时代的风云中奋飞，闪耀出夺目的光彩来。建立一个中国的历史哲学，这对于我们是责无旁贷的。它正在向我们招手，我们的目光也再不会离开它了。

历史是一个醒了的梦，骤然间空旷和辽远，唯有追思才可能挽回那种失落之感——我们不是已失落了很多吗，揉揉眼睛，在一片空旷中看出充实、看出真情吧！

这不是梦呓。

二、中国历史哲学演进新析

近百年来，不少西方学者很多认为中国是一个"无历史"的国家，这自然是一种偏见。究其底蕴，西方学者所言"历史"，与我们的语义涵盖面并不完全一样，更多是泛指历史的思想、历史的观念等，因而认为，在中国乃"丰富的史料，贫乏的史观"。对此，从宏观上把握历史，提高中国人历史观的演进就更具备"当代性"了。

在中国史观的发展与演进的研究上，我们应寻求理论的彻底，也就是说，须立足于科学之上。

造成历史事件的因素，总是多元的，其中必须有其主导的一个或两个方面不等。同样，在同一个时代也可以存在多元的思想，但那个时代的统治思想所包含的历史观，亦在相当程度上制约着那个时代历史的发展。所以，本文所描绘的历史观演进，正是指统治那个时代的思想所包含的历史观。

中国史观的演进，我们可以看如下清晰的轨迹——

可以说，漫长的原始蛮荒岁月，人的发展，也就是历史的发展，是与自然密不可分的。人只不过是大自然中一个自在之物。因此，当人刚刚成为人时，对历史发展的观点，不可能不受自然变化的影响。由于生存环境的严酷。对中华民族的史观形成的影响尤深。因此，我们从老庄的著作中，可以看出自然深刻的烙印,《易经》上的图式亦可以作一证明。

《老子·二十五章》便有:"道大,天大,地大,人亦大。……人法地,地法道,道法自然。"而一部《庄子》,堪称一部古往今来的历史启示录:

> 天地有大美而不言,四时有明法而不议,万物有成理而不说。圣人者,原天地之美而达万物之理,是故圣人无为,大圣不作,观于天之谓。

这是自然哲学,但更可谓自然史观。

人们常常强调东方富于神秘主义色彩,且首推老庄,但他们"顺乎自然"的思想,却使主宰世界的天神无立足之地。他们立于不可企及的高地,出神入化地把握历史行程,驰骋起超乎时空的想象之旅,看来是那么没有逻辑,那么轻慢理性,却达到了历史——逻辑所达不到的高度——史观中存在的二律背反,如自然中所存在的一样。老庄有什么办法使自己与当时业已开始异化了的社会相协调呢?除非把自己也当作一个寓言,西方一位名作家也许把这说白了:"'道'是作为寓言或悖论来感受……"

复归自然,一直是几千年来人类绵长的呼声,自有其积极意义。但是,自然的演变毕竟是缓慢的。而人类进入文明史,其发展便迅猛得多,所以,把自然哲学加之于历史观上,其消极、滞后效能可想而知。古人云《易经》为"易者,不易也。"讲的是自然恒久的稳态,历史亦一般。

《易·系辞传》云:"作易者,其有忧患乎?"这正是对历史、人世的演变、否泰、安危的思虑,力图阐释天人关系,把远古的图腾崇拜及对外在自然的神秘性的恐怖与臣服,化作为"天道"与"天命"的观念——由此不难寻出我们民族自古以来的忧患意识的由来。而《易·序卦》却分明揭示自然史观向新的转换:

> 有天地然后有万物。有万物然后有男女,有男女然后有夫妇,有夫妇然后有父子,有父子然后有君臣,有君臣然后有上下,有上下然后礼义有所错。

由自然的序列引入伦理的序列。于是,历史的演变,由对自然循环往复的归结,进入了以伦理为中心的循环,所以,没有给神学史观留下一片隙地,中国史观走出了一条与别国大相径庭的道路。

当把伦理的序列加在历史之上,中国便有了人类这一"第二自然"的序列——"礼"。人的"自然"便就是血缘关系、宗法关系,于是便有了祖先崇拜。伦理观统摄了历史观。因此,这开始了中国的伦理史观阶段。平心而论,这毕竟是承认人类独立存在的开始。人不再是大自然中的"毛毛虫"。正是这一伦理史观，确立了中国大一统的天下。

于是便有了中国人悠远而又恒久不变的幻梦——"德治"。在汉代，孝是最高道德，战场上当逃兵去伺奉父老不仅不受罚还可得赏赐。所谓"礼"，最开始是对自然的敬畏所作的奉祀，而后，则成了对祖宗的祭祀。而当氏族的父执转化为国君时，礼便成了一种系统的习惯规范——各种社会关系的调节杠杆。以人的血缘关系取代自然的序列，也就排斥了西方的神权统治，不以宗教，而是以血缘宗法关系作为维系社会的感情纽带及理性观念，这才有在八九世纪前，中国作为全世界文明的顶峰之存在。

自然，政治原则更是从伦理上推导而出，历史观更不在其外了。孔子认为历史发展"损益有知"，完全是从伦理观出发的。伦理观为永恒不变的准则，历史才"百世可知"。

这一伦理史观，把个体与类族，将人与社会结合在一起，用血缘纽带构造了人的群体，从而把群体的意志归结为圣人的意志，由此衍生英雄史观、泛神史观则不足为奇了。所谓"三纲五常"，所谓"五德始终"等循环论思想，充斥了中国的文史哲典籍。

这种史观的消极负面影响是显而易见的。德治乌托邦得其反是精神虐杀的反乌托邦，成为等级压迫、思想禁锢、社会封闭的一种可怕历史枷锁。

这一史观，给科学技术的发展也带来了严重的钳制。《荀子·解蔽》云："圣也者，尽伦者也；王也者，尽制者也；两尽者足以为天下极矣。"连文学艺术也给纳入"文以载道""代圣贤立言"的轨道……

东汉末年，魏晋南北朝，由于佛教的传入，"家天下"的伦理秩序受到了严峻的挑战。佛教对于尘世的否定，关于个人的修行，本身就是对当时现实、对束缚个性的群体意识的挑战——虽然它最后仍归于对现实的忍受及对群体的统一。我们不妨大致看看玄学与佛教的历史观点：社会只是"末"，重要的是作为"末"后面的"本"——玄学的本体是"无"，佛学则是"空"，所以，社会上的宗法血缘羁绊什么的，均显得微不足道了，这是对传统的一次大胆的反叛。故有阮籍的"无君无臣"，嵇康的"轻贱唐虞而笑大禹"，乃至鲍敬言的"无君论"。而玄学，也由早期的"名教本于自然"走向了"越名教而任自然"。连曹操的《求贤令》，也公然漠视提拔人才的伦理道德标准。唐太宗则是"灭人伦"的帝王，武则天也由此一反"唯女子与小人难养也"当上了女皇帝，并一反"尊尊亲亲"不拘常规，广开才路，破格用人……

由于相对挣脱了伦理史观的束缚，史学界也出现了新气象。刘知几对"天人感应"等进行了清算，一反"是古非今"的史学传统，与后来的柳宗元一道主张"非圣人之意也，势也"——看到了历史发展自有其内在之"本"。

中国自宋代便进入了被称之为实用理性的社会。这是一种强化了的伦理社会。过去汉代以"孝"治天下，宋代则已将"孝"改造为适应于皇权统治的"忠"，所谓"忠孝不可两全"便出于此。帝制带上了更强的"君权神授"的色彩，社会等级森严，特务政治猖獗，从另一面证明社会群体伦理观所面临的危机，这才须疾呼"存天理，灭人欲"了。

宋明理学就此应运而生，要求对个体的道德训诫，以维系群体的和谐。"三纲"上升为先验的"天理"，而道德律：仁、义、礼、智、信则上升为"天性"。天理与天性相吻，历史就太平无事并恒常不变了。如果说，在古希腊的孔子——柏拉图的历史模式中，尚有一个多循环，由理想国政体——贵族政体——财阀政体——民主政体——僭主政体，而后又回到理想国政府即哲学王的统治的话，那么，在理学家的模式中，贫乏得只有君主政体内的王道与霸道、治与乱的单循环了。

霸道无非是暴君统治，而暴君统治必然会导致暴民政治。看一看《水浒传》中的"排头砍去"的描写，这绝不是大民主而是暴民政治、无政府主义。长期以来的权力崇拜或权力神化，也正是此时登峰造极。

宋明理学，在伦理思想上吸收了一定的佛教哲学，把个人修行变为个体的道德自觉，借"月印万川"来构造其新的理论体系，也就在一定程度上将伦理赋予神学的性质，"存天理、灭人欲"则成了准宗教。在这个意义上，当西方从神学统治的中世纪中挣脱出来之际，理学却精心构置出了准神学的统治，教中国进入了准中世纪。这就不难解释文武二圣——孔子与关帝为何在此时会被立庙兴祠，因为中国此时需要这号准神的偶像。

这是在伦理史观上发展起来的实用理性史观，或者可以说，它更多地在伦理史观的负面上有了发展，以至上百年间，无数进步的思想家，无不愤怒地控诉这种"以理杀人"的万恶社会……

而这时，世界迅速走向工业化的现代社会，人类的价值观念有了根本的变化。于是，马克思主义的唯物史观叩开了中国史学的大门，伴随而来是整个欧洲的工业革命及科学的繁荣。

近现代，日益引人注目的便是物质因素，它的交换——商业市场。如果说，血缘宗法社会的物质生产尚不发达，人们所关注的是"内圣外王"，是因为小农经济只配有那样一种意识。那么，当经济的因素凸出时，人们的意识就不能不随之变化，无论这种变化有多么痛苦，早在黄宗羲便提出计口授田、工商皆本，以造成"封城之内，常有千万财用流转无穷"。这已有近代社会气息了，他还提倡"绝学"，即科学技术。可以说，唯物史观在中国有了最初的共生地。章学诚也力图摆脱理学空言而走向现实性的历史意识。乃至鸦片战争爆发，中国思想界空前动荡，出现了太平天国洪仁玕的《资政新篇》，康有为的《大同书》，一直到孙中山在《建国方略》中提出"民生史观"，以"包括一切经济主义"。

上述一方面，大致勾勒了中国历史观的演变过程，这一勾勒，清晰地展示了与西方史观发展史完全不同的轨迹；另一方面，这一发展也有其内在联系，如自然史观与本体论史观，伦理史观与实用理性史观都有其近缘关系，同样都是对前一史观之否定。它们大致可归纳为两种：

第一种史观，可称之为科技史观，科技对历史的推动作用巨大，但是，"科技文明也可能滥用，使人变成机器人"（A. 赫胥黎）。不管怎样，这一史观与马克思描绘的"以物的依赖性为基础的人的独立性"这一历史发展阶段是相吻合的，它要求"形成普遍的社会物质交换，全面的关系，多方面的需求以及全面的能力的体系"。

另一种史观，被视为"更基本""最普遍"的，称之为"生存史观"，"人类生存构想不依赖历史仅有赖于人类状态——超历史的状态"。这一史观，讲究人类与大自然的和谐统一，换句话说，讲生态平衡，也就是中国人常提倡的"天人合一"。在这里，我们不难发现这一史观与中国的自然史观极为接近，但更精致也更高级。研究中国史观，摒弃过去只顾"考证"的旧史学而从宏观上把握中国的历史命运，我们有理由凭此建立一个作为我们这个民族的历史参照系统，并由此去观照我们的全部人文遗产。或许，我这里提出并初步加以论证的中国史观或中国的历史哲学尚显稚拙。

三、人治、德治和法治

自古以来，人治、道德和法之间的关系，始终是道德家、法学家及有关方面的专家们争论不休、纠缠不清的问题。这不仅在东方，在中国这么个一直幻想"德治"或"礼治"有代表性的大国，包括在西方，也同样如此，尤其是发达国家，即使他们已相应建立了法制社会，道德和法也有了相当明确的分野。因此，专门辟出这么一章，谈法制社会的道德自律，就不仅是很有必要，也是具有很重分量的。不弄清这个问题，势必造成极大的贻害。

（一）道德与法的溯源

我们不妨从全世界的视角上入手，回顾道德和法这方面的历史沿革。

在古希腊时代，道德与法是不可分开的，可以说是等同的。苏格拉底提出了"德即知识"（virtue is knowledge）这么一个观念，也就是说，知识就是道德，是是非善恶的标准，得用知识或者得有知识来作出判定，知识也就是道德的尺度，如果没有达到目的的知识，愚昧无知者的行为也就不能称为善，或者称为德行。至于法律，则是实现是非善恶的标准，因此，法律的要求就是道德的要求，法律与道德中的正义是不分的。

作为苏格拉底的学生柏拉图，也沿袭他这一观点，把法律的性质看作智慧的标准，法律的内容应包含整体的道德。他认为，法律是一种"外在的权威"，来自外部的力量，其作用就是禁止人们放纵欲望，并要依照智慧的统治者制定的行为规范去做，让那些不能按照理性行动的人能约束自己，以最终维护个人正义的道德。因此，法律惩治恶行，是为了伸张正义与节制的美德，使人们成为一个有道德的人。一个人能恢复美德，比恢复健康与美貌更为重要，因为灵魂比肉体远远重要得多。就这样，柏拉图把法律与道德又等同起来了，他还说："立法者制定法律时，应以整体道德为目的。"

虽然他已把法律视为"外在的权威"，是"他律"，但他却对法律极为蔑视，力主"贤人政治"，即"人治"加"德治"。他认为无论秩序好坏，法律均是次要的。秩序好，无所谓立法；秩序不好，立了法也没有人遵守。

到了亚里士多德，也把法律作为伦理学研究中心，认为法律是离不开道德的，法律只是为了城邦的"善业"与"美德"，即增进人类的道德。

古罗马时代，著名的法学家西塞罗已提出了法治比人治强，"服从法律为美德"。但在整个罗马法学家们看来，仍认为法律就是道德，法律的规范与道德的规范是一回事。所以，他们在法律定义中囊括了正义与道德，提出一句法律的格言："正直生活，不害他人，各得其所。"在他们的观念中，道德与法律常常混为一谈，如乌尔班就这么解释正义："正义即是使各人各得其所而有恒久的意思。"在塞尔苏斯那里，法律的定义是："法律是善良公正之术。"并于《学术汇纂》中作了阐明："所谓善良，即是道德，所谓公平，即是正义。"

可以说，直到近代，也就是走出了中世纪后，西方才把法律与道德明确地区分开来。

现在，我们回过头来看看东方——也就是中国在这方面的观点，以作比较。

应该说，在春秋战国时期，百家争鸣，诸说纷起，所谓"德治"或"礼治"，即"仁政"与"人治"并没有多大市场，当时仅以孔孟为代表的儒家才力主这个。老庄主张的是"无为而治"，崇尚自然，墨家讲"互利互爱"的原则，法家更力主"不别亲疏，不殊贵贱，一断于法"的"法治"——鲜明地与"礼治"及"人治"相对立起来。所以，秦代是法家思想统治，秦始皇时各个方面已"皆有法式"——但却是严刑苛法，物极必反，秦亡汉代，便来了个黄老思想主张约法省刑、清静无为。由于这一做法过于消极，才有了后来的"罢黜百家，独尊儒术"，从而开始了中国漫长的"德治"，儒家的"德主刑辅"也被上升为"任阳不任阴，好德不好刑"的"天意"，从而绝对化、永恒化，形成了统治中国两千年的正统儒家思想。"德主刑辅"则被奉为统治的最好模式。在历代封建法典中，最有代表性的《唐律》即"一准乎礼"——以道德为准绳，更宣布"德礼为政教之本，刑罚为政教之用"。也就是说，以德为本，以法为表了。道德与法律的关系，要么被混为一谈，要么就是以道德代替法律，如孔子称的"以德服人"，而反对法律"以力服人"，反对"折民惟刑"，认为"导之以政，齐之以刑，民免而无耻；导之以德，齐之以礼，有耻且格"。他就这么力主道德至上，以至取消法律。

两千年中国人"德治"的幻梦就此开始。孔子甚至索性提出"以德去刑"，以达到社会上"无讼"的太平景象。虽然他在前面的论述中并未完全否认刑罚的必要性，但是，一到最后，他总是把最大的希望，寄托于"德化"与"礼教"——也就是道德治国。他称："善人为邦百年，亦可以胜残去杀矣。"这意思是说，只要坚持百年德治，不怕时间漫长，虽短期见不到成效，但终归会克服残暴，达到"去刑"的目的。只要这么下去，"听讼，吾犹人也，必也使无讼乎！"这世上没了人与人之间的争讼，那么，刑罚也就不需要了。

用道德自律，去取消法的他律，可以说是很动人的，也是很吸引人的，似乎很美好，但这样的社会，过去并没有过，今天，恐怕一下子也找不出来。而孔子所推崇的，似乎是古已有之。

"三代之治"最堪称"德治"的典范，却是"画地为牢"。这"画地为牢"又意味着什么呢？

在地上画一个圈，你就不敢跨出一步，这实在是奴化得可以了——说穿了，所谓的"德治"，就是把道德的自律扩大到一切方面，把人的思想都麻木了，自己当自己的"克格勃"，无时无刻不在"自我反省"，从而成为一种自我萎缩的人格——这时，才算得是真正"道德化"了。

无疑，这有利于使统治者的思想变成整个社会的统治思想，让人民的斗志被麻痹，思想的禁锢也就无以复加了——关于这点，我们后面还将要进一步探讨。

我们还是沿着前面的思路，继续探究道德与法律之间的关系。为什么在古代世界，无论东方还是西方，总是把道德和法律等同起来，而在东方，竟会用道德来取代法律？这说明，二者之间仍然是有不少共同之处的。当然，我们不能以其共同之处去抹杀其间的根本区别。

　　道德和法，同是作为一定社会的行为规范，是这个社会经济关系的反映，因此，同属于社会意识形态的范畴，所以，二者之间有很多共同之处，并且存在密切的联系，可以说，两者是互相渗透，互相配合，互相补充，相辅相成的，在本质上是一致的。

　　因此，历代统治者，每每直接把道德规范等同于法律效力，以强化自己的统治——这正是利用了二者之间的共同点，而混淆二者的不同。本来，只是作为道德范畴的"敬""孝""睦""义"等道德规范，也被列入了法律条款之中，从而把"不敬""不孝""不睦""不义"等不道德行为等同于"谋反""大逆"，都被列为"十恶不赦"之罪。

　　最典型不过的是"《春秋》决狱"，把表达儒家道德观的《春秋》，作为断决疑案的依据，也就直接把道德规范赋予法律效力。

　　在西方，进入现代以来，法在社会生活中的作用愈加凸出，涉及的面广了，但同样未低估道德的作用。当然，仍有的学者认为"法律是道德的最低限度"。正是从这一点出发，造成了无道德或道德低下的倾向，如果人人都认为"只要我不违法就是道德的"从而没有社会责任心，没有做人的义务，也就失去了道德的自律。

　　无论是把道德说成是法律，还是用法律来降低道德水平，显然都是不正确的，而且是极为有害的，两个极端，都会造成社会的失衡，后患无穷。

　　因此，在目前，尤其需要弄清、区分道德与法律二者的根本不同。二者的区别，可以说有很多，不同的法学家笔下有不同的划分，我们只能就最主要的方面阐述如下。

　　法，是国家制定或认可的行为规范，以法律、法令的形式具体呈示出来，随着社会的进步，这一形式也就日趋完备与科学，法律面前人人平等，也就是说，无论你是谁，无论是在朝或者在野，当官还是平民百姓，都没有逾越法律的权力。

　　而道德，则不具有具体的规范形式。无论是社会公德，还是作为职业道德，各行各类，均是基于一定社会的物质生活条件而形成的，存在于人们的思想意识当中，表现在是否用这种思想观点去处理人与人之间的关系、个人与社会之间的关系。例如，助人为乐，则在于"乐"——内心的愉悦，但并没有谁强制你这么去做，如果不这么做，可能会觉得自己良心不安——但也有人并没有不安，而是以什么理由开释掉了。这得看在一定的社会风尚情况下人的道德取向了。中国整部历史，尤其是后儒社会，忠君爱国，上升到了至高无上的地位，这一来，忠君也就成了最高的道德，说到底，便是"人治"，超过了早期的孝道至上。

　　法律最明显的一条是"他律"，也就是说，它具有国家的强制性，它的实施，是以国家权力为后盾的，诸如法院、检察院、公安局、司法局、反贪局、纪检会等，任何人不可以违法，有法可依，违法必究；以事实为依据，以法律为准绳。谁违了法，必然要遭到法律制裁，无情面可讲。刑罚，更是有严格的规定，有多重的罪就会遭到多大的刑罚。法是依附于国家存在的，国家是法产生和实施的前提，而法则是国家意志的表现，是国家机关行使权力的根据和准则。

　　而道德最根本的一条，则在于"自律"，也就是说，道德的遵守是依赖于人们内心的信念、习惯，用常用的话来说，是依赖于一个人的良知。当然，也不排除社会舆论的力量——有时这一力量比法律更为可怕，在那种"以德去刑"的社会中，"以德杀人"可谓杀人不见血，但这是一种畸形的社会，不可以纳入这里来说。我们不反对道德规范，但却反对它的滥用，尤其是混淆道德与法的关系。

　　因此，法律作为"他律"，只是一种特殊的行为规范，它只规范人们的行为，却不可以"诛心"，以"腹诽"来治罪，也没有所谓的"思想犯"；不可以以主观来治罪，所谓"春秋决狱"，则是以心治罪，无心犯罪，可以不追究；有心而未成犯罪，则已"罪莫大焉"，只问动机，不问后果——这事实上已是以德代法了。

　　而道德作为"自律"，则不仅约束人的行为，还制约着人的内心世界。所以，历代统治者为了从精神上巩固自己的统治，每每依靠道德说教来麻木人民的心灵，从而把"自律"的范围也变成他律，动辄便违"法"而被置之于死地。

　　正是在这一点上，我们可以进一步认识到，作为道德，它调整的社会关系的范围，要比法更为广泛。有些社会关系，如友谊、爱情、敬与不敬，孝与不孝，等等，只能由道德加以调整，是不可用法律来强制改变的。如果把法律扩大到本应用道德调整的那么广泛的范围内，那后果便不堪设想了。

　　作为道德，有着自身的继承性，无论是什么时期的道德，也无论是作为统治者的道德还是下层的道德，均是社会存在的反映，其中既有符合社会发展的积极的因素——这也就是内中属于未来的、恒久的东西，也有受历史局限而存在的消极的东西。前者，如"己所不欲，勿施于人"，不仅中国古代有，到了法国大革命，也被写在了它的旗帜上，在今天，也仍有它的积极意义。而"各扫门前雪"，虽然迄今仍被当作某些人、某些部门的道德规范，但它的局限性与消极因素是显而易见的，在未来的道德中是有必要摒弃的。

　　而人们在历史发展的过程中，由于社会生活的需要，总是要在适应当代经济关系的前提下总结历史经验，使自己的道德观念在适应人与人、个人与社会的关系中有所前进，有所发展，有所完善——这就是说，道德也有个进步的过程，不是一成不变的。

人类的物质生活是不能割断历史的，建立在这个基础之上的人类社会的道德观念也就具有历史的继承性。

所以，有人认为，道德存在于整个人类社会之中，可以有共同的道德规范。但是，法律则只存在于阶级社会中，是维护统治的工具，一个有形的、自然也是有限的工具。同时，一个国家只有表现统治阶级意志的一个法律体系，而道德则不同，不同阶级就有不同的道德体系。那么，没有了阶级社会，是否仍要有法律？这恐怕不是可以简单作出回答的。但是，在今日中国，正在建立法制社会，法律不会消亡，而恰恰在完善与发展中，那么，相应的道德规范也就是道德的自律，又如何在过去的基础上，重新认识，加以提高，以适应法制社会发展的需要——这正是这一节提出要弄清法律与道德界限的要旨所在。

（二）道德与法的悖论

在中国历史上，有过这么两个极端的时期，一个时期是只讲法律，不讲道德，严刑峻法，摇手触禁，以至百姓惶惶不可终日。而另一个时期，是以道德取代法律，麻木人的灵魂，人死于法，犹有怜者，而死于德，则连呼冤叫屈的都没有，更为恐怖。

这当然都是不可取的。

为汲取历史教训，把法律与道德各自不同的尺度分清楚，我们有必要把这两个极端时期分别加以追述，以从中得到应有的教益。首先，我们讲第一种。

这一种，可以以秦始皇执政时期为代表。

秦始皇作为"千古一帝"统一了中国，无疑是有历史功绩的，这点，大家都已经比较清楚了。但是，秦始皇的暴戾无道，焚书坑儒，也同样留下了千古骂名。其实，他的所谓"暴戾"并不是他个人的品格问题，如果把一个帝王的个人品格或道德作为历史评价标准，自然是大错特错了。事实上，他本人也并非所谓的"暴君"，治国也与他性格无关，问题在于，他推崇或遵循的是怎样的一种治国理论或统治思想。

秦始皇力主的是"法治"——当然，这与今天的法制并不是一回事。而这种"法治"的理论基础，则是先秦法家的思想。秦始皇看到韩非的著作时，推崇备至，甚至说，假如他能见到这个人并与之同行，就是死也值得了。他还以为韩非是已故的先哲呢。可惜，当他设法将韩非弄到秦国后，却又听信谗言，把韩非下了狱，以至韩非死于非命。但他始终十分迷信韩非的法治思想。

而韩非的思想又是怎样呢？

而今，韩非被视作"古代东方的马基雅维里"。所谓马基雅维里思想，其核心就是马克思所指出的，使"政治的理论观点摆脱了道德"，而把"权力""作为法的基础"。应当说，这一评价是非常中肯的。

而韩非呢，他则公开提出了"不务德而务法"的"法治"理论。

他认为，"故治民无常，唯治为法。法与时转则治，治与世宜则有功……时移而治不易者乱"。而当时，因"人民众而货财寡"，唯有严刑峻法，才可"治"，不然，"虽倍赏累罚而不免于乱"。他认为人天生是自私自利的，是恶，不可能"化性起伪"，无道德教化可言，更不承认有什么道德高尚的圣人。

所以，他不但认为需要国家与法律来"禁暴""止乱"，而且因为人性是恶的，不可改变，为"禁暴止乱"，就不可能依靠"恩爱""德厚"来感化——从而完全否认了道德的作用，最后则得出结论："严家无悍虏，而慈母有败子，吾以此知威势之可以禁暴，而德厚之不足以止乱也。"从而公开主张不要道德感化，"用法之相忍，以忍仁人之相怜"。

这一来，治理国家只剩下唯一的有效途径：即执行"不务德而务法"的法治了。

不妨听听他的"以法治国"的高论：

> 明主之国，无书简之父，以法为教；无先王之语，以吏为师；无私剑之捍，以斩首为勇。是境内之民，其言谈者必轨于法，动作者归之于功，为勇者尽之于军。
>
> 是故无事则国富，有事则兵强，此之谓"王资"。
>
> 即"王资"而承敌国之衅，超五帝、侔三五者，必此法也。

秦始皇如此欣赏韩非，自然便按他这一套理论去治国了，他到处刻石，大力推崇法治。如《泰山刻石》中就有："皇帝临位，作制明法，臣下修饬。……治道运行，诸产得宜，皆有法式。"《琅邪刻石》则有："端平法度，万物之纪。"《之罘刻石》更称："圣法初兴，清理疆内，外诛暴强。武威旁畅，振动四极，禽灭六王……"其迷信"法治"思想为万能已到了登峰造极的地步。他在全国推行法治，并将此看为亘古未有的良好政绩："黔首改化，远迩同度，临古绝尤"；更认为后继者照此办理，则可长治久安："常职既定，后嗣循业，长承圣治。"

可以说，秦始皇把先秦法家的严刑峻法发展到了极端，不独韩非的"不务德而务法"，还有商鞅的"以刑去刑"——即"罪重刑轻，刑至事生，此谓以刑致刑，其国必削"，所以得"行刑重其轻者，轻者不至，则重者无从至矣"，从而"以刑去刑，刑去事成"。

这套理论一旦具体化，便可怕之极了。秦始皇制定的法律，即《秦律》，就有"五人盗，臧（藏）一钱以上斩左止（趾）有（又）黥以为城旦"；"殴大父母，黥为城旦舂"；哪怕采几片桑叶，不盈一钱，也要"赀徭三旬"。其刑罚更为恐怖，死刑便有弃市、腰折、车裂、戮死、枭首、剖腹、釜烹、磔、阮、颠、抽胁、囊扑、具五刑等十多种。难怪《盐铁论》中所证有"秦时劓鼻盈累，断足盈车，举河以西，不足受天下之徒"。可见其之残暴、野蛮。

后人评述"秦法繁如秋荼，而网密如凝脂"绝非言过其实。在这种严刑峻法之下，终于"赭衣塞路，囹圄成市，天下愁怨"。整个社会，处处笼罩着一片恐怖的气氛。

严刑必出暴吏，秦时"贪暴之吏，刑戮妄加，民愁亡聊，亡逃山林，转为盗贼，赭衣半道，断狱岁以千万数"。当时，全国人口不过两千万，而仅见于秦朝史籍的罪犯，就不下一百多万，可见犯"罪"违"法"所占的比例有多大。

司马迁在《史记》中，就一针见血指出秦始皇只信法治，而不懂道德教化，"以暴虐为天下始"，"刚戾毅深，事皆决于法，刻削毋仁思和义"。最后，不堪忍受秦始皇残暴"法治"的农民、刑徒与奴隶，纷纷揭竿起义，从而迅速葬送了这个短命的王朝。

古代，无论中外，这种典型的以法去德的残暴统治，亦不胜枚举。

可见，如果只迷信法律，而不相信道德的作用，只会导致如此悲剧性的后果，足教万世以此为戒。

因为一味严刑峻法、横征暴敛，秦王朝仅得二世便亡了，新的统治者吸取教训，以前车为鉴，以黄老思想为治国之术，采取"无为而治"，使百姓得以休养生息，生产也很快得到了恢复。当时，著名的谋士陆贾进言刘邦："秦以刑罚为巢，故有覆巢破卵之患，以赵高、李斯为杖，故有倾仆跌伤之祸。"秦代"事逾烦天下逾乱，法逾滋而奸逾炽，兵马益设而乱人愈多。秦非不欲为治，然失之者乃举措暴众而用刑太极故也"。颇为中肯地指出了秦代法律太多亦太严苛的可怕后果。于是，汉高祖刘邦便下令"与民休息""约法省禁"，称"父老苦秦苛法久矣，诽谤者族，偶语者弃市……余悉除去秦法"。

其时的大思想家贾谊，更总结出须"礼法结合"的统治术来，从而再度开始了"德治"，指出"失礼者禁于将然之前，而法者禁于已然之后，是故法之所用易见，而礼之所为生难知也"。力主先行礼义教化："道之以德教者，德教洽而民气乐；驱之以法令者，法令极而民见哀。"这就一步一步地走向了孔子儒教的"德主刑辅"乃至"以德去刑"的"德治"了。

当时，黄老思想仍占主导，他的主张并没有完全实现，而在汉文帝时期，亦在进一步"绝秦之迹，除其乱法"，进一步"约法省刑，废除肉刑"——人们也都忘不了他怎样采纳一个 8 岁的女孩子缇萦的上书，终于下达了一道废除肉刑诏书的这段千古佳话，以至《汉书》称其时"蠲削烦苛，兆民大悦"。

然而，当"德治"的呼声日炽，至少在理论上，很快便又走向了极端，这便到了董仲舒"罢黜百家，独尊儒术"，以儒家的道德准则作为封建立法的根本原则，以德代法了。

自古至今，无论中外，有一条原则是比较明白的，即法律"锁"的是外部自由，是"他律"，而道德所约束的是内心，是"自律"；前者是强制性的，后者得靠自觉。如果把自觉变成强制，把内心也管起来，化"自律"为"他律"，那自然又回到了"画地为牢"的可悲境地了。

董仲舒也就是这么一步一步地走向他的"德治"，他主张"大德而小刑""天之任德不任刑也"，所以"厚其德而简其刑"。其后，也就以儒家的经典文本，来作为决狱的依据，也就是以道代替法律而行使刑罚了。

《春秋》也就被董仲舒所援引，"作《春秋》决狱二百三十二事"，这一来，违反《春秋》道德准则的，也就成了犯罪了，这就是前所述的"论心定罪"了。

董仲舒说："《春秋》之听狱也，必本其事而原其志。志邪其不待成，首恶者罪特重，本直者其论轻……罪同异论，其本殊也。"也就是以"志"：动机的善恶——道德标准为准了。所以，《盐铁论》认为："《春秋》之治狱，论心定罪。志善而违于法都免，志恶而合于法者诛。"——这就与法律的基本依据——事实或后果从根本上不同了。

从当时的案例来看，"以心定罪"，大都开释了一些动机是"孝"、是"善"而犯罪的人，如薛宣之子薛况雇人刺伤父亲政敌申咸，因出于"孝"，故免死而戍边；父亲隐匿杀人的养子，是"父为子隐"，无罪……但是，谁要是有谋反之意，虽无动作，却已是死罪了。

这种"论心定罪"或"原情定过"最终则可以妄加推断，借口"志"之善恶而把有罪说成无罪，无罪变成有罪了。所以，《汉书》便说："或罪同而论异……所欲活则傅生议，所欲陷则予死比。"说你该活你就能活，要陷你于死地你也就活不成了。

从此，确立了中国两千年"德治"的传统。尤其到了宋明时期，这种"德治"可谓到了鼎盛——这已是人们所称的"后儒社会"了。

后儒中颇负盛名的朱熹，把道德律上升为"天理"，所谓"天理只是仁义礼智之总明，仁义礼智便是天理之件数"，并提出了如何强化治国的一整套封建道德修养的方法，"修正治人"——"欲治其国者，先齐其家者，先修其身；欲修其身者，先正其心；欲正其心者，先诚其意者，先致其知；致知在格物。"于是，"致知格物"，则为了"正心诚意"，从外及内，都被严密地钳制了，所谓"内圣"，便就是将自发本能导向道德行为，将感性冲动归之于理性规范。

最后，朱熹提出了"存天理，灭人欲"的最高道德规范，并由此出发，宣扬"守节"与"循礼"，他以佛教禁欲主义为宗，认为人人生来就有原罪，若要拯救自己，就得彻底道德教化。他强调早已提出的"循礼"与"饿死事极小，失节事极大"的观点，来用道德约束人乃至杀人。失节不独指女子，如鲁迅称，他们"是想借女子守节的话，来鞭策男子""皇帝要臣子尽忠，男子便愈要女子守节"——这便是后来启蒙思想家戴震一针见血指出的：

> 酷吏以法杀人，后儒以理杀人，漫漫然舍法而论理，死矣，更无可救矣。
>
> 尊者以理责卑，长者以理责幼，贵者以理责贱。虽失，谓之顺。卑者，幼者，贱者以理争之，虽得，谓之逆。………上以理责其下，而在下之罪，人人不胜指数，人死于法，犹有怜之者，死于理，其谁怜之？

在戊戌变法中"我自横刀向天笑"的谭嗣同，更悲愤地指出其之可怕：

> 俗学陋行，动言名教，敬若天命而不敢渝，畏若国宪而不敢议……上以制其下，而不能不奉之。则数千年来三纲五伦之惨祸烈毒，由是酷焉矣。
>
> 名之所在，不惟关其口，使不敢昌言，乃并锢其心，使不敢涉想……

今日，只要翻一翻中国所有县志中的"节女"一章，或看看遍布中国大地的"贞节坊"，便可以看到那些道德家们是如何愚昧、迂腐与残忍，怎样以禁欲主义之德来杀人的了。中国"德治"的乌托邦，便是这样走向彻头彻尾的反乌托邦了。

这种以德去法，或以德代法的历史消极性是显而易见的，且不道陆王心学进一步提出的"破心中贼"了。"德治"，说到底，便是以严酷的精神虐杀的强力，来实施等级压迫，思想禁锢，使社会日益封闭、萎缩，日积月久，何止"画地为牢"，乃要人人"自蹈死地"了。所谓"不孝有三"之类，使不知多少冤魂即便在黄泉深处也不敢呻吟。

道德和法，同属于社会意识形态，同是社会经济基础的上层建筑。因此，随着社会经济关系的发展与变化，它们也势必会发展与变化；但这种发展与变化不是消极的、被动的，它同样具有相对的独立性与能动的反作用。

随着商品交换的日趋发达，市场经济的比重日趋增大，对法制的呼唤也就日趋强大，正如经济学家们所说的，商品是天生的平等派，而市场经济就是法制经济。所以说，中国今日的现代化进程，必然伴随着法制的进一步确立。建立健全法制，是今日中国现代化必不可少的一个重要环节。

正如西方在进入现代社会之际，在启蒙时期，先是从一种完全的权利与一种不完全的权利来说明道德与法律的关系。所谓完全的权利，是指包括权力、财产和要求的许可性；所谓不完全的权利，是指包含品德宽大和报酬，而以理性为渊源的自然法则是不可动摇的道德准则，这时，二者还没作出区分。到了17、18世纪交互之际，二者便开始有了较明显的区分了，认为道德由"心中法庭"管辖，仅与个人内心活动有关，法律则由"心外法庭"管辖，它对于内在良心的活动，没有干涉的权利——相对于中国古代的"论心定罪"而言，无疑是一巨大进步，也证明二者的区分的重大历史意义。而后，人们进一步对二者作出比较，认为二者均是从公平、正义的原理中演绎出来的，其根本区别在于：道德是一种"主观的科学"，侧重人们行为的内在动机；法律是一种"客观的科学"，侧重人们行为的外部结果，并进一步论证，道德是衡量人们利益的标准，法律则是对个人所要求利益的一种限制而已——这一论断，未免太功利化了，但亦不失为一家之言。这表明，道德与法律各自规范与界限的进一步划分与明确，是历史发展的一个必然趋势，代表了人类文明的进步。

对于我们来说，研究传统道德文化与现代文明，也就不能不涉及这个问题。尤其是建立法制之际，弄清二者之间的关系，至关紧要，因为我们的"道德治国"有太悠久的传统，不小心就会以德为法，造成历史的曲折与倒退。

所以，我们前边以较多的篇幅，论证了二者关系混淆或以一方取代另一方的严重恶果，以提醒人们不要重蹈历史覆辙。

首先，是以法代德，不相信道德的作用，严刑峻法，杀人如麻，迷信法律的力量，"不务德而务法"，乃至"以刑去刑"，造成"法繁如秋茶，网密如凝脂"，摇手触禁，寸步难行，整个社会成了大监狱，处处都是犯人，结果，是官逼民反，洪洞县里无好人，大家都一坏到底，起来造反算了。

这一时期，在中国毕竟不长；而危害最大、荼毒最深的则是"德治"，以德代法，束缚人们的心灵，禁锢人们的思想，所谓《春秋》决狱，论心定罪，原情定过就是如此。一直发展到后儒社会，把道德上升至"天理"，"存天理，灭人欲"，要"破心中贼"，其结果更惨不忍睹，不仅"关其口"，而且"锢其心"动辄便是"名教罪人",死了也没人敢怜——同样,整个社会也成了大监狱。

二者都走向了极端,也就"两极相通"了,同样造成历史的巨大创痛。

要根治,就得有健全的法制——这是走向现代化的一个重要的保证,不仅是市场经济所要求的,也是中国历史呼唤的。

要根治,就得明确法治社会中的道德自律,给予规范化,把当是"自律"的范围弄明白,弄清楚,不要动辄把自律变成他律 ——论心治罪,这便要走向法西斯式专制了;也不要把自律愈缩愈小,直至完全取消,而导致严刑峻法,人人自危,这同样会导向法西斯式专制。我们说道德自觉,也绝不是要变成"画地为牢"的奴化;要健全法制,同样不是要让人寸步难行。

当然,把握这个"度"并不是很容易的事,但又不能不把握好,稍有偏差,便会造成可怕的后果。例如,不久前,新闻媒体曾广泛传播的一个案例,说某某干部因见死不救,被判了刑,云云,不少报刊也因为"法盲",竟大加转载。其实,只要稍有法律常识的人均知道,这构不成犯罪,更谈不上判刑,最后事实证明,这只是一则假新闻。如果滥用法律刑罚的话,很可能又会导致"论心定罪"了。

无论如何,在今天,在我们对青少年进行道德教育的同时,千万不要忽略法制教育,甚至更要加强法制教育,这无疑是中国现代化进程的相当重要一部分。没有法制观念,道德教育就可能走向歧路,道德自律也就会失控而走向反面。所以,法制社会中的道德自律,对中国人,尤其是对青少年来说,可以说是一个很新的、很迫切的问题,务必尽快解决好——时不待我,中国要迅速赶上世界先进水平,成为现代化的强国,这也是很关键的一步。

可以说,这一章,只是援引历史与现实中有关这一问题的经验与教训,给人们敲响警钟,也仅仅是起到一个警钟的作用,远还没有作出深入系统的研究与分析,更没有拿出一个较为全面的答案。

这答案,有待我们在实践上找到,也有待道德学的研究者们拿出较为强有力的理论,当然,不可以纸上谈兵。

我们更寄望于实践中作出的回答。